应用型本科高校"十四五"规划教育学类专业新形态精品教材

# 教师专业发展概论

主　编　闫江涛
副主编　王秋歌　赵　倩
编　者　闫江涛　王秋歌　赵　倩
　　　　李　飒　李慧转　李　阳

华中科技大学出版社
中国·武汉

## 内 容 提 要

本书以习近平总书记关于教师应成为"有理想信念,有道德情操,有扎实学识,有仁爱之心"的好老师为指导,围绕教师的专业发展,重点关注教师专业发展中的教师自主发展,内容主要包括对教师专业发展应具有正确的理解和实践。教师专业发展的理解主要解决教师专业发展过程中的认识问题,使学习者明白教师为什么要成为好老师、为什么要不断追求专业发展,好老师应具备什么样的素质,成为好老师的途径。这部分内容包括第一至五章:第一章是讲教师职业与幸福,介绍了教师职业劳动的特点、教师职业的价值以及教师职业与幸福的关系;第二章是讲教师专业发展的现状,介绍了教师专业发展的内涵以及教师专业发展的价值和国内外现状;第三章从教师对学生的教育影响力以及教师应具备的做功、写功和说功分析了教师专业发展的标志;第四章从教育观念、教师职业道德与法律素养、专业知识、专业能力以及教师行为上阐述了教师应具备的专业素养;第五章对教师的专业发展阶段进行了分析。教师专业发展的实践主要解决教师专业发展应该怎么办的问题,包括第六至八章,分别从教师作为学习者、作为实践性反思者、作为研究者,阐述了教师学习、反思和研究的内涵、意义、内容和方法等问题。

本书内容立足于教师专业发展的实际,理论与实践相结合,通俗易懂,同时配有相关的数字资源,适合师范生和在职教师阅读学习。

**图书在版编目(CIP)数据**

教师专业发展概论/闫江涛主编. —武汉:华中科技大学出版社,2022.9(2025.7重印)
ISBN 978-7-5680-8097-2

Ⅰ.①教… Ⅱ.①闫… Ⅲ.①师资培养-概论 Ⅳ.①G451.2

中国版本图书馆 CIP 数据核字(2022)第 223400 号

**教师专业发展概论** 闫江涛 主编
Jiaoshi Zhuanye Fazhan Gailun

策划编辑:李承诚　袁文娣
责任编辑:余晓亮
封面设计:原色设计
责任校对:张汇娟
责任监印:周治超

出版发行:华中科技大学出版社(中国·武汉)　　电话:(027)81321913
　　　　　武汉市东湖新技术开发区华工科技园　　邮编:430223
录　　排:华中科技大学惠友文印中心
印　　刷:武汉市籍缘印刷厂
开　　本:787mm×1092mm　1/16
印　　张:11.75
字　　数:297 千字
版　　次:2025 年 7 月第 1 版第 3 次印刷
定　　价:45.00 元

本书若有印装质量问题,请向出版社营销中心调换
全国免费服务热线:400-6679-118　竭诚为您服务
版权所有　侵权必究

# 前　言

百年大计,教育为本,教育大计,教师为本。教师是教育发展的决定性因素,提高教师队伍素质是教师队伍建设的根本问题。习近平总书记非常关心教师队伍建设,对教师的作用进行了生动的论述,他指出:"一个人遇到好老师是人生的幸运,一个学校拥有好老师是学校的光荣,一个民族源源不断涌现出一批又一批好老师则是民族的希望。"教师应成为"有理想信念,有道德情操,有扎实学识,有仁爱之心"的好老师。2018年2月,《中共中央 国务院关于全面深化新时代教师队伍建设改革的意见》指出,"教师承担着传播知识、传播思想、传播真理的历史使命,肩负着塑造灵魂、塑造生命、塑造人的时代重任,是教育发展的第一资源,是国家富强、民族振兴、人民幸福的重要基石",教师应"成为先进思想文化的传播者、党执政的坚定支持者、学生健康成长的指导者",要建设一支"党和人民满意的高素质专业化创新型教师队伍"。

使教师成为高素质的专业化的教师已成为世界各国的共识。教师专业化运动自20世纪80年代以来,围绕教师专业化从理论到实践进行了广泛深入的研究,推动了教师队伍职前培养和职后培训的发展。如芬兰早在1979年就认为教师职业是具有研究性的职业,小学教师应具有硕士学位,自1980年起芬兰教师教育从技术性转向学术性,采用以研究为基础的方式培养未来教师。美国早在1980年就对教师的专业发展提出了明确要求,并带动了世界性的教师专业发展运动;2011年,美国教育部又发布了《我们的未来,我们的教师》,提出要改革教师准备计划,对国家教师质量予以改进、问责和重建。为了有效地保证教师教育专业人才培养的质量,2000年以来,澳大利亚几届政府持续推动优质教师行动计划。与西方发达国家相比,尽管我国教师教育专业化运动起步较晚,但在推进教师专业化方面也采取了诸多举措,如教师队伍学历层次的提高、教师资格证书制度的实施、教师继续教育制度的落实、当前面向中西部农村地区中小学幼儿园教师的"国培计划"、教师资格获得制度的改革、师范专业认证制度、卓越教师培养计划等,它们对提高教师队伍的专业化程度起到了积极作用。但是,教师的专业化,尤其是教师个人的专业化是教育质量的根本保障,在教师个人专业化的发展过程中,外因是影响因素而非决定因素,教师专业水平的提升最终取决于教师的自主发展。只有当教师个体成为教师发展的决定因素时,教师的专业发展才能真正实现。

在教师的自主发展过程中,一方面教师要形成正确的教育观念,另一方面教师要掌握正确的发展方式。教育观念是教师对教育现象的理解与认识,是教师行为的心理基础,也是教师专业发展的心理动机。教师的职业生涯是其人生的基本组成部分,是教师人生幸福的基础,一般情况下,教师职业的高度稳定性要求教师牢记教书育人的神圣职责,努力成为一名好老师。因此,教师需要形成关于自己对职业、对自身专业素质的清晰认知,明确为什么要成为一名专业素质高的好老师,好老师的专业素质的具体表现,以及怎样成为一名好老师。在教师的专业发展过程中,形成正确的认识是前提,掌握正确的发展方式不可或缺。教师的专业发展途径一般包括三个方面,即学习、反思与研究,因此,教师应扮演好学习者、反思者和研究者的角色,在不断地学习、反思与研究的实践中获得成长。

基于对教师自主发展重要性的理解,我们认为教师的专业成长依赖于教师的专业理解与行动,因此本书从教师的专业理解和专业行动的视角进行构思与设计。专业理解主要从教师的职业认知与职业幸福,教师专业化的发展,职业素质的内涵、形态与表现,专业素质的发展阶段几个方面进行论述;教师专业发展方式主要从教师的学习、反思与研究三个方面展开探讨,期望能对教师专业发展贡献一份力量。

本书在编写过程中得到了学校的大力支持,被确定为 2019 年度自编教材。同时本书还获得了一线专家的支持,专家们为本书积极撰写书稿,提供精彩的案例。本书是集体智慧的结晶,具体分工为闫江涛(第一、三章)、王秋歌(第二章)、李飒(第四章)、赵倩(第五、六章)、李慧转(第七章)、李阳(第八章),王秋歌和赵倩参与部分章节的审稿工作,最后由闫江涛统稿定稿。

本书在编写过程中参考借鉴了国内外学者的研究成果,在此表示衷心的感谢!由于水平所限,书稿中难免存在疏漏、不妥之处,敬请各位专家和读者批评指正!

**2022 年 3 月 28 日**

# 目 录

**第一章　教师职业与幸福** …………………………………………………………（1）
　第一节　教师职业概述 ………………………………………………………（2）
　第二节　教师职业的价值 ……………………………………………………（9）
　第三节　教师职业幸福 ………………………………………………………（16）

**第二章　教师专业发展的现状** ……………………………………………………（21）
　第一节　教师专业发展概述 …………………………………………………（22）
　第二节　教师专业发展的国外现状 …………………………………………（28）
　第三节　教师专业发展的国内现状 …………………………………………（36）

**第三章　教师专业发展的标志** ……………………………………………………（46）
　第一节　教师的教育影响力 …………………………………………………（47）
　第二节　教师专业发展的外显形态 …………………………………………（53）

**第四章　教师的专业素养** …………………………………………………………（61）
　第一节　教师的教育观念 ……………………………………………………（62）
　第二节　教师的职业道德与法律素养 ………………………………………（76）
　第三节　教师的专业知识 ……………………………………………………（85）
　第四节　教师的专业能力 ……………………………………………………（89）
　第五节　教师的教育行为 ……………………………………………………（92）

**第五章　教师专业发展的阶段** ……………………………………………………（96）
　第一节　教师专业发展阶段理论 ……………………………………………（97）
　第二节　教师专业发展阶段 …………………………………………………（103）

**第六章　教师作为学习者** …………………………………………………………（109）
　第一节　教师学习概述 ………………………………………………………（110）
　第二节　教师学习的内容 ……………………………………………………（116）
　第三节　教师学习能力的提升 ………………………………………………（120）

**第七章　教师作为实践性反思者** …………………………………………………（125）
　第一节　教师教学反思概述 …………………………………………………（126）
　第二节　教师教学反思的内容 ………………………………………………（132）
　第三节　教师教学反思的方式 ………………………………………………（136）

**第八章　教师作为研究者** …………………………………………………………（139）
　第一节　教师研究概述 ………………………………………………………（140）
　第二节　教师研究的过程 ……………………………………………………（143）

第三节　教师研究的方法 …………………………………………………………… (148)
**附录** ……………………………………………………………………………………… (151)
　　附录 A　教育部关于印发《幼儿园教师专业标准（试行）》《小学教师专业标准（试行）》和《中学教师专业标准（试行）》的通知 …………………………………… (151)
　　附录 B　教育部办公厅关于印发《中学教育专业师范生教师职业能力标准（试行）》等五个文件的通知 …………………………………………………………… (162)
　　附录 C　教育部关于印发《中小学教师违反职业道德行为处理办法（2018 年修订）》的通知 ……………………………………………………………………………… (173)
**参考文献** ……………………………………………………………………………… (176)

# 第一章　教师职业与幸福

## 学习导语

当你作为师范生开始师范专业学习的时候,当你作为一名教师工作的时候,你是否意识到,教师将与你的一生结下不解之缘?不管你是否意识到,"教师"已经走进了你心里。因此,我们需要对教师职业有一个正确的认识。教师职业价值何在?明了教师这一职业对我们意味着什么?它是一种职业,抑或是一种生活方式?把它看作一种职业或是一种事业?这一职业是干什么的?我们扮演着什么样的角色?我们能从中获得幸福的体验吗?

## 学习目标

1. 正确认识教师职业的特点与价值;
2. 理解教师角色的多样性;
3. 理解教师职业与人生的关系,形成追求职业幸福的心理动机。

## 学习内容

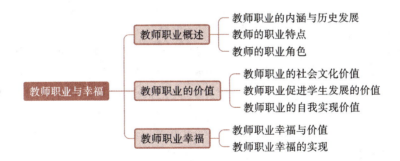

**关键词**:教师;职业特点;教师角色;职业价值;教师幸福

教师是履行教书育人职责的专业人员,教师职业是以培养人为使命的职业。作为职业的一种,职业生活是从业人员的生活方式,也是教师人生的重要组成部分,教师需要从职业生活中获得幸福与快乐。客观正确地认识教师职业是有效从事工作的前提条件。

## 第一节　教师职业概述

### 一、教师职业的内涵与历史发展

教师是履行教育教学职责的专业人员,承担着教书育人、培养社会建设者、提高民族素质的使命。从广义上看,凡是能促进人的发展的工作都是教育工作,从事这一工作的人就是教育者,教师与教育者是同义语;从狭义上看,教师专指学校的专职教师,是接受过专业教育并具有教师资格的专业人员。

教师职业是以教育为生的职业,这个职业是人类社会最古老的职业之一。"教师"的概念与教育的发展、教师职业的发展联系在一起。古代原始部落的氏族首领和具有生产、生活经验的长者,为了部落自身的生存和发展,把生产知识、生活经验,特别是风俗习惯、行为准则,有意识地传播给年轻一代,于是成为最早的兼职教师。专职教师是在学校产生后出现的。西周时期,实行政教合一,官师一体,官学中设有专职的教师官"师氏",有"大师""小师"之分;战国时期,韩非子主张以法为教,以吏为师;秦始皇三十四年(公元前213年)采纳丞相李斯"若欲有学法令,以吏为师"的建议,实行吏师制度;汉代以后,中央及地方官学中有"博士""祭酒""助教""直讲""典学"等专职教师;唐代以后,除了有"祭酒""司业""博士""助教"以外,还有"学正""学录""监丞""典簿""典籍""掌馔"等专职教师。除官学外,春秋战国之后,私学兴起,既有官吏兼任或辞官还乡专任教师,也有名儒大师不愿出仕,退而授徒,还有清贫文人充任乡间塾师、书师。我国古代教师多以"学识"和"人格"为本,所谓"智如泉源,行可以为仪表者,人之师也"(韩婴《韩诗外传》),"师者,人之模范也"(扬雄《法言·学行》),"师者,所以传道授业解惑也"(韩愈《师说》)。教师的功能主要表现为社会政治伦理功能和教化功能。

在西方,古希腊时期出现的"智者派"是最早的教师,以教授无知的人有知识而生存。在中世纪,僧院学校、教会学校多以僧侣、神父、牧师为师。

近代,随着教育的制度化,教育教学工作日益成为一种越来越重要的专门职业,教师的社会功能日益显著。如英国哲学家培根就把教师称为"科学知识的传播者,文明之树的栽培者,人类灵魂的设计者"。俄国教育家乌申斯基说:"一个教师如果不落后于现代社会进程,他就会感到自己是克服人类无知和恶习大机构中的一个活跃而积极的成员,是过去历史上所有高尚而伟大的人物跟新一代之间的中间人,是那些争取真理和幸福的人的神圣遗训的保存者。"苏联教育家加里宁称教师是"人类灵魂的工程师",我国教育家杨昌济称教师有"神圣之天职,扶危定倾,端赖于此",这些说法都揭示了教师在人类社会发展中的历史和现实意义。

当代教育已成为社会持续发展的动力,教师的作用也在不断地增强和扩大。教师不仅是人类文化的继承者与传递者,也是社会物质财富的创造者,还是社会发展和改革的重要力量;教师不仅传播知识,还培养学生的智力和能力,陶冶他们的情操,关怀和指导他们的学习和成长。总之,现代意义上的"教师"与古代意义上的"教师"有着本质的区别:一是多功能性,即现代教师承担着多种角色职责;二是专门性,作为现代教师,必须经过培养和培训,取得合格证书;三是高素质性,现代教师的内涵更丰富,是"经师"和"人师"的统一;四是发展性,现代教师必须经过终身学习,不断更新自己的知识结构、能力结构,使自己成为不断进步的人。

## 二、教师的职业特点

教师劳动是塑造人的,是劳动力、科学知识和社会成员再生产的特殊劳动,是社会劳动的组成部分,属脑力劳动范畴,但又有别于其他脑力劳动。教师是人类灵魂的工程师,肩负着培养人才的使命,有着自己独特的劳动特点。

### (一)教师劳动的复杂性和创造性

**1. 教师劳动的复杂性**

教师劳动对象多为成长着的年轻一代,年轻学生在成长过程中有自身身心发展的规律。学生个体发展的复杂性决定了教师劳动要比物质和其他精神产品的生产劳动复杂得多。教师劳动的复杂性主要体现在教育目的、教育任务、教育对象和教育环境等四个方面。教师的教育目的是要培养德智体美劳全面发展的人;教师的教育任务不仅要教会学生知识技能,同时也要培养学生的能力,发展学生的品德,使学生成为合格的社会成员;教师面向的学生千差万别、多种多样;教育环境是教师工作发生的客观与主观存在,对教育效果有着至关重要的影响。

**2. 教师劳动的创造性**

创造性一般是指个体产生新奇独特的、有社会价值的产品的能力或特性,故也被称为创造力。新奇独特意味着能别出心裁地做出前人未曾做过的事,有社会价值意味着创造的结果或产品具有实用价值或学术价值、道德价值、审美价值等。创造性有两种表现形式:一是发明,二是发现。教师劳动的复杂性决定了教师劳动的创造性。教师劳动的创造性主要表现在以下三个方面。一是因材施教。教师的教育对象是千差万别的,教师必须灵活地针对每个学生的特点,对他们提出不同的要求,采用不同的教育教学方法。二是教学方法上的不断更新。为了提高教学效果,教师还要尝试新的教学方法,进行教学方法的变换或改革。三是教师需要"教育机智"。"教育机智"是指教师能根据学生新的特别是意外的情况,迅速而正确地做出判断,随机应变地采取及时、恰当而有效的教育措施来解决问题的能力。正是教师劳动的创造性使教师工作充满挑战,也充满魅力。

### (二)教师劳动的连续性和广延性

**1. 教师劳动的连续性**

连续性是指时间的连续性。教师不单单只有在上课的时间属于劳动,备课及课后的作业批改都是需要时间的。因此,教师工作的时间并不是成模块化的,而是连续不断的。从职业生涯的角度看,教师劳动的长期性表现为一旦从事教师工作,一般也是终身从事的职业。

**2. 教师劳动的广延性**

广延性是指空间的广延性。教师没有严格界定的劳动场所,课堂内外、学校内外都可能成为教师劳动的空间,这个特点是由影响学生发展因素的多样性决定的。

### (三)教师劳动效果的长期性和间接性

**1. 教师劳动效果的长期性**

教师劳动效果的长期性是指人才培养的周期比较长,教育的影响具有迟效性。"十年树木,百年树人"是对教师劳动效果长期性的经典诠释。教师的劳动不是一种短期见效的行为,而是一种具有长期性特点的特殊劳动过程。首先,人才培养的周期长、见效慢。其次,教师对学生的影响不会随着学生学业的结束而消失,而会在学生长期的实践中更趋于完善和成熟。教师为学生在德智体美劳诸方面打下的基础,往往会影响学生的一生,成为他们终身发展的宝贵财富。现在对学生的影响不一定马上会起到作用,而是在未来的某个时间点发生作用。这说明教师劳动是一种长期的工作,而非一朝一夕能够完成。

#### 2. 教师劳动效果的间接性

教师劳动效果的间接性是指教师的劳动不直接创造物质财富,而是以学生为中介实现教师劳动的价值。也就是说,教师的劳动并没有直接服务于社会,或直接贡献于人类的物质产品和精神产品;教师劳动的结晶是学生,是学生的品德、学识和才能,带学生走上社会,由他们来为社会创造财富。

### (四)教师劳动的主体性和示范性

#### 1. 教师劳动的主体性

教师劳动的主体性主要表现在两个方面。第一,教师是将自己的知识经验传递给学生。第二,教师劳动工具的主体化也是教师劳动主体性的表现。教师所使用的教具、教材,也必须为教师自己所掌握,成为教师自己的东西,才能向学生传授。

#### 2. 教师劳动的示范性

教育是培养人的活动这一本质特点决定了教师的劳动必须要带有强烈的示范性。教师劳动与其他劳动的一个最大不同点,就在于教师主要是用自己的思想、学识和言行,通过示范的方式去直接影响劳动对象。教师的素质直接地影响着学生的学习和教育的效果。教师的劳动之所以具有示范性,还在于模仿是青少年学生的一种重要学习方式。"桃李不言,下自成蹊""其身正,不令而行;其身不正,虽令不从",这两句话说明了教师会对学生起到示范作用。教师的人品、才能、生活态度、治学态度等都会成为学生模仿的对象。特别是中小学教师,学生向师性比较明显,对教师具有信赖感,所以,教师在教育教学的过程中,要充分发挥教师劳动的示范性,为学生做好榜样。

### (五)教师劳动方式的个体性和劳动成果的群体性

#### 1. 教师劳动方式的个体性

教师劳动方式的个体性是指在教育教学活动中,每位教师都是独立的个体,都在独立地进行教育教学活动。教师的劳动在一定的时间、空间和目标上,都具有很强的个体性特点。教师的劳动从劳动手段上讲主要是以个体劳动的形式进行的。

#### 2. 教师劳动成果的群体性

教师劳动成果的群体性是指学生最终的发展情况是所有老师共同努力的结果。如初三年级的老师就享受到初一、初二年级老师的劳动成果,最终共同创造学生的学习成果。教师的个体劳动最终都要融汇于教师的集体劳动之中,教育工作需要教师的群体劳动。

教师劳动的群体和个体统一性,要求教师既要协调好影响学生身心发展的综合环境,特别是要处理好自身与教师群体的关系,又要不断提高自身的思想道德修养和业务水平。

## 三、教师的职业角色

### （一）教师角色概述

"角色"一词本是戏剧术语，原指演员在戏剧舞台上按照剧本的规定所扮演的某一特定人物，现通常指一个人在社会群体中的身份以及与其身份相适应的行为规范。在社会生活中，每个人都生活在一定的群体中并占据着一定的位置，履行着一定义务，享受着一定权利，当人占据某一位置时，就表明他扮演着特定的角色。人所处的群体不同，则其所扮演的角色也存在一定的差异，换言之，每个人在社会生活中的角色是一个角色集，即由众多角色所构成的复合体。个体在角色扮演过程中，能否有效地履行角色职责，成为出色的角色扮演者，取决于他的角色认知、角色行为和角色塑造能力。角色认知是个体对自己扮演角色的社会期望的认识。每一种角色都有特定的角色期望，如社会对医生的角色期望是"救死扶伤，实行革命的人道主义"；对教师的角色期望是把学生培养成才。个体要圆满地履行角色职责，必须对角色所承担的社会义务和社会对该角色的期望进行认真的理解，这是正确角色行为的前提。角色行为能力是在角色认知基础上，履行角色职责的能力，如：医生能否面对病人，对症下药；教师面对不同的教育情境是否具有"教育机智"等。角色塑造是指个体在角色冲突基础上所进行的角色改造，使之更符合社会期望或理想角色的要求。由于个体承担角色的多样性，角色之间会产生冲突，或者由于角色认知的不断改变，个体也会变革自己的角色行为。通过不断的角色塑造，个体能够更好地达到角色要求。

教师作为在学校中专门从事教育教学活动的人员，其所承担的角色既是单一的，又是复杂的。单一是指教师履行教书育人任务的相对单一性；复杂是指教师在完成教书育人任务的过程中，其所承担的角色是多种多样的。教师要想有效地履行自己的角色职责，必须首先对自己所承担的每一种角色的义务都要有正确的认识，只有认识到位，才能正确履行；若认识不到位，则缺乏履行的前提。其次是努力提高自己的角色行为能力，使自己能很好地履行所认识到的角色义务。最后，教师的角色塑造是动态的过程，由于教育对象等的复杂性，教师劳动具有创造性，教师只有树立动态的角色塑造意识，不断地发现问题、解决问题，角色扮演技术才能越来越强，才能对学生施加积极的教育影响。

### （二）教师角色的基本构成

作为教师，对自己所承担的角色的清醒认识，是更好地履行角色义务的基础。关于教师所承担的角色，由于人们认识的不同，所界定的教师角色也不一样。韩愈在《师说》中界定的"师者，所以传道受业解惑也"成为关于教师角色的经典论断。随着社会的发展，人们对教师的期望越来越高，因而关于教师角色的认识也越来越复杂，如美国心理学家林格伦认为，教师扮演的角色主要有教员、榜样、课堂的管理员、办事员、青年团体工作者、公共关系人员、临床医生、父母形象等。霍宜尔认为，教师应扮演"教学的专业角色"，是学科的专家，懂得教育方法及具有专业态度，并应扮演"领导角色"，以合宜的领导方式及其领导能力，促进教学的成功。约翰·麦金太尔和玛丽·约翰·奥黑尔在《教师角色》一书中，提出教师的角色主要有组织者、交流者、激发者、管理者、革新者、咨询者、伦理者、职业角色、政治角色、法律角色等。我国学者对于现代教师角色也有自己的认识。王莉颖认为，教师角色的显性定位是教育者，隐性定位是学习者，本质定位是创造者。

综合国内外关于教师角色的研究,教师的角色主要有如下几种。

**1. 学生思想的引领者与品德的塑造者**

教育的性质由政治经济的性质决定,教育不能脱离一定的政治经济而单独存在,我国的教育目标明确提出,德育是学生全面发展的最重要的构成因素,这既是国家对教师的基本要求,也是学生发展所必需的。教师具有对学生的思想品德进行培养的责任与义务,认识到这一点并自觉地体现在教育教学过程中,才能使学生真正地养成与国家要求相一致、与社会期待相适应的思想品德,更好地为国家效劳,充分地实现个人的价值。

**2. 知识的传播者**

这是教师的基本角色,也是最突出的角色,它是在以知识为载体的教与学过程中所体现出来的角色。对教师这一角色的理解有差异,传统教育强调教师的绝对权威,以教师为中心,以教材为中心,以课堂为中心,教师是知识的拥有者、解释者,学生是接受者;在教与学的过程中,完成知识的传递,促进学生的发展。因此,教师成为教学的主宰,教学过程成为教师的表演过程,学生的学习过程成为被动接受过程,机械练习成为主要的学习方式。现代教育则认为,教师的角色在于促进指导,学生才是学习的主体,没有学生积极参与的教学是无效的教学,是失败的教学。

**3. 群体的管理者**

每一位教师,尤其是中小学教师,扮演学生群体管理者的角色都是非常明显的。而许多教师认为,管理者的角色是由班主任所承担的,与自己没有多大关系,自己的职责是传授知识,这种观念是错误的。扮演学生群体管理者的角色基于以下原因:一是每位教师都承担着教书育人的职责,促进每一个学生的发展是教师的天职;二是教师在履行自己教员的角色职责时,如果不能管理好学生群体,就不能有效地完成自己的角色义务。在中小学课堂中,由于学生年龄小、自律性差,教师只有不断地行使管理职责,才能使教学过程良性运行。因此,教师应该认识到,自己承担的管理者的角色是教师角色固有的,自觉地去履行管理者的角色义务是教师角色的要求。

**4. 榜样**

教育过程是受教育者的知识和能力不断建构的过程,也是其人格和行为规范不断建构的过程,教师不仅要指导学生掌握社会价值标准和行为规范,更要充当示范者的角色。"师者,人之模范也"(扬雄),"其身正,不令而行;其身不正,虽令不从"(孔子),这些可以说是教师榜样作用的经典性说明。在中小学教育中,教师的榜样作用尤为重要。因为小学生具有明显的向师性,对教师持绝对信赖的态度,他们经常自觉或不自觉地模仿教师的言行,虽然这种模仿是通过耳濡目染、潜移默化的方式产生影响的,但这种模仿对学生来说,作用是多方面的,如教师的敬业精神影响学生的学习态度,教师的渊博学识会赢得学生的尊敬,教师的言语风格会成为学生的言语风格,教师对待学生的方式会成为学生待人接物的方式等。陶行知先生早就说过,"惟有学而不厌的先生,才能教出学而不厌的学生",其实也是强调教师的榜样作用。因此,教师应该自觉地履行榜样的角色,使自己的一言一行都成为学生的表率。

**5. 人际关系的协调者**

基础教育课程改革中倡导的学习方式之一是合作学习。合作学习主要是指教师与学生的合作,学生与学生的合作。"独学而无友,则孤陋而寡闻",合作学习不仅有助于学生的学习过程,而且也有助于学生养成合作精神,学会与人合作。合作精神与合作能力是社会发展对人的素质的基本要求,因而也是教育的重要目标。现在的中小学生,绝大多数都是独生子女,在人际关系方面常常存在一定问题。因此,教师应该认识到,自己也承担着学生之间人际关系协调者的角色。在教育过程中,教师一方面要注意与学生建立良好的师生关系;另一方面更应注重帮助学生之间建立良好的人际关系。这就要求教师要善于发现学生中存在的问题,有能力帮助学生解决这些问题,引导学生建立团结合作的人际关系。

### 6. 父母化身

这一角色是指中小学教师也承担着学生父母的一部分角色。由于学生多系独生子女,加上一部分家庭的娇生惯养,使得一些学生生活自理能力比较差,需要教师对学生的生活和学习等进行关心,从而扮演学生父母的角色。教师扮演的这一角色与真正的父母角色存在较大差别,如不少父母常常不能胜任教他们的孩子学习简单的技能,也有不少父母对孩子采取过分保护的方式等,教师在扮演这一角色时,理性的成分更大一些,含有明显的师生关系成分。因此,教师在履行这一角色义务时,既要对学生父母般的真挚的情感,细致入微地关心学生,又不能把自己等同于学生父母,失去教师角色的应有意义。

### 7. 心理医生

心理学的研究表明,现代社会中人们的心理问题已变成一个十分明显的社会问题,在学生中心理问题也有增多趋势,学生的心理问题对学生的学习及生存会产生不良的影响。为此,教育部在2002年9月颁布了《中小学心理健康教育指导纲要》,提出"在中小学开展心理健康教育,是学生健康成长的需要,是推进素质教育的必然要求",并要求"学校要逐步建立在校长领导下,以班主任和专兼职心理学教师为骨干,全体教师共同参与的心理健康教育工作体制"。因此,每位教师都应意识到心理医生的角色是教师的角色之一。在履行这一角色义务时,第一,要认识到中小学时期心理健康教育的内容及要求对提高中小学生心理健康指导的方向性和针对性。第二,教师要不断提高自己的心理学素养,提高帮助学生缓解心理压力、消除心理障碍的能力。第三,教师应该关注每一个学生,了解学生的心理需要,尽可能满足学生的需要,如在教学过程中,为每位学生提供成功的机会,帮助学生体验成功。在帮助学生归因时,提高学生的自信心,避免使学生产生自卑心理、破罐子破摔心理等。第四,当学生出现心理问题时,教师应尽可能主动地帮助学生等。

以上这些角色说明,现代教师的角色是多样的,所承担的任务是多方面的。其实,以上这些角色仅仅是从教育过程来分析,如果把教师这一角色放在一个更全面的角度去考察的话,远不止这些。如从教师自身发展看,教师还是学习者、研究者,是教师共同体中的一员;从教师所承担的社会角色看,是社会工作者、社会楷模,等等。

## (三)基础教育课程改革所要求的教师角色

由于教师是课程的实施者,课程改革效果的好坏由教师决定,因此,教师对自己在课程改革中所扮演的角色应有清醒的认识。

### 1. 从教师与学生的关系看,教师应该是学生学习的促进者

教师即促进者,指将教师从过去仅作为知识传授者这一核心角色中解放出来,促进以提高学习能力为重心的学生整个个性的和谐、健康发展。教师即学生学习的促进者是教师最

明显、最直接、最富时代性的角色特征,是教师角色特征中的核心特征。其内涵主要包括以下两个方面。

第一,教师是学生学习能力的培养者。强调能力培养的重要性,原因如下:首先,现代科学知识量多且发展快,教师要在短短的几年学校教育时间内把所教学科的全部知识传授给学生已不可能,也没有这个必要,教师作为知识传授者的传统地位被动摇了。其次,教师作为学生唯一知识源的地位也已动摇。学生获得知识信息的渠道多样化了,教师在传授知识方面的职能也变得复杂化了,不再只是传授现成的教科书上的知识,更要指导学生懂得如何获取自己所需要的知识,掌握获取知识的工具以及学会如何根据认识的需要去处理各种信息的方法。总之,教师再也不能把知识传授作为自己的主要任务和目的,把主要精力放在检查学生对知识的掌握程度上,而应成为学生学习的激发者、辅导者、各种能力和积极个性的培养者,把教学的重心放在如何促进学生"学"上,从而真正实现"教"是为了"不教"。

第二,教师是学生人生的引路人。这一方面要求教师不能仅仅向学生传播知识,而要引导学生沿着正确的道路前进,并且不断地在他们成长的道路上设置不同的路标,引导他们不断地向更高的目标前进;另一方面要求教师从过去作为"道德说教者""道德偶像"的传统角色中解放出来,成为学生拥有健康心理、健康品德的促进者、催化剂,引导学生学会自我调适、自我选择。

**2. 从教学与研究的关系看,教师应该是教育教学的研究者**

在中小学教师的职业生涯中,传统的教学活动和研究活动是彼此分离的。教师的任务只是教学,研究被认为是专家们的"专利"。教师不仅鲜有从事教学研究的机会,而且即使有机会参与,也只能处在辅助的地位,配合专家、学者进行实验。这种做法存在着明显的弊端,一方面,专家、学者的研究课题及其研究成果并不一定为教学实际所需要,也不一定能转化为实践上的创新成果;另一方面,教师的教学如果没有一定的理论指导,没有以研究为依托的提高和演化,就容易固守在重复旧经验、照搬老方法的窠臼里不能自拔。这种教学与研究的脱节,对教师的发展和教学的发展极其不利,它不能适应新课程的要求。新课程所蕴含的新理论、新方法以及新课程实施过程中所出现和遇到的各种各样的新问题,都是过去的经验和理论都难以解释和应对的,教师不能被动地等待着别人把研究成果送上门来,再不假思索地把这些成果应用到教学中去。教师自己就应该是一个研究者,教师即研究者意味着,教师在教学过程中要以研究者的心态置身于教学情境之中,以研究者的眼光审视和分析教学理论与教学实践中的各种问题,对自身的行为进行反思,对出现的问题进行探究,对积累的经验进行总结,使其形成规律性的认识。这实际上也就是国外多年来所一直倡导的"行动研究",它是为改进行动、提高行动的有效性而进行的研究,即不是脱离教师的教学实际而是为解决教学中的问题而进行的研究;它是在行动中的研究,即这种研究不是在书斋里进行而是在教学的活动中进行的;它是对行动的研究,即这种研究的对象和内容就是行动本身。可以说,"行动研究"把教学与研究有机地融为一体,它是教师由"教书匠"转变为"教育家"的前提条件,是教师持续进步的基础,是提高教学水平的关键,是创造性实施新课程的保证。

**3. 从教学与课程的关系看,教师应该是课程的建设者和开发者**

在传统的教学中,教学与课程是彼此分离的。教师被排斥于课程之外,教师的任务只是教学,是按照教科书、教学参考资料、考试试卷和标准答案去教;课程游离于教学之外,教学内容和教学进度由国家的教学大纲和教学计划规定,教学参考资料和考试试卷由专家或教研部门编写和提供,教师成为教育行政部门各项规定的机械执行者,以及各种教学参考资料的简单照搬者。有专家经过调查研究尖锐地指出,现在有不少教师离开了教科书,就不知道教什么;离开了教学参考资料,就不知道怎么上课;离开了练习册和习题集,就不知道怎么出考卷。教学与课程的分离,使教师丧失了对课程的意识,以及课程的把握能力。

新课程倡导民主、开放、科学的理念,同时确立了国家课程、地方课程、校本课程三级课程管理政策,这就要求课程必须与教学相互整合,教师必须在课程改革中发挥主体性作用。教师不能只成为课程实施中的执行者,教师更应成为课程的建设者和开发者。为此,教师要形成强烈的课程意识和参与意识,改变以往学科本位论的观念和消极被动执行的做法;教师要了解和掌握各个层次的课程知识,包括国家层次、地方层次、学校层次、课堂层次和学生层次,以及这些层次之间的关系;教师要提高和增强课程建设能力,使国家课程和地方课程在学校、课堂实施中不断增值、丰富和完善;教师要锻炼并形成课程开发的能力,新课程越来越需要教师具有开发本土化、乡土化、校本化的课程的能力;教师要培养课程评价的能力,学会对各种教材进行评鉴,对课程实施的状况进行分析,对学生学习的过程和结果进行评定。

**4. 从学校与社区的关系来看,教师应该是社区型的开放教师**

随着社会发展,学校渐渐地不再只是社区中的一座"象牙塔"而与社区生活毫无联系,而是越来越广泛地同社区发生各种各样的内在联系。一方面,学校的教育资源向社区开放,引导和参与社区的一些社会活动,尤其是教育活动;另一方面,社区也向学校开放自己的可供利用的教育资源,参与学校的教育活动。学校教育与社区生活正在走向终身教育要求的"一体化",学校教育社区化,社区生活教育化。新课程特别强调学校与社区的互动,重视挖掘社区的教育资源。在这种情况下,相应地,教师的角色也要求变革。教师的教育工作不能仅仅局限于学校、课堂了。教师不仅仅是学校的一员,而且是整个社区的一员,是整个社区教育、教学、文化事业建设的共建者,如由于学生大部分是独生子女,家长又大都具有参与教育孩子的热情,但家长的教育理念与教育行为存在着一定问题。因此,教师有对学生家长进行教育的任务,否则,家庭教育不仅不会与学校教育形成合力,反而形成反向作用力;教师的角色必须从仅仅是专业型教师、学校型教师,拓展为社区型教师。教师角色是开放的,教师要特别注重利用社区资源丰富学校教育的内容和意义。

# 第二节　教师职业的价值

价值是事物所具有的对个人或社会的重要性与意义性。任何事物都存在着价值的属性,如空气、水、粮食等对个体生存至关重要,读书对个体精神需求有满足作用等。价值观是人类对事物所具有的价值的看法、观点或观念体系。一个人对事物所持的价值观不同,对这一事物的态度和行为具有很大差异,如人们认为某事值得去做,即价值观是积极的,个体或群体会通过努力去做这件事,直到完成。在完成过程中即使有种种艰难险阻,也努力去克服。当人们认为某件事无意义、无价值时,即使很容易做到,也不会去做,如"勿以恶小而为之,勿以善小而不为",就是告诉人们善小也是善也应该去做,恶小也是恶也不应该去做。价值观对人们的工作目标、任务选择与确定以及在行动中的积极性具有重要影响。

教师职业作为一种社会分工,其价值是巨大的,也是多方面的。人们在从事教师职业活动时,不可避免地对教师职业的社会价值和个人价值进行认识,这种认识决定了人们对教师职业的态度以及在从事职业活动时的积极性。形成关于教师职业的积极的价值观,是在新课程改革中对教师观念的一个基本要求,也是教师积极实现专业成长的基本要求。教师对职业价值的认识是从教意愿形成的基础,也是终身从教的教育情怀产生的基础。教师对职业的价值的高度认可是追求职业成就的前提,是教师由新手走向优秀的心理保证。

## 一、教师职业的社会文化价值

文化的概念分为广义和狭义两种。广义文化,比较普遍的认识是指人类在社会历史实践过程中所创造的物质财富和精神财富的总和;狭义文化,较普遍的看法是指社会的精神文化,即社会的思想道德、科技、教育、艺术、文学、宗教、传统习俗等及其制度的复合体。文化是社会的一个重要组成部分,如果没有人类文化的出现,人与其他动物也就没有什么区别,也无所谓人类社会了。不同时期文化的传承与发展促进着人类文明的进程,而在文化的传承与发展过程中,教师起着举足轻重的作用,担负着克服人类无知的重要使命。作为教师,认识到自己所肩负的这一沉重的历史使命有助于强化教师的职业责任感,树立敬业奉献的精神。具体来讲,教师职业的社会文化价值主要体现在以下几个方面。

### (一)文化延续价值

人类文化的进步与发展,首先得益于文化的延续,正是在前人所创造的文化的基础上,后人才能创造出更新的文化成果,在文化的延续过程中,文化越来越丰富,越来越多样化。在文化的传递、延续过程中,尽管方式多种多样,如像古老的口耳相传,现在的网络、新闻媒体等,但学校教育始终处于文化延续的主渠道地位。

**1. 教师使文化传播具有高效性**

教师作为职业从事文化传承的人员,"传道、授业、解惑"始终是教师角色的基本职责。正是因为教师的存在才使得文化的传承具有高效性,这种高效性主要表现在:首先它使文化的传播具有快捷性。文化传播的主要目的是把人类已经积累起来的文化成果变成年轻一代的精神财富,并成为创造新文化的基础,在年轻一代掌握已有文化成果的过程中,历史实践已充分证明,教师的教育是其他任何传播方式所不可比拟的,这一点古代的荀子论述得十分明确,"学莫便乎近其人"(《劝学》),"无师,吾安知礼之为是也"(《修身》),"故人无师无法而知,则必为盗;勇,则必为贼;云能,则必为乱;察,则必为怪;辨,则必为诞。人有师有法而知,则速通;勇,则速威,云能,则速成;察,则速尽;辩,则速论。故有师法者,人之大宝也;无师法者,人之大殃也"(《儒效》)。其强调了学生从师学习的必要性和必然性。教师之所以能够使文化传播或学生接受文化具有快捷性,是因为教师是从事教育教学的专业人员,具有把客体文化不断地转变为主体文化的技能技巧,如教师的言传身教能够使学习者更好地理解所学习的内容,能够采取一定的方法调动学习者求知的积极性,使主体积极参与到求知过程中。

**2. 教师使文化传播具有全面性、深层次性**

从全面性而言,学校教育要促进学生的身心素质全面发展,使每个学生德、智、体、美诸方面全面发展。在新课程中,关于培养目标具有明确表述:"要使学生具有爱国主义、集体主义精神,热爱社会主义,继承和发扬中华民族的优秀传统和革命传统,具有社会主义民主法治意识,遵守国家法律和社会公德,逐步形成正确的世界观、人生观、价值观;具有社会责任感,努力为人民服务,具有初步的创新精神、实践能力、科学和人文素养以及环境意识;具有适应终身学习的基础知识、基本技能和方法,具有健壮的体魄和良好的心理素质,养成健康的审美情趣和生活方式,成为有理想、有道德、有文化、有纪律的一代新人。"教育目标的实现是通过教师的劳动而实现的,教师对学生的全面发展负有责任。因此,教师对于文化传播的全面性和作用也就不言而喻。

从深层次性而言,精神文化一般具有两个层面:表层文化和深层文化。如果没有教师的引导,学习者可能对表层文化容易理解掌握,而对深层文化则较难获得,如价值观、思维方式、审美情趣、学术思想理论等。正因为如此,在课程改革中,强调教师在传授知识促进学生掌握知识的过程中,应该使学生形成正确的价值观,使学生养成积极的学习态度和良好的学习能力。

#### 3. 教师使文化传播具有高选择性

教育对文化的传递和传播是具有选择性的,无论是古代的还是外域的文化,在通过教育的传播渠道时都要经过过滤和筛选,它是一个理性的过程而非盲目地全盘接受的过程。一方面,主要根据一定的社会需要、价值取向来进行选择;另一方面,还要考虑文化本身的价值,对于年轻一代身心发展所具有的价值。在对文化的选择过程中,教科书的编制与选用是一条重要途径,但最根本的把握还在于教师。教师在对文化的传播过程中,哪些内容能够被学生感知、接受都要通过教师的过滤与筛选。教师对文化的这种选择作用对于年轻一代身心的健康发展及社会文化的良性传播与发展是至关重要的。

#### 4. 教师使文化传播具有系统性

教师使文化传播具有系统性表现在两个方面。一是传播过程的系统性。在教育的传播中,教师与学生之间以知识为中介,建立了教与学的有机联系系统。在教与学的过程中,各种文化信息具有较大的准确性、较小的歧义性、较高的保存性、较低的流失性,在教学工作的基本环节,如备课、上课、布置作业、课外辅导、学生成绩的检查与评价中可以很明显地体现出这一点。二是所传播文化的系统性。教师所传播的不是零碎、片段、无序的文化,而一般是系统、完整、有序的文化。特别是通过课堂教学所传播的文化信息,都是经过多次组织,反复斟酌的产物。基于以上原因,教师使文化传播过程具有高效性,也使教师职业的社会文化价值具有其他传播途径所不具有的优势。

### (二)文化普及价值

文化延续功能是从教师职业的社会文化价值的纵向方面来阐述的,教师职业的文化普及价值则是从横向方面来论述的。从教师职业的社会期待来看,是通过教师的努力把年轻一代培养成掌握一定知识和技能、品德高尚、身体健康的全面人才,如我国的教育目标是把学生培养成有理想、有道德、有文化、有纪律的"四有"人才,社会主义事业的建设者和接班人。社会期望教师把人类积累起来的文化科学知识变成年轻一代的精神财富。从教师职业的家庭和个人期待来看,家长在把孩子送到学校、交给教师时,对教师都是满怀敬意、信任和期望的,希望教师把自己的孩子培养成为有用的人才;而每一个学生对教师都是敬重、信赖的,向师性特别突出,学生内心渴望教师使自己成为优秀学生。实际上,教师也正是通过把文化科学知识传递给每一个学生来实现自己的文化普及价值。在学校教育中,教师期望每一个学生都能掌握丰富的知识,为任何一个学生的落后而忧心忡忡,殚精竭虑地转变学生的学习状况也正是教师实现自己文化普及价值的体现。

### (三)文化发展功能

社会文化处于不断的发展变化之中,正是因为文化的发展才使社会文化具有旺盛的生命力。在文化的发展过程中,教师起着重要的作用,教师职业的文化发展价值表现在以下几个方面。

#### 1. 教师是文化的创造者

在学校领域,教师在传播文化的过程中,对文化的消化、吸收促进了教师对文化的创造,尤其是在高等学校,许多教师的创造性研究成果本身就构成了新文化的重要组成部分。在基础教育的课程改革中,强调教师要改变自己单纯教书的角色,成为研究者,在当前国际教师教育中,教师应该成为研究者已成为重要的价值取向,每一位教师创造性地劳动及劳动成果对于文化的发展必然会起到积极的促进作用。

#### 2. 教师通过培养有创造性的人促进文化的发展

教师通过培养学生对已有文化批判性思考的能力和创造新文化的能力是教师职业的文化发展价值的最根本的方面。从目前我国基础教育的情况看,这一方面不太乐观,需要引起教师的高度重视。由于应试教育的影响,知识的霸权地位特别突出。为了提高升学率、考试成绩,教师只关心学生掌握知识的多少,牢固与否,对学生的创造性培养不够重视。

#### 3. 教师职业的文化融合功能

教师职业的文化融合功能对于文化的发展影响甚大。在文化的传承与发展过程中,本土文化总会受到外来文化的影响;在文化的融合过程中,丰富文化的内涵促进文化的发展,拓宽文化接受者的文化视域,提升文化接受者的文化素养。在不同的教育阶段,教育者都承担着这一任务,唯其如此,本土文化才能不故步自封,不因封闭而逐步走向衰落乃至灭亡。文化的发展不仅靠文化的传递,也需要吸收外来文化的精华,使本土文化和外来文化在融合过程中获得新的发展点,教师在文化的融合过程中,起着桥梁和纽带作用。一般来讲,教师比其他人对外来文化更具敏感性,消化吸收能力也更强一些,在我国基础教育课程改革中,课程改革的理论基础就是吸收外来文化的产物,如建构主义理论、多元智力理论、人本主义理论以及国外基础教育课程改革的经验等,通过专家学者的消化吸收,与中国的教育现实结合起来,促进基础教育的课程改革。可以说教师既是外来文化的传播者,也是与本土文化融合的促进者、实践者。

### (四)文化发现价值

由于历史、地域等原因,文化具有极大的差异性,导致文化具有多样性的特质。在文化的传承与发展过程中,文化发现是一种充满活力的因素。由于自然因素、历史因素、人为因素以及其他因素的影响,有不少文化元素处于沉寂状态,被遗忘、忽视和湮没等,这些文化的发现对于文化的繁荣起着重要的作用,如地方文化。地方文化是文化的重要组成部分,但在传统和正规的观念中,这些文化经常被忽视。文化发现意识有助于地方文化的发掘、保存,融入主流文化,使其具有旺盛的生命力。在地方文化中,表现比较明显的有民族文化和地方特定文化遗产。教师民族文化传承的使命呼唤教师要继承、传递、反思、创新民族文化,但前提是发现、发掘民族文化,如现在有些少数民族文化的抢救当属此列。"一个民族如果对自己民族的历史和文化中断了记忆,如果不爱惜自己民族的文化和传统的话,那就注定要受到历史的惩罚。"汉族文化如此,少数民族的文化亦如此。在地方特定文化中,通常由于历史的原因,形成不同的地域文化特色,如河南的豫剧,河北的梆子,东北的二人转等。在河南的不同地区,历史悠久,文化传统差异性非常突出,如开封的宋代文化,许昌的三国文化,安阳的殷商文化,洛阳的河洛文化、石窟文化,南阳的玉文化,平顶山的应国文化,平顶山市宝丰县的马街文化现象等。这些地域文化都是文化大家族的成员,地方高校教师研究地域文化具有得天独厚的条件。中小学教师地处一方,对地方文化的发现与传播起着积极作用,可以有效地利用地方文化培养学生的文化自信。

基于以上几个方面的内容,教师职业的社会文化价值是非常突出的。客观地认识教师职业的文化价值,有助于教师形成文化自觉,促进教师文化发展使命感的产生。

## 二、教师职业促进学生发展的价值

在学校教育中,教师和学生构成了教育过程中的主体因素。促进学生的发展是现代教育的基本使命,也是教师工作的努力方向,同时也是教师职业赖以存在的根本。客观地认识教师职业对于学生发展的价值,有助于教师职业良心的提升和净化,使教师的教育教学过程真正成为生命与生命的交流过程,以生命促进生命发展的过程。教师职业的促进学生发展的价值主要体现在以下几个方面。

### (一)促进个体社会化

马克思早就论述过,人的本质是社会关系的总和,人具有自然性与社会性,人是以自然人的状态进入人类社会的。要成为社会人,应该完成自己由自然人向社会人的转化,这一转化过程就是个体的社会化过程。个体社会化是个体接受社会文化,并按社会期待从事社会活动,成为一个合格的社会成员的过程。在个体社会化过程中,学习是个体实现社会化的基本方式,而在学生的学习过程中,教师具有发动、组织、解释、评价的作用。

**1. 教师是学生学习活动的发动者**

学生的学习活动是由学习动机所引发的,教师是学生学习动机的培养者和激发者,教师常常通过学习目的性教育而使学生产生学习的愿望和求知的热情。

**2. 教师是学生学习活动的组织者**

在学校教育中,学生的学习活动在很大程度上和教师的组织有关,如教师是学生课堂学习的组织者、领导者,是学生小组学习的指导者,是学生个体学习的帮助者、促进者。

**3. 教师是知识的解释者,是学生学习活动的指引者**

不管是科学技术知识还是社会伦理道德规范,教师是解释者的作用都很突出,而学生对这些知识的理解和掌握对其实现社会化必不可少。正是由于在学生学习过程中教师解释者的角色太突出,有不少教师形成了自己权威者的角色意识,对学生采取控制、监督,师生之间形成了事实上的控制与被控制、监督与被监督的关系。新课程改革强调学生要自主学习、探究学习、合作学习,充分发挥自己的主体性,但是无论学生采取何种学习方式都离不开教师的引导和帮助。

#### 4. 教师是学生学习活动的评价者

学习质量的高低与学习评价的关系非常密切。在中小学生的学习过程中,其自身的评价能力相对较弱,教师对学生学习过程与结果的评价对于学生学习的调整有重要影响,也制约着学生的学习积极性和学习自信心。如教师对学生经常性地积极评价、赏识比对学生消极性的评价和指责更有利于学生的发展。

学生通过学习,能丰富知识、提高认识、增长才干,具有履行作为社会成员的角色义务的能力,而教师通过促进学生学习能力的提高帮助学生实现社会化。不仅如此,教师还通过具体的社会规范的教育教学以及自身良好的榜样形象作用于学生的个体社会化过程。

### (二)促进学生个性化的发展

个性化是指个体在社会活动中形成独特性、自主性和创造性的过程。每个人都有独特性,这是人的基本特点。学校教育应该促进学生的独特性发展,使每个人都成为他自己,唯其如此,人才会有自主性和创造性。个性化是教育的基本依据,也是教育的结果,教育所追求的目标。在学生个性化的发展过程中,如果教师墨守成规,对学生要求刻板划一,学生很难获得个性化发展,在这些教师的影响下,学生会变得没有棱角,唯唯诺诺,做任何事情都不敢越雷池半步。所以在学生个性的发展过程中,首先要求教师自己是有个性的、胸怀宽广、富有创造性的人;其次,教师要为学生的个性化发展营造一个良好的环境,鼓励学生走个性化发展之路;最后,教师应想方设法开发学生内在潜力,培养学生的特长,培养学生和谐的个性,为学生的持续发展打下坚实的基础。

由于教师职业具有促进学生发展的价值,教师应该认识到,每一个个体生命都是值得教师关注的,每一个个体的健康发展都是教师应该努力追求的。正如西藏拉萨市第一小学校长叶静所说:"教学生五年,应该为学生想五十年,为民族想五百年。"为此,教师应通过努力使自己成为一名优秀教师,"世上多一名优秀教师,人间便多一批优秀学生"。

## 三、教师职业的自我实现价值

任何一种职业对于从业人员来说,其价值都有两个方面:一方面是该职业的外在价值,如社会价值、对他人的价值;另一方面是该职业的内在价值、个人价值。教师这个职业也不例外,它既具有社会文化的传承与发展价值,促进社会安定、文明程度提高的价值,促进受教育者获得良好发展的价值,同时也具有自我发展价值。在过去关于教师职业价值的宣传中,如教师是春蚕、蜡烛,无私地奉献自己、照亮别人等,注重的是教师职业的外在价值,对教师职业的内在价值关注不够,也使有些教师产生了教师职业纯粹是"为他人作嫁衣裳"的观念,使职业活动缺乏内在的动力。从教师职业的本身而言,与其他职业一样,职业生活也是个体的自我成就过程,教师需要从职业生活中获得自身的发展,具有获得感和幸福感。在基础教育课程改革中,强调教师也是发展的人,教师在促进学生发展的同时,自己也在发展,师生应共同发展。教师只有认识到了教师职业所具有的个人价值,教育教学的热情才会更加高涨,从而积极主动地探索教育教学规律,提高自己的教育教学技能的愿望才会更加强烈,也可以说,对教师职业个人价值的积极认可是教师职业尊严和职业忠诚与积极性的重要来源。具体来讲,教师职业的自我发展与实现的价值主要体现在以下几个方面。

### (一)促进教师人生价值的实现

人们在选择职业时,不仅看该职业能够为个人提供的经济收入状况,而且更看重该职业对于个体人生价值实现的满足程度,可以说教师职业对于个体的人生价值实现的满足程度是非常高的。与其他职业相比,教师职业蕴涵着丰富的创造性,这种创造性是由教育对象的复杂性和教师工作环境的复杂性所决定的。教师的职责是促进学生发展,而学生是有不同需要、不同发展水平和不同个性的人,学生个体具有复杂性,学生群体也具有复杂性,这就决定了教师的工作不能是刻板划一的,不能像工厂的生产流水线一样,按同一个标准、同一个模子来塑造所有的学生。教师应该创造性地工作,从当前社会对人才的需要来看,培养学生具有创造性是一个既现实又迫切的要求,教师只有创造性地工作,才能促进学生创造性地发展,使学生成为有创造性的人。从教师的工作环境来看,当今时代是一个信息社会和多元文化交汇融合的社会,教师的工作环境是复杂的,它也要求教师创造性地工作,才能更有利于学生的培养。当教师培养出了具有创造性的高素质的学生时,教师能够体验到教育成功的快乐,"得天下英才而教育之"和培养学生成为英才历来是教师职业情感所系。从培养学生、促进学生发展的角度而言,教师从工作中也能感受到自我的成功、自我价值的实现。试想,当教师以一己之力而有效地促进了众多学生的进步与发展时,它促使教师能够更真切地体会到教师职业的价值,从而唤起个人的职业尊严,发自内心地热爱自己所从事的职业,并视为自己值得为之奉献的事业。

### (二)有助于教师具有年轻的心态,永葆青春的活力

与其他职业不同,教师职业活动是由教师和学生所组成的活动。学生是年轻的,不断地发展的,对教师是满怀崇敬和信赖的。教师与学生的交往,能够使教师获得爱与尊重需要的满足,而爱与尊重需要是人生的强烈需要,与其他人相比,教师更容易获得这些需要的满足。在与学生的交往过程中,教师也容易为学生年轻充满活力的心态所感染,葆有乐观、开朗、进取的人生态度。

### (三)塑造教师崇高品格的价值

每一个人都希望自己是优秀的。在追求个人优秀的过程中,个体的努力是重要的,但个体所从事的职业活动对个体的优秀具有明显的职业影响力。与其他职业相比,教师职业要求教师的品格是高尚的,只有如此,才能更有效地促进学生品格的发展。从事教师职业的人都有这样一种感觉,一旦走进校园,步入教室,登上讲台,就有一种使命感、责任感、义务感,会自觉注意自己在学生面前的形象,希望能够给学生留下一个美好的印象。在不断地自我约束中,教师良好的品行会成为其素质的重要组成部分,也正是如此,从目前来看,与其他职业相比,教师群体的社会形象与其他群体相比仍是最好的。教师职业要求教师更应该是不断追求新知的人。教师以传播和更新文化科学知识为自己重要的使命,这一使命使教师成为学识渊博的人,克服人类的无知,需要教师首先有知,教师只有不断地学习,吸取知识的营养,才能更好地肩负起文化传播与更新的使命。因此,教师应该是具有良好学习精神和能力的人,在追求新知的过程中,教师会感到生活的充实、人格的升华。

总之,教师职业无论是对个人,还是对学生、对社会都是非常重要的,教师客观地认识自己所从事的职业的价值,有助于教师产生自我提升的愿望和热情,努力使自己成为优秀的教师。

# 第三节　教师职业幸福

职业是人生命的基本组成部分,在职业生活中获得幸福与快乐是人生幸福的保证。教师是职业,也是教师的生活方式。教师职业是一份能够使人获得幸福的职业,正确认识教师职业的幸福是做一名好老师所需要的认识基础。

## 一、教师职业幸福与价值

### (一)幸福的含义与价值

幸福,是一种持续时间较长的对生活的满足和感到生活有巨大乐趣并自然而然地希望持续久远的愉快心情,是一种感受良好时的情绪反应,一种能表现出愉悦与幸福心理状态的主观情绪。幸福是人类永恒的追求。康德认为,所谓幸福是一个有理性的存在者在其整个生活中所有称心如意的状态。北京师范大学檀传宝教授认为,幸福是人的目的实现时的主体状态,或人的本质实现时的状态。

在西方哲学史上,幸福问题是讨论得很多的一个问题,大致分两派。一派叫快乐主义,认为幸福就是快乐,快乐本身就是好的,是人生的目的。这一派的创始人是古希腊哲学家伊壁鸠鲁,到了近代,代表人物是英国的经验论者,比如休谟、亚当·斯密、约翰·穆勒。谈到什么是快乐,这一派强调的是生命本身的快乐和精神的快乐,比如伊壁鸠鲁说:"快乐就是身体的无痛苦和灵魂的无烦恼。"你身体健康,灵魂安宁,这就是快乐,就是幸福。约翰·穆勒更加强调精神的快乐,认为它是比身体的快乐层次更高的快乐。另一派叫完善主义,认为人身上最高贵部分的满足才是幸福,那就是精神上或道德上的完善。不过,他们一般并不排斥快乐,承认完善亦伴随着精神上的快乐。苏格拉底提出一个公式:智慧=美德=幸福。在他看来,一个人如果想明白了人生的道理,懂得灵魂远比肉体重要,好好照料灵魂,做一个有道德的人,他就是一个幸福的人。

### (二)影响幸福的因素

#### 1. 财富

亚里士多德相信财富是幸福的一个必要组成部分。相反地,斯多葛学派相信,幸福绝不可能需要物质财产和财富。持中立态度的是伊壁鸠鲁派,他们主张应该拥有足够的金钱去保护我们远离伤害和痛苦,但是当金钱超过了一定的界限以后,将停止使幸福提升到一个更高的境界。"没有什么东西能够满足一个不知足的人",揭示了财富和幸福之间一种重要的正相关关系。

弗雷和施图泽认为在发展中国家和不发达国家里,增长的收入对幸福有重大的贡献,但是,一旦人均年收入超过了10000美元,财富和生活满足感之间就没有那么强烈的相互关系了。迪纳、霍罗威茨和埃蒙斯证实,那些出现在福布斯美国富人排行榜上的富人,仅仅适当地比生活在同一地域里的控制组感到开心。总的来说,研究表明充足的金钱是幸福的一个不可或缺的条件,尽管不是充分的条件。

**2. 朋友和社会关系**

古往今来,哲学家们反复强调友谊的价值和重要性。亚里士多德坚信"没有任何人会选择没有朋友的生活,即使他拥有了其他所有的东西",伊壁鸠鲁相信"智慧所提供的,帮助一个人去拥有一生幸福生活的所有东西里,最重要的便是拥有友谊",经验研究很大程度上证实了这些观点。迪纳和塞利格曼在对非常快乐的人的研究中发现,他们每一个都拥有卓越的社会关系。朋友的数量,然而更重要的是友谊的质量,和幸福密切相关,赖斯和盖布尔提出,良好的社会关系也许是幸福最重要的原因。

**3. 个性**

研究幸福的工作者们普遍认为,人们对于其他人和事的不同反应对于个人幸福水平有重要影响。莱肯和德勒根的报道认为,50%的幸福变量是由遗传引起的,主要是由个人情感而产生对喜怒哀乐的偏好。几十年前,当达达基兹写到个性对幸福有双重影响时,他出色地预言了个性。一个经验主义的科学结论:"第一,因为个性有使人感到快乐或悲伤的倾向;第二,因为个性塑造了一个人的生活,以至于让他产生快乐或悲伤的情感。"研究深刻地反映了一个现象,某些性格特征(例如外向型)预示着人们更喜欢去体验正面情感,然而其他性格特征(例如内向型)则预示着人们拥有负面情感。同时,外向型的性格预示着他们在生活中频繁地参加积极的活动,而内向型的性格预示着这些人在生活中表现得消极。这证明了达达基兹第二部分的观点。除了外向型和内向型性格外,其他性格如自负的、乐观的、信任他人的、赞别人的、压抑的、戒备心强的、渴望独立的和大胆的都被发现对幸福水平有很好的预示作用。

### (三)教师职业幸福的来源

教师的职业幸福是教师在从事教育教学工作中所感受到的主观积极体验。教育幸福是教学世界的一种可能生活,教师的职业幸福就是教师在职业生活中所获得的幸福体验,是教师在不断获得职业内满足的基础上所获得的,这需要教师自己去追求、去创造。一般来讲,职业幸福的实现表现为职业心理需求的满足。职业心理需求一般表现在以下三个方面。

**1. 职业薪酬期待**

职业薪酬期待是希望从职业活动中获得相应的报酬待遇,满足自己的物质与精神需要。职业薪酬需要的满足是产生幸福感的基本条件,党和政府对教师的薪酬方面一直非常关注,写入了教师法,习近平总书记多次强调要使教师有获得感和幸福感,教师的待遇在不断地改善。

**2. 职业成就期待**

职业成就期待即指人们希望自己有事情做并能做好的期望。无所事事是令人痛苦的,在职业生活中,人们希望把工作做好,超过别人,获得成功的快乐。教师劳动的群体性特点使教师的成就需要更为明显,在培养学生的过程中,在个体不断追求进步的过程中,职业成就需要不断获得满足。

**3. 职业环境期待**

职业环境期待包括物理环境和心理环境,物理环境指工作时的客观条件,人们一般希望条件好一点,心情舒畅;心理环境是工作氛围,由职场人际关系构成。教育中的人际关系比较复杂,但比较密切的是师生关系,教师与家长的关系,同事关系以及与领导的关系。

做一名优秀教师是教师职业心理需要获得满足的保证。职业内的心理满足,幸福感的获得依赖于个体的努力,一般情况下,具有职业成就的人更容易获得。柳海民等认为,教师职业幸福感的真正来源在于将生活方式作为教师职业观。教师职业不仅是一种谋生手段,更是一种生活方式,教师职业幸福感是内化于教师生活方式之中的,缺少了生活方式作为职业幸福感的实体贯穿,幸福感便失去了依托载体。张志勇认为,教师职业生活幸福有三种源泉:得天下英才而教育之的快乐,探索求解未知之谜的快乐,分享生命成长的快乐。这三种快乐,不仅能够给教师职业生活带来幸福,更能够促进教师职业能力和职业实践的发展。我们认为,教师的职业幸福固然与职业报酬等有关,但更与学校的心理氛围有关,与教师在学校处理人际关系时获得的客观满足有关。教师人际关系的满足主要表现在以下三个方面。第一,学生的尊敬。教师最大的成就感和幸福感来自分数的提升吗?特级教师闫学认为:"当一种教育能够让孩子热爱生活、热爱这个世界,这种教育就是世界上最美好的教育,也是真正的教育。当一个教师能够帮助孩子用自己的眼睛和心灵发现生活的美,感受到世界的永恒,这样的教师就是真正的教师,也是最优秀的教师。"我们认为影响教师幸福指数的最直接的原因来自学生,教师在学生的成长中获得幸福。陶行知先生曾说:"教师的成功是创造出值得自己崇拜的人,先生之最大的快乐,是创造出值得崇拜的学生。"由此可见,教师最大的幸福就是看到学生的成长,在学生的进步中体会到一种他人无法体会到的快乐与幸福。教师能够获得学生的尊敬一般也会获得家长的尊敬。第二,同事的敬重。职业幸福感来源于和谐温馨的团队。个人职业幸福感的好坏,最主要的是他处在一个什么样的团队中,并在团队中的融入程度,一个和谐温馨的团队能让人产生一种凝聚力,发挥团队成员的爱好特长,将个人的能力发挥得淋漓尽致。当教师能够获得同事、同行的敬重时,一般也会产生心理满足感。第三,领导的器重。管理者与被管理者的关系是最重要的人际关系。人有被肯定的需要,领导的信任、积极评价、奖惩都会影响教师的心态。

### (四)教师职业幸福的价值

从教师自身生存与发展的角度来说,教师职业幸福具有人生价值,教师的职业人生理应是幸福的。从社会分工和教师职业的特点来看,教师职业幸福具有教育价值,它关涉到学生的幸福与教育的发展。从教育在社会发展中的重要地位来看,教师职业幸福具有社会价值,它与社会的和谐、文明与进步及其整体幸福密切相联。

#### 1. 教师职业幸福的人生价值

"人们为什么热爱生活而终日忙忙碌碌?为什么不自杀?"这是精神医学大师弗兰克在他所创造的意义治疗法中向人们提出的最基本的问题。我们可能回答:自己还有未完成的事业,还有父母要赡养,还有儿女要养育抑或不想舍弃财产等。从根本上说,所有这些回答都对。因为我们还觉得生活有意义值得过,归根结底是因为我们所享有的快乐和幸福多于所遭受的痛苦和不幸。相反,如果我们的痛苦和不幸多于快乐和幸福,我们就不会觉得生活有意义并且值得过了。如果一个人每日备受精神和肉体的折磨,并且觉得永无出头之日,那么,他还会觉得生活有意义,还会愿意再生活下去吗?总之,幸福是人生的终极价值、终极意义,而这个人生价值和意义的有无是每个人是否愿意生活下去的终极原因。既然幸福是人生的目的,是人生的终极价值,那么教师的职业人生理应是幸福的,而追求职业幸福、获得职业幸福是教师的不可剥夺的权利,也是教师职业人生价值之所在。可以说,大多数教师都有着真诚的教育情感,因而发自内心地热爱孩子、热爱自己的职业;但作为一项事业,教育仅仅有情感是不够的,至少是不完美的。我们不能仅仅向学生奉献心血、青春乃至毕生的年华,不能仅仅因学生的成长和成功而喜悦,我们还应该在教育学生的同时,提升自己的事业境界和人生品位;在学生成长和成功的同时,我们自己也应该不断成长并走向成功,从中体验到人生的快乐,为自己的生命喝彩。

**2. 教师职业幸福的教育价值**

教育是为了学生的发展,学生的发展需要一个过程。因此教育不能把这一过程变成痛苦的过程,而应让学生幸福地成长。教育的幸福应该既包括学生的幸福,也包括教师的幸福,这两者相互联系。其中教师起主导作用,他要对教育的幸福负主要责任。从这个角度来讲,教师职业幸福不仅仅是教师自身的问题,它关涉到学生的幸福成长,具有教育价值。从一定意义上讲,教育法规、教师职业道德、学校的规章制度等对教师的外在规约,其最终目的和终极价值也在于保障和促进学生的幸福成长,但应当引起重视的是,这些外在规约要内化到教师头脑中,体现为教师外在的行为才具有实效。教师遵守规约从事教育活动时,可能是被动地无奈应付,也可能是心甘情愿且幸福地进行。后一种境界显然应该是教师所追求的,这不仅是他自身幸福生活的需要,也是学生幸福生活的必要前提。教师只有摆脱了职业感的束缚,不把教育当成谋生的手段,而是出乎自己的需要,像孟子那样以得天下英才而教育之为乐,那么他才能在教的活动中自由地、有创造性地发挥自己的全部才能和力量,享有职业幸福。

**3. 教师职业幸福的社会价值**

社会整体与个体是互为条件而存在和发展的。人与社会的相互依存与发展关系说明,人的幸福与社会的幸福是统一的,个人的幸福与他人的幸福是不可分离的。人的幸福在分享中升值、在给予中升华,犹如细胞在人体中增殖一样,个人幸福不能没有它所必需的社会条件。假如自己的幸福不能与他人分享,那么这种生活会变得毫无乐趣,也算不上是幸福的。关于这一点,卢梭说得更透彻:"排除他人而独享乐趣,反而会使乐趣化为乌有。"只有同他人分享的快乐,才是真正的快乐;要想一个人乐,是乐不起来的。只有为增进社会整体的幸福而拓展自己的生命活动,个体才能趋向身心的完美和幸福。幸福的社会性在教师身上表现得更为明显。教师职业幸福具有给予性,教师无私地给予学生知识,无私地对学生进行教育,在学生的全面发展和幸福成长中发挥着不可替代的作用。学生来自家庭,而家庭又是社会的细胞。从这个角度来讲,教师职业幸福促进学生的幸福,学生的幸福带动家庭的幸福,而家庭的幸福又可以促进社会的整体幸福。同时,教育是传承文明的主要渠道,为社会发展提供人力保障,事关社会的文明、和谐与进步,而教师又是教育事业发展的核心力量,其职业幸福的社会价值不言而喻。需要指出的是,教师职业幸福的人生价值、教育价值和社会价值是一个统一的整体。因此,既不能将教师职业幸福的个体人生价值当作其唯一的价值,也不能只强调其教育价值和社会价值而牺牲教师的个人幸福。

## 二、教师职业幸福的实现

### (一)对职业价值的认同

教师职业幸福感,也并非完全系于生活的外在条件,更多的是取决于一个人的生活态度。令人羡慕的国王不一定就生活得比衣不蔽体的农夫幸福。教师的职业幸福感,更多地来自教师对教育价值的自我认同与坚守。根据教师的生活状态可以将教师划分为四种类型,第一种教师"以谋生为目的",第二种教师"以自傲为动力",第三种教师"以教育为己任",第四种教师"以爱为根本"。北京师范大学肖川教授认为:幸福人生的"四个有",第一是心中有盼头,要有目标、有追求、有所期待、有所成就、有所向往,真正好的老师,就是能够不断地唤起学生对于未来热烈的憧憬与向往,能够把人生美妙的前景呈现在学生的面前,让我们的学生带着美好的期待、美好的渴望成长;第二是手中有事做,因为社会需要你,你有实现自己的岗位;第三是身边有亲友,人是社会的动物,人需要有情感的归属,我们怎样使学校成为一个温暖的家,怎样才能组建一个相互支持、相互欣赏的团队,这是校长应该认真思考的问题,给予学生更多的欣赏、鼓励和关爱;第四是家中有积蓄,物质上的富有是重要的,我们要创造一个富裕的社会。

### (二)职业成就

教育者的工作不仅仅是一种职业,还是一种事业,更是生命的一种历程。教师的工作不仅仅是付出,也是奉献,同时还是获取,获取自身的专业化成长,获取成功的愉悦,获取生命的价值,获取人生的快乐,实现生命价值与职业价值的内在统一。

### (三)良好的人际关系

交几个好朋友,及时倾诉烦恼是一种非常好的心理调节方式。要用心交几个好朋友,创造闲暇的空间和朋友一起,或逛逛商场,或在家小聚,或出去吃饭,寂寞无助时让朋友陪一陪,在美酒茶水中把知心话儿一吐为快,既发泄烦恼,又拓宽自己的视野。忧伤时,有朋友与你同担,伤痛会减掉几分;欢乐时,有朋友与你共享,欢乐会更加浓郁。友情是人生中一笔无价的财富。

### (四)学会自我调节

教师首先应学会认识、接纳自己,关心自己,爱护自己。其实,谁关心自己也不如自己爱自己,应对压力最好的办法就是关爱自己,保持身心健康。关注自己的外表,努力把自己修饰得高雅、大方、得体;学会休闲;舍得有道。

**思考题:**
1. 教师职业的价值有哪些?
2. 教师职业能够给教师带来幸福吗?

随堂练习一

# 第二章 教师专业发展的现状

> **学习导语**
>
> 要成为好老师,不仅是教师职业的要求,也是教师自身的需要。教师专业发展是教师职业的应有之义,是世界各国教师改革的基本取向。既然我们选择终身从事教师工作,就要站在一个更宏观的视角去了解教师专业发展的现状。

**学习目标**

1. 掌握教师专业发展的含义、背景与意义;
2. 理解教师专业发展的过程;
3. 理解国内外教师专业发展的现状。

**学习内容**

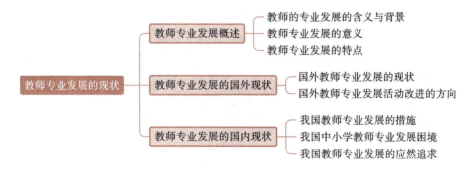

**关键词**：教师专业化；国外发展现状及改进方向；国内发展现状及发展方向

教育在国民经济发展中具有战略作用。教师是教育质量的决定因素,提高教师质量已成为世界各国教育改革重点关注的内容。教师专业发展方式、内容与路径的变革日渐成为世界各国参与国际教育竞争的秘密武器,了解教师专业发展的现状有助于寻找正确的专业发展道路。

# 第一节 教师专业发展概述

## 一、教师的专业发展的含义与背景

### (一)教师专业发展的含义

教师专业化是当前国内外教师教育的一种基本潮流。教师专业化包括两个方面的含义。其一是指教师职业应该成为专业,教师应该成为像医生、律师、建筑师一样的有个人专长的、受人尊敬和爱戴的专业工作者。所以,教师专业化是指教师职业具有自己独特的职业条件和培养体制,有相应的管理制度和管理措施。其二是指教师个体的专业素质的发展,包括道德专业化、知识专业化、教学实践专业化、管理专业化和自身发展专业化。实现教师专业化是现代教育发展的必然要求,也是党和政府对教师的希望,习近平总书记明确提出教师要努力成为"有理想信念,有道德情操,有扎实学识,有仁爱之心"的好老师。

### (二)教师专业发展的背景

**1. 现代教育发展的要求**

联合国教科文组织 21 世纪教育委员会出版的《为了 21 世纪的教育——问题与发展》中指出,21 世纪的教育将更加依赖于外部的压力,而不再像往常那样以自身发展为内在动力。首先是知识与信息的增长,学校不再是信息来源的基本渠道,学校必须学会如何利用其周围信息的教育价值,学会如何培养学生区分和辨别每天所面对的大量信息的能力。其次是技术的变革对劳动市场的影响,一方面教育担当开发"人力资源"的角色,另一方面它能帮助年轻一代更好地做就业准备以及劳动力再培训。再次是人口的变化给教育带来的压力。最后是各国之间愈益相互依赖,教育所面临的一些新的主要挑战就是要促进文化间的相互理解和进步等。总之,教育的新背景要求教师专业化。

**2. 教育目标实现的要求**

教育的根本任务和目标是培养人,使受教育者获得最大限度的发展,而要促进学生的发展,就必须先有教师的专业发展。美国近来的几份调查报告表明,学生受教于有效教师还是无效教师对学生学业成绩影响较大:五年级学生连续受教于三位有效教师,其学业成绩比连续受教于三位无效教师的要高出 50 个百分点;从四年级到六年级学生连续受教于三位有效教师,其学业成绩提高 17 个百分点,而受教于三位无效教师的其学业成绩下降 18 个百分点。教师的专业成长与成熟对学生的发展影响甚巨。教师专业化运动促进了教师的发展,也有助于教育目标的最终实现。

**3. 教师个人价值实现的要求**

教师职业是需要敬业奉献精神的,但教师职业也是教师个人自我价值实现的途径。教师在促进学生发展的同时,也促进着自身的发展,教师职业不仅具有重要的社会价值,而且也具有丰富的个人内在价值。教师在创造性的劳动过程中,能够体验到教师职业的内在尊严和快乐。教师这一工作所面对的是成长中充满生命活力的青少年,教育者若把"人的培育"而不是"知识的传递"看作教育的终极目标,那么他的工作就不断地向其智慧、人格、能力发出挑战,成为推动他学习、思考、探索、创造的不息动力,给其生命增添发现与成功的快乐,自己的生命和才智也在为事业奉献的过程中不断获得更新和发展。

**4. 成为好教师是党和政府对教师的希望**

中共十八大以来,党和政府对教师工作高度重视,对教师队伍建设寄予了殷切期望,2018年,中共中央、国务院印发的《关于全面深化新时代教师队伍建设改革的意见》明确提出:"百年大计,教育为本;教育大计,教师为本";"教师承担着传播知识、传播思想、传播真理的历史使命,肩负着塑造灵魂、塑造生命、塑造人的时代重任,是教育发展的第一资源,是国家富强、民族振兴、人民幸福的重要基石";"到2035年,教师综合素质、专业化水平和创新能力大幅提升,培养造就数以百万计的骨干教师、数以十万计的卓越教师、数以万计的教育家型教师"。

由于教师专业化是现代教育发展的必然要求,所以自20世纪80年代以来,教师专业化成为教师教育的潮流,在声势浩大的教师专业化运动中,各国政府不仅在观念上重视教师专业化发展,而且明确了政府在教师专业化发展中的责任,试图通过改进教师职前教育,提高教师从业标准,完善教师在职继续教育,提高专业地位等措施与途径来推动教师专业化运动。1986年,美国卡内基教育和经济论坛、霍姆斯小组相继发表了《以21世纪的教师装备起来的国家》《明日之教师》两个报告,同时提出以教师的专业发展作为教师教育改革的目标,美国卡内基财团组织的"全国专业教学标准委员会"编制的《美国国家教师专业教学标准》是一份迄今为止明确地界定了教师专业标准的文件。它强调教师要全身心致力于学生的发展及其学习,强调教师要熟练掌握构成教师专业的教与学的专业性内容及其知识基础,特别强调知识的生成性理解与知识的综合性利用;强调教师要善于组织教学以及衡量和测评学生的成绩和进步;强调教师作为"反思性实践者""行动研究者",要勤于思考,从自己的教学实践中学习和总结经验,紧跟教育科研步伐,激情满怀地投入从不间断的专业发展中;强调教师是"学习村"的成员,在学校、家庭与社区关系中,要发挥富有创造性的带头作用。

## 二、教师专业发展的意义

关于教师专业发展的意义,习近平总书记在对教师地位充分肯定的基础上,从教师职业的社会价值层面进行了系统的阐述,"一个人遇到好老师是人生的幸运,一个学校拥有好老师是学校的光荣,一个民族源源不断涌现出一批又一批好老师则是民族的希望",从个人、学校和民族三个层面客观科学地论述了教师的价值。

### (一)"一个人遇到好老师是人生的幸运"

在个人的成长过程中,教师的作用至关重要,学校教育阶段是一个人一生中重要的发展阶段。在这一时期,学生正处于人生中的打基础时期,也是发展的关键期,身心具有相对的不成熟性,学校教育对学生的发展具有重要的引导作用,在教育学的经典论述中,教育对人的身心发展起主导作用,教育作用的发挥更多地依赖于教师作用的发挥。"师无当于五服,五服弗得不亲。"教师是人类灵魂的工程师,关于教师对个体发展的价值,习近平总书记提出了教师要做学生的"四个引路人":"做学生锤炼品格的引路人,做学生学习知识的引路人,做学生创新思维的引路人,做学生奉献祖国的引路人。"对教师在学生健康成长中的作用作出了全面深刻的论断。

**1. 教师要为学生打好人生的基础**

在全国教育大会上,习近平总书记在关于家庭教育方面,强调家长"要为孩子扣好人生第一粒扣子",在学校思想政治理论课教师座谈会上又强调教师"要给学生心灵埋下真善美的种子,引导学生扣好人生第一粒扣子"。

**2. 教师是学生思想品德的塑造者**

全面发展的教育中德育为首,人的全面发展首先表现在思想政治层面,2014年习近平总书记在北京师范大学的讲话中强调:"教师重要,就在于教师的工作是塑造灵魂、塑造生命、塑造人的工作";"教师是学生价值观的培养者、理想信念的浇铸人,这既是光荣的使命,也是巨大的社会责任"。对教师在学生思想品德发展中的作用进行了高度的肯定。

**3. 教师是学生学习与发展的引路人**

学生在学校的基本任务就是学习与发展,学习知识形成能力,创新思维不拘一格,良好的学习与发展是学生未来奉献祖国和追求人生幸福的保证。

### (二)"一个学校拥有好老师是学校的光荣"

办人民满意的教育是我国教育的指导思想和努力方向,人民满意的教育是有质量的教育,是均衡发展的教育,每一所学校都应该是能为学生的发展提供优质教育的场所,学校教育的质量取决于教师的质量,习近平总书记对教师在学校的价值的肯定对于学校的发展方向具有指引作用。在学校教育中,课程教学是核心,是对学生施加影响的基本途径,"办好思想政治理论课关键在教师,关键在发挥教师的积极性、主动性、创造性",教师对学校的价值发挥着保障作用。

### (三)"一个民族源源不断涌现出一批又一批好老师则是民族的希望"

中华民族是一个古老的民族,曾经创造过历史的辉煌,近代以来的受欺凌与被宰割成了中华儿女深深的伤痛,为了民族的复兴,无数仁人志士进行了艰苦的探索与抗争,中国共产党牢记自己的"为人民谋幸福,为民族谋复兴,为世界谋大同"初心与使命,不懈努力。在中华民族伟大复兴的伟大工程中,教师起着重要的作用,习近平总书记认为:"好老师心中要有国家和民族,要明确意识到肩负的国家使命和社会责任","教师是中国梦的奠基者",又是"中国特色社会主义共同理想和中华民族伟大复兴中国梦的积极传播者"。"今天的学生就是未来实现中华民族伟大复兴中国梦的主力军,广大教师就是打造这支中华民族'梦之队'的筑梦人。"教师也是传统文化的传承者,要有传承经典的时代担当。"优秀的传统文化是一个国家、一个民族传承和发展的根本,如果丢掉了,就割断了精神命脉。"

## 三、教师专业发展的特点

人类社会的分工推动了教师职业化、专业化的形成和发展,1980年世界教育年鉴以教师专业发展为主题,教师专业发展日趋成为人们关注的焦点,以美国为引领,掀起了世界范围内以促进教师专业发展为核心的教育改革的序幕。我国明确提出教师专业发展问题并予以关注,虽然时间不长,但教师专业发展正成为我国政府、教育研究者和广大教师关注的焦点。

整体来看,教师专业化的发展经历了一个从非专业化到专业化,从群体专业化到个体专业化,从个体被动专业化到个体主动专业化,从个体专业化转型专业共同体的过程。

## (一)从非专业化到专业化

人类进入工业社会以前,尤其是古代文明社会对教师的要求在数量和质量上都不高,也没有严格的教师职业规范。教师不被视为一种专门化的职业,教师仅仅是有"知识"的人,教师不需要通过专门的师资机构进行职前或职后的培养或培训,也没有进行专业化训练的师范教育或教师教育机构,教师发展呈现出非专业化的特点。随着社会发展,人们对教师职业的认识逐渐发生转变,它开始被视为一种专门职业。教师接受专业化训练的需要日益提高,因此出现了培养、培训教师的专业教育——师范教育。师范教育是现代社会的产物,它的出现标志着教师专业发展的开端。

师范教育起源于 17 世纪末,经历了 18 世纪的发展、繁荣,一直到 19 世纪 60 年代教师专业化运动之前,都承载着教师专业发展的使命。随着班级授课制的广泛运用以及义务教育的普及,教师队伍不断壮大,同时,对教师的职业素养提出了更高要求。人们认识到,一个有知识的人固然可以担任教师,但如果没有接受过专业训练,未必能成为一名合格教师。因此,对教师开展专门培训,使他们具备一定的专业知识、教育教学技能和管理能力等,是普及教育、提高教育教学质量的内在必然要求。基于此,近代以来,许多国家在大量设置初等学校、中等学校的同时,也开始设置师范学校,专门培养中小学教师。

### 1. 师范教育机构的出现

师范教育最早出现于 17 世纪末的法国。1685 年"基督教兄弟会"创始人拉萨尔神父(1651—1719)在法国里姆斯创办了一所初等师范学校,以培训师资,随后他又在巴黎设立了一所初等师范学校,两所师范学校各附设一所实习学校。师范生除了接受良好的文化教育与彻底的宗教教育之外,还要在有经验的教员指导下,在各个实习学校里学习教学。拉萨尔开办的师资培训学校是近代西方师范教育的早期典范之一。之后在奥地利、德国也出现了短期师资培训机构,例如 1697 年德国虔信派教育家弗兰克创办了师资养成所,愿意做教师的学生可以在此接受两年的训练,免缴学费,供给膳宿。学生每日在教师的指导下练习讲课两小时,并与校方签订契约,毕业后须先为学校服务三年,方可外聘或从事其他职业。师资养成所的设立开启了德国师范教育的先河。

### 2. 师范教育制度化的演变

18 世纪中后期以来,一方面,随着工业革命的逐渐扩展,机械化生产逐步取代手工操作,社会生产对从业者的文化知识水平的要求提高,普通民众渴望接受教育,以改变生存环境,因此,许多欧美国家加大普及初等义务教育的力度,推动了初等教育迅速发展,进而促进了师范教育的繁荣。另一方面,师范教育制度日臻完善。在教育科学化运动推动下,教学方法体系初步形成,教育理论研究更加宽泛和深入,师范教育理论日趋成熟,从而为教师职业训练提供了理论和实践依据。尤其在 19 世纪,欧美国家致力于建立国民教育制度,为国家培养公民和合格劳动者,作为国民教育和公共教育主要承担者的公立学校和国家教育管理体制成为教育改革和发展的重点。与此相适应,欧美各国为了提高本国基础教育质量,均采取了加快发展师范教育的措施,对师范学校的设置、师资训练、教师选拔、教师资格认定、教师工资福利待遇等,都有明确规定。例如,法国于 1881—1882 年颁布的《费里法案》规定:师范学校免收学费和膳宿费;宗教团体成员不得在公立学校任教;教师必须获得国家颁发的证书才能任教。英国教师培养形成了两种主要模式:一是本专业学习与教育专业训练齐头并进,被称为教育学士学位课程,学制四年;二是先学完本专业(三年)或取得学士学位后,再进行一年教育专业训练,被称为研究生教育证书课程。小学教师的培训多用前一种模式,中学教师的培训多用后一种模式。至20世纪60年代,美国单一的师范学院培养教师的模式逐步被综合型大学培养教师的模式取代;在1200多所承担师范教育任务的大学和学院中,单一的师范学院仅存50多所,至20世纪80年代减至20多所。日本的师范教育体系由定向型封闭式向非定向型开放式转变。中小学教师的培养任务由综合大学、单科大学、学艺大学、教育大学和其他专业教师培训机构承担。教育专业学生的知识机构包括普通文化学科、专业学科和教育学科基础知识,和美国相似。师范生不再享受公费待遇,不再使用规定服务年限的做法,可以自由择业。

上述表明,近代师范教育开始呈现出系统化和制度化的特征。一是师范学校作为培养培训师资的专门机构,它的诞生与发展,标志着教师职业已从经验化、随意化走向专业化。二是师范教育机构经历了两个发展阶段,即从定向型封闭型阶段到非定向型开放型阶段。在前一阶段,中小学教师由单一建制的师范院校培养,师范生在校享受公费,毕业后履行服务义务;在后一阶段,打破师范院校培养教师的单一模式,改由综合性大学、其他大学和师范院校共同培养教师的开放型模式,单一建制的师范院校逐渐萎缩,并入综合性大学或改为之后培训。教师培养途径由单一走向多元。三是师范教育机构既注重教师教育的内容,也关注教师教学方法的培训;即对教师进行文化知识教育,也开设教育学、心理学方面的课程;既重视理论学习,也开展教学实习。

### (二)从群体专业化到个体专业化

教师专业化发展最初表现为教师群体专业化发展趋势,这种趋势有两种取向:一种是"专业主义"取向,即侧重通过制定严格的专业规范来提高教师的专业性;另一种是"工会主义"取向,即侧重通过谋求社会对教师专业地位的认可来获取教师的专业性。在谋求教师群体专业化的两种取向的竞争中,专业主义取向逐渐占据上风,它通过教师专业组织的内部自治、制定较高的入职资格许可、资格认定、任职和专业制裁标准等措施促进教师专业化发展。然而制定严格的专业规范等专业主义的做法虽然有助于专业制度的建设,但是这些制度关注的是把不符合要求的教师"过滤"掉,而无法保证每一位教师专业化的不断改进和提高。因此,教师专业化逐渐从教师群体专业化向个体专业化发展转变。

20世纪60年代中期以后,国际师范教育面临三大挑战,迫使各国提高教师质量。一是许多国家出现人口出生率下降,适龄儿童减少,基础教育规模收缩,对教师的需求量相对减少;二是经济危机造成失业率攀升,社会贫困现象加剧,使许多国家的政府重新审视教育的作用与功能,大幅压缩包括教育在内的公共事业支出,教师培养机构获得的财政资金锐减;三是学校教育质量未能达到社会公众的期望,学校对教育的信心降低,把教育质量下降主要归结于教师素质的低下,并对教师教育提出批评。20世纪60年代下半叶以来,有关教师素质、教师专业发展、教师的作用和社会地位等话题成为国际社会关注的焦点。1956年霍姆斯小组发表了《明日之教师》的报告,该报告列举了美国的师范教育存在的种种问题,认为没有师范教育的提高,就没有教师质量的提高,更谈不上教育质量的提高,并第一次提出建立"专业发展学校",是由大学教育学院与一所或多所中小学合作,融教师职前培养、在职培训和学校改革为一体的学校形式。美国在20世纪50年代,发起了以培养"学者"为目标的教学文科硕士课程改革和突破革新计划的变革等,强调教师的学科专业知识水平;而到了20世纪60—70年代又以培养"教育临床专家"为目标的改革,提出"以能力为基础的师范教育",也称"以教学行为表现为基础的师范教育",强调教师实际能力的培养。美国教师教育学院协会(AACTE)在1971年公开发表的《能力本位教师教育的发展状况》中给出了能力本位教师教育的五个核心元素:一是展示的教学能力根据教师角色而定,用行为的表述具体阐明,并公开宣布;二是评价标准以能力为基础,细化掌握程度,并公开宣布;三是评价以表现为首要考虑,同时考虑学生知识;四是学生进步的速度依所展示的能力而定;五是教学指导有助于具体能力的培养和评价。同时,归纳了能力本位教师教育的特点,包括课程的个体化和模块化,强调出口非入学要求,采用系统、开发的方法,根据反馈对课程进行调整,实现学生和课程的绩效。同时,也指出了相应的优缺点,如能力本位教师教育关注个体的能力和需求,注重目标、强调多方人员共同制定目标,并以目标协商制定评价策略,强调效率,但因缺少有效的评价标准,往往以那些容易描述和评价的能力为主,而忽略了一些隐形的能力。

### (三)从个体被动专业化到个体主动专业化

教师个体专业化发展也经历了一个由强调教师个体被动专业化向强调教师个体主动专业化转变的过程。教师个体的被动专业化表现为教师往往把教学工作仅仅作为一种谋生的手段,符合社会的评价成为教师工作的主要动力。教师为了获得社会认同,往往被动地实现外界所制定的专业标准和要求。教师成为用别人设计好的课程及其目标来传授知识的中介者,因此,教师专业化程度取决于其专业领域的知识与技术的掌握程度,而这些知识和技术往往是教师被动获得的。20世纪80年代以前,教师被动专业化发展的具体措施是"临床"指导和教师评价,到20世纪90年代初期,教师评价更受重视,但是这些指导与评价并不关注教师内在心理过程,也不基于教师的专业发展,对提高教师素质和促进教师发展的效果不佳。因此,促使人们对教师专业发展进行深入探讨,提出了"教师自我引导发展""合作或联合发展""以变革为定向的教师培训""教师角色拓展"等教师个体主动专业化发展的新方式。教师个体主动专业化强调教师在其专业发展过程中的作用和地位,强调教师的发展关键在于实践性知识的不断丰富,教师的专业发展要依靠敏锐的问题意识和良好的问题解决能力,等等。从根本上讲,教师个体主动专业化发展符合我国当前教育改革尤其是课程改革的要求。

### (四)从个体专业化转型专业共同体

教师个体专业发展反映了教师专业发展程度的不断提高和对教师获得专业自主和发展的不断强化。但是,研究发现一个突出的实际问题是,教师的专业生活表现出明显的个人孤立倾向,教师在日常的教育教学活动中缺乏与其他教师以及教师群体的必要沟通和相互交流,这种普遍存在的相互隔阂与排斥势必影响教师的专业成长。将教师群体改造成专业学习共同体已成为自20世纪80代中期以来教师专业发展的新模式,是包括我国在内的世界各国教师教育改革的主要范式之一。专业学习共同体的建立对于教师专业发展、学校效能改进和学生学业的积极影响已获得西方许多实证研究的证实,例如,鲍尔曼等2005年的实证研究发现,越多教师参与专业学习共同体,学生在考试中取得的成绩越高。共享价值观、和谐的同侪关系、教师合作以及去行政化、等级化,是一个群体被当作教师专业学习共同体的核心标准。

## 第二节　教师专业发展的国外现状

### 一、国外教师专业发展的现状

#### （一）多层次的教师专业发展目的

教师参与专业发展活动的直接目的是提高自己的专业素养与工作能力，其间接目的是促进学生身心积极、全面、健康地发展，其最终目的是带动社会各项事业的蓬勃发展。这些目的的存在毋庸置疑、人人皆知，在这里，我们更为关注的是国外中小学教师专业发展的具体目的，这些目的能否实现才是判断教师专业发展活动品质的直接指标。

**1. 基本目的：增进教师的专业素养**

教师参与教师专业发展项目的基本目的是提高自身多方面的专业素养，满足教育事业发展的多样化需求，增强自身对教育工作的胜任力与自我专业发展力。世界经济合作与发展组织认为教师专业发展的基本目的是根据教育领域最新发展需要，更新教师的学科知识；根据最新教学目标、教学环境与教育研究成果，更新教师的教学技能、态度与方法；促使教师适应课程与教学实践方面的变革；促使教师研发有关课程及其他教学做法的新策略；在教师社群中分享教育信息与专业知识；帮助后进教师实现专业提升，使之工作得更有效等。这些目的可以概括为五个方面：提高专业素养，适应教学变革，创新教学策略，共享先进经验，开展专业帮扶。

在欧盟，中小学教师专业发展的基本目的定位也是"发展教师专业素养"，具体包括：使教师具备"欧盟核心能力建议"中所罗列的各种一般能力；为教师营造基于共同尊重与合作发展的安全而又有吸引力的学校环境；胜任来源多样化、能力悬殊的学生且具有多元化能力与多样化需要的异质课堂教学；能够与同事、家长及更大范围内的社区进行亲密合作；能够通过反思性实践与研究活动来探究新知识、变革教育实践；能在各种工作与教师专业发展活动中使用信息技术；在终身专业发展中成长为自主的学习者。这些专业发展目的不仅涉及狭义的教师教学能力、自我发展能力与专业适应能力，还包括在学校及其外围环境中创设更有利的学生发展环境的能力。无疑，这一目的设定具有一定的代表性与全面性，能够体现教育变革时期社会赋予教师专业发展的独特使命。

在加拿大，学者关注的是教师专业发展的两大目的——提高教学有效性与支持教师专业成长。前者体现着教师专业发展活动的内在目的，后者体现着教师专业发展的外在目的，二者一内一外，共同推动着教师专业素养与工作绩效的提升。据此，国外学者雷斯伍德指出，教师专业发展应该重点关注五个发展目的的实现，即发展教师生存技能，提高教师基本教学技能，增强教师的教学灵活性，促进同事的专业发展，锻炼教师参与决策的领导力等。显然，在这一系列教师专业发展的目的中，教学能力位于核心地位，成为教师专业发展的主要目的，而其他目的则处于辅助地位。

**2. 终极目的：培养专家型教师**

教师专业发展是一个促使教师实现从新手教师向专家型教师或有经验教师的提升过

程,专家型教师构成了教师专业发展的终端目标。相对新手教师而言,专家型教师具有以下鲜明特征:丰富厚实的知识基础,对各种知识在实践中加以整合的能力,基于过去经验对教育情境问题进行直觉判断的能力,研究解决一系列教学问题的愿望,对学生需求及其学习过程的深刻理解力,对教学目标的意识,对学习环境的深刻意识,教学的流畅性与自主性,教学设计的高效率等。格拉泽的研究指出,要达到专家型教师的要求,教师专业发展活动应该确立以下目标:在背景与领域上,专家型教师必须在自己的领域与特定的专业背景中达到卓越的程度;在自主性上,专家型教师要能针对专业领域中经常出现的某些事件予以自主的应对;在任务需求与社会情境上,专家型教师应该有任务需求的敏感性,以及对其所依托的社会情境的敏感性;在机会与灵活性上,专家型教师要能更有效地利用他们的专业机会,更灵活地应用专业策略,来应对学生反应;在解决问题的手段上,专家型教师要有独特的处置教育教学问题的手段,对问题具有独特的理解与看法;在认识模式上,在具体情境中,专家型教师能够用一种有意义的认知模式来思考问题;在问题解决上,专家型教师最初可能对问题反应较慢,但会借助重要相关信息来实现对问题的有效解决等。可见,专家型教师的最主要特点是:知识经验的丰富性、问题认识的深刻性、专业发展的自主性、情境反应的灵敏性、教学效能的高效性等。要达到这些目标,休伯曼建议新手教师从三个方面努力,即转变角色,承担起学科教学的责任;开展课堂层面的教育实验,关注三重互动——"师—生""生—师""生—生"互动;参与挑战他们现有知识技能的教学活动等。当然,专家型教师是在各方面都能够为新手教师做示范、做榜样的经验型教师,在这一意义上,专家型教师其实是各种理想教师专业素养的化身与集成,教师专业发展其实就是新手教师直接向他们学习、逼近的过程。

**3. 最低目的:达到教师专业标准**

当代教师教育处于标准化的时代,达到国家或专业组织制定的《教师专业标准》要求是教师专业发展的最低目的。教师专业标准是具体内容与实现手段的统一,它具体阐明了一个国家或专业组织对教师专业发展活动提出的核心指标以及相应达标方式。例如,英国教师专业标准要求教师专业发展达到以下标准:参与职前与在职专业发展活动,帮助教师顺利开展教学与学习活动;确保教师能够在多样化专业背景中通过创新、变革与持续发展来开展教学活动;向学生及其他利益相关者展示,教师员工与学校机构赋予教学活动的专业性与支持学生学习的功能;帮助教师认识到支撑学生学习的教学活动、学习活动与评价活动等的重要性;促进教师个体与组织正式认同提高教学活动质量的意义,将教师专业发展视为研究与管理活动的责任之一等。简言之,英国开展教师专业发展活动的目的是要培养教师的变革意识、学习意识、质量意识,提高教师开展教育教学活动的能力。

在美国,教师专业发展的共同特征是以"专业标准及其资格制度"为核心。其中,制定专业发展标准是基础,教师个人专业发展方案是依托,最低水平的教师资格证更新制度是保障,对新教师进行入职辅导培训是途径等。目前美国较为权威的专业标准是全国员工发展委员会组织制定的《教师专业标准》。该标准制定于1995年,2001年修订,致力于指导有效的教师专业发展活动。整个标准的研发围绕四个问题展开:所有学生期待指导什么?教师能干什么?为了促进学生学业成功,教师必须知道什么、干什么?要达到目标,教师专业发展应该从哪里着手?基于此,该标准包括三个子标准,即背景标准、过程标准与内容标准。在背景标准上,委员会强调三个要素——学习共同体、领导、资源,即把教师组织到教师学习共同体中来,依托熟练的学校或学区领导来引导教师专业发展,保障成人学习与合作所需要的各种资源等;在过程标准上强调数据驱动、评价、研究支持、设计、学习与合作,即利用学生调查信息来确定教师的优先学习内容等,利用多渠道反馈信息来引导教师发展、展示教师学习结果,引导教师运用研究活动来开展决策,在设计中利用教学策略达到预定目标,运用有关人类学习的知识来优化教学,培养教师合作的知识与技能等;在内容标准上强调平等、优质教学与家长参与,即为学生创建支持性环境与高期待氛围,为教师提供基于研究的教学策略,促使家长与其他利益相关者加入教学活动中来等。这一标准在美国教师中获得了较高认同,成为美国教师专业发展的基本标准,在美国教师专业标准体系中具有较强的代表性与典型性。

**4. 最高目的:推动教育改革**

国外学者相信教育改革与教师专业发展之间是双向、互动的关系,不包括教师专业发展的教育改革不可能取得成功。在这一意义上,推进教育改革是教师专业发展的重要诉求,教师在专业发展上的一些创举常常可能成为引发国家教育改革的起点与线索;国家教育改革必须借力教师专业发展,高度重视教师专业发展,才可能取得满意的改革效果。在纳米比亚,全国借助教师培养体制与制度改革,实现了独立之后国家教育体制向民众教育体制的顺利转变,教师专业发展的功能不可小觑。进而言之,教师专业发展与教育体制改革之间是相互带动的关系:在教育改革中潜藏着教师专业发展的经验与机会,因为任何科学的教育改革都会给教师专业发展提出要求,指明方向,表达期待,教师会在教育改革大潮的驱动下改变专业信念,生成专业技能,生成专业认识,实现专业发展;自主、科学的教师专业发展活动又会反过来要求变革教育制度与教育政策,为教师专业发展敞开大道,赢得空间,教师专业发展的行动与要求,可能成为落后教育制度的突破者。学者富特雷尔曾经对美国九个学区的教育改革现象进行了研究,结果发现:影响教师专业发展与教育改革关系的因素有七个,分别是:①地区关注点,教育改革对当地需求与本土化解决方案的认可;②重要资助,学区管理者对教师专业发展活动的资金保障;③当地领导,改革要获得学区与学校领导的支持;④长远规划,对教育改革,包括教师专业发展进行长远规划;⑤教师参与,把教师及其专业发展视为改革的一部分,这能提高改革成功的可能性;⑥各方合作;⑦时间保障,教师专业发展需要一段时间。其中,为教师专业发展提供丰富机会、政策支持与足够时间是决定教育改革的重要因素之一,相对而言,其他要素在促进教育改革中常常处于辅助地位。

由此可见,推动教育改革是教师专业发展的重要目的与关键手段,教育改革政策调整是确保教师专业发展的重要条件。学者安赛斯对这些条件做了梳理,提出了促进教师专业发展的条件:刺激教师探究的动机,为教师提供探究机会,培养教师的创新与探究能力,尊重教师的自主权,灵活的学校组织,支撑性的行政管理,时间、资源与管理制度的灵活性。只有满足了这些专业发展条件,教师专业发展才可能真正成为推动教育改革的实质因素与强大动力,教育改革也才可能最终立足于坚实根基之上。

### (二)务实的教师专业发展内容

"教师专业发展内容"不同于"教师教育课程":前者侧重阐明动态的教师专业学习活动及其组合,后者关注的是教师教育活动所选用的知识资源或教学素材;前者与教师专业发展的效能提升直接相关,后者必须经由前一活动的中转才可能实现其预期价值。国外教师专业发展中采取的具体活动,对教师教育实践优化具有直接的指导意义。

**1. 学习教与学的知识与技能**

美国学者萨巴蒂尼等人的研究指出,教师认为"高效教师专业发展活动"应该优先考虑以下活动内容:教学技能训练,传授学生如何学习的知识,学习把技术融入教学实践的技能,了解其他教师如何教学,教师课堂管理技能培训等。在这些教师专业发展内容中,占主体的是有关教与学的知识技能,其次才是教育技术应用与课堂管理技能培训。这一观点在业界较为流行,绝大多数学者认同该观点。

美国学者曾以"在职教师专业发展"为例探讨了教师专业发展活动的内容,指出应重点提升教师三方面专业素养——教师的应知、应会与应关注的内容,具体包括:①教师的专业知识,包括学科知识、教育知识、教学理论、课程知识、政策背景知识,以及有关多样化学生、学生文化、青少年发展、学习理论、学习动机、学习评价、小组动力学等方面的知识;②教师专业技能,包括教学设计、组织教学、利用教学素材与教育技术管理学生、指导评价学习活动、与同事父母及社区合作、与社会机构合作等方面的技能;③教育秉性,包括教育信念、工作态度、教育价值观、教育责任感等方面的素养。据统计,美国在职专业发展活动主要集中在四个内容上,即所教学科内容培训、课堂管理培训、针对学生特殊需要的培训以及教育技术使用培训。围绕这些提升教师素养而开展教育教学活动,是在职教师专业发展的基本内容。

**2. 教学实践能力训练活动**

有学者研究表明:对教师行业新入职人员的学术能力测试并非教师质量的可靠指标,教师教学有效性的许多维度都不是学术能力测试所能预测的。因此,与教师专业能力直接相关的应该是教学实践训练,是教育见习实习,是教育经验的持续增长。著名教师教育专家达林-哈蒙德与科恩等人指出,要提高教师的课堂实践水平,教师专业发展活动应该引入以下活动内容:实践活动、教学辅导、跟踪指导、教师合作(包括共同解决具体实践问题、共享课堂教学经验、共同开展教学研究等)、课堂观摩、教学评价、行动研究、教学反思、研发教学实践模式等活动。这些活动的共同特征是可以日常进行的现实教学实践活动。紧密结合日常教学活动,直接服务于教师基本教学能力提升,是这一系列教师专业发展活动的明显特点。

**3. 面向教学全程的专业提升活动**

1998年,由美国学者克雷格主笔的世界银行年度教育报告《教师发展产生重要影响》指出:教师专业发展活动应该全面考虑有效开展课堂教学活动的全程要求,努力提高教师的课堂胜任力。教师的教学活动包括课前、课中与课后三个阶段,每个阶段都承担着相应的专业发展任务。

(1)在课前,教师承担的主要任务是教学准备工作,具体如下:理解教学内容,批判性思考教学内容与方法,准备教案、素材与教学空间。在该阶段教师专业发展的内容是帮助教师理解课程开发意图,了解学情并据此剪裁课程,开发出有助于学生认识更新的课程,站在学生角度来表达课程内容等。

(2)在课中,教师承担的主要任务是建立优质的教学互动,其具体内容是在教学中实施并及时调整教学方案,组织并指导学生,评价学生学习活动。在该阶段教师专业发展的内容是教会教师尽可能把花在有学术价值活动上的时间最大化,指导教师寻求对所有学生都公平的课堂规则,促使教师用恰当方法呈现教学内容,集中精力关注主要教学活动,向学生传达清晰的学习要求。

(3)在课后,教师承担的主要任务是反思自己的行动及学生反应并据此提高教学效果,与同事分享教学经验体会等。在该阶段教师专业发展的内容是借助反思评价自己的教学效果，总结课堂教学经验等。因此，每一个教学阶段都有具体的专业发展活动内容，根据教学活动针对性地开展专业发展活动是创建高效专业发展项目的需要。

#### 4. 基于专业能力观的"四维"能力发展活动

教师专业发展的核心任务是发展教师专业能力，对"教师专业能力"的理解直接决定着教师专业发展的具体内容。正是基于此，美国学者从全新的"教师专业能力"理解出发，提出了全面的教师专业发展内容。他们认为，教师专业能力是教师从事教育教学活动的行动能力，而非其所掌握的"专业知识集合"。基于这一理解，教师专业发展活动包括四项内容：一是培养教师知识文化传承能力的活动，毕竟教师是人类知识文化的专业继承者、评判者与解释者；二是发展教师教学艺术的活动，致力于培养教师创设教学情境、消化理解人类知识文化的能力，培养教师评价学生学习进步情况的能力，以及设计、组织、监督课堂以促进学生学习成绩与社会性发展的能力；三是促使教师适应社会与教育背景的活动，具体包括培养教师促使教学适应特殊儿童或残疾儿童学习特点的能力，与家长、同事、学生合作的能力，与教学团队合作完成教学任务的能力等；四是建立教师专业身份的活动，具体包括开展个体专业发展活动，建立自我作为教师专业人员的身份，在工作中展现自己合乎伦理、负责任的专业行为等。

#### 5. 促进教育理论与教育实践间融合的专业学习活动

学者蒂姆勃雷在新西兰教育部支持下，针对教师专业学习与发展活动进行了大量研究，并为中小学教师提出了以"促使教育理论与教育实践间贯通、融合"为重心的教师专业发展活动内容规划方案，具体包括：与专业学习内容相一致的专业发展活动，理解专业学习内容的活动，讲授专业学习内容的活动，促进教育理论理解与转化的专业教学活动，促进专业概念理解的讨论与协商活动，理解教学与学生学习之间关系的活动等。这些专业发展活动的共同特点：以提升教师专业学习质量为核心，以促进教育理论与教育实践间的结合与转化为目的，以系列化专业学习与发展活动为支撑，有助于教师教学实践能力的持续提升。

#### 6. 嵌入工作的教师专业发展活动

在美国，嵌入工作的教师专业发展活动才可能被视为有效教师专业发展活动，此类活动是优质教师专业发展项目的核心构成内容。美国国家教师质量综合研究中心指出，这些活动主要包括：教师与承担教学指导活动的教练一起研究一节课的教学设施，共同实施该课程的教学活动；展开教学团队会议，分析学生成绩，讨论教学改进与共享重要教学资源的途径；由教学指导教师为一组教师上示范课，研究具体教学实践的改进方向；教师把自己的教学视频片段发给承担教学指导任务的校外教练，在网上召开会议，讨论教学改进的方向等。这些教师专业发展活动由于直接与教师工作密切相关，教学指导富有深度，故有助于教师专业发展效能的直接提升。

### (三) 丰富多彩的教师专业发展途径

教师专业发展途径是各教师教育主体，包括教师教育举办者与教师个人，在提升教师专业发展水平中所采取的具体操作路径，它既是教师专业发展模式的基本构成元素，又是实现教师专业发展目标的物质依托。国外教师专业发展的具体途径有哪些？这是教师教育者比较关注的实践问题。不同学者的审视角度不同，其所关注到的具体教师专业发展途径也就不同。

**1. 世界经济合作与发展组织成员国的主流教师专业发展途径**

世界经济合作与发展组织在其研究中指出:世界各国经常使用的教师专业发展途径大致有九种,在实践中的使用频率差异较大。这九种专业发展途径主要是:非正式交流、培训课程(包括工作坊)、阅读专业文献、召开教育会议、利用教师专业发展网络、研究(包括个人研究与集体合作研究)、辅导(包括专门辅导与同伴辅导)、课堂观察访课、资格证项目等。其中,使用频率最高的是非正式谈话、培训课程,其次是阅读专业文献、召开会议等。

**2. 联合国成员国的主流教师专业发展途径**

维莱加斯·赖默斯执笔的联合国教科文组织(UNESCO)研究报告《教师专业发展:国际文献综述》对成员国教师专业发展途径进行了分维度的概括。他根据教师专业发展的组织是"群体为主,还是小组、个人为主"这一标准,把教师专业发展途径区分为两大类:一类是以某一特定组织或不同教师教育机构间合作为基本组织支持的教师专业发展途径;另一类是借助小规模组织如学校、课堂或个人等为基本组织单位的教师专业发展途径。其中,前一类教师专业发展途径包括:教师专业发展学校、大学、中小学合作伙伴、校际教师交流、学校协作网络、教师协作网络、远程教育等;后一类教师专业发展途径包括:教学督导、学生绩效评价、培训课程[包括工作坊、习明纳(seminar)、培训会等]、案例研究、自我导向学习、合作专业发展、观摩优秀教学、教师轮岗、技能训练、反思、工作学习、行动研究、教育叙事、喷泉式培训、教练辅导等。

**3. 欧盟成员国的主流教师专业发展途径**

近年来,欧盟组织非常重视教师专业发展项目,着力通过教师培训途径优化来提高成员国教师质量。在欧盟成员国中,主要有以下三种教师专业发展途径较受欢迎:开展教师工作坊活动,展开专题研讨会议与教学工作会议,参加各种教师专业组织或教师协会开展的专业交流活动等。这些专业发展途径是欧盟教师专业提升的重要依托。

**4. 美国的主要教师专业发展途径**

在西方国家中,美国教师专业发展途径无疑具有一定的代表性。学者古斯科曾将美国中小学教师经常用到的教师专业发展途径区分为七类,并对其优缺点逐一进行了分析。

(1)培训。主要包括展示、工作坊、示范、模仿、讨论、研讨、座谈会等。其优点是便于知识信息口头分享;缺点是个性化不够,需要通过反馈与辅导来补充。

(2)课堂观察(或评价)。主要包括观课、反馈以及同伴相互指导、领导督导等。其优点是能够积极影响观课者,便于在讨论反馈中进行观课,减少了培训的单向性;其缺点是费时,需要单独进行观课,并需要精心策划、聚焦问题才能完成。

(3)教学改进。具体包括改进课程、项目设计,实施新型教学策略,解决教学问题等。其优点是能够增进教师的专业知识与合作能力,有助于解决真正问题;其缺点是只能让小组从专业发展活动中受益,易于走向保守,需要借助研究活动来指导实践等。

(4)研究小组。主要活动内容是研究教师遇到的共同问题,也可能是不同小组研究问题的不同方面。其优点是减少了教师间的隔离,问题研究具有集中性与连续性;其缺点是研究活动易为主导人物所牵制,易退化为意见汇集而非真正的问题聚焦性研究。

(5)行动研究。主要活动内容是选择研究问题、决定具体研究行动等。主要优点是有助于教师知识形成与提高问题的解决技能,赋予教师以学习、探索的权利;其缺点是需要教师个人积极努力、付诸实践、自觉行动等。

(6)个人导向活动。主要包括发现自己需求、制订个人计划、评价计划的实施程度等。其优点是具有灵活性、选择性与个体性,有利于个人进行反思与分析;其缺点是没有同事介入易于重蹈覆辙,难以与其他领域专业发展相关联。

(7)辅导。主要活动内容是召开例会,与有经验教师结对来改进教学活动。其优点是教师易于从元认知学习活动中获得发展,有利于发展教师的人际沟通技能等;其缺点是需要时间、资源的保证,需要与其他学习者及学校改革行动相联系才可能有效。在这七类教师专业发展途径中,共同包括 20 多种具体的教师专业发展途径。从原则上看,每种教师专业发展途径无优劣之分,在实践中选用何种途径,取决于教师专业发展项目组织者的首要价值追求或教师专业发展面临的现实问题。

## 二、国外教师专业发展活动改进的方向

教师专业发展是一个与多因素关涉的过程。在当代,世界各国都对教师专业发展提出了一些细致的实施要求,未来发展与改革方向日益清晰。

### (一)关注教学实践、学生学习与学校发展

美国学者认为,融入实践是教师专业发展生效的基石,提高学生学习成绩是教师专业发展的宿命,立足学校发展是高效教师专业发展的显著特征,因此,强调实践、学习与学校是国家对教师专业发展活动的核心要求。进而言之,这些要求具体包括:其一,教师专业发展应该具有密集性、持续性与实践关联性,只有当教师专业发展活动包括将理论知识用于教师的设计与教学实践的内容时,它才可能真正影响教师的教学实践;其二,教师专业发展应该关注学生学习活动,关注密切联系具体课程内容的教学活动,这就要求教师专业发展活动越具体越好,具体体现在三个方面,即专业发展活动应关注教师的手边工作与问题,关注教师的具体任教学科,关注教师工作的具体环境等;其三,教师专业发展应该与学校首要发展要求和目标相一致,应建立坚实的教师共同体网络,在学校层面组织专业发展活动,共享优质专业经验,共同应对专业发展问题,这正是创建高效教师专业发展活动的有力途径。

### (二)关注背景、内容与过程

美国公益组织——职业研究与发展中心认为,教师专业发展只有在支持它的教育背景中,并在强有力的内容与科学的组织过程的辅佐下才可能获得成功,"三者合一"是有效教师专业发展的客观要求,也是支持美国教师专业发展的三个稳固支点。

**1. 教师专业发展的背景要求**

教师专业发展需要的支持性改革背景包括:支持社会期待的教育改革发生的背景,民众共同期待改革的需要感,教学专业人员在学习性质与教师课堂角色问题上的高度认同,教学专业人员将学习视为教师共同体的活动之一等。

**2. 教师专业发展的课程内容**

该内容包括深刻的学科内容知识,精辟的课堂技能,与时俱进的学科与教育知识,教师要更新专业知识,提高学生管理技能,缩小学生间的成绩差距,关注自己的专业知识缺陷,学生表现测量,探究本土专业问题,关注事实证明有效的教学策略等。

### 3. 教师专业发展的过程要求

基于研究、基于完善教学实践的情境学习，开展与名师间的交流并持续进行一段时间，鼓励教师在安全环境中尝试新教学手段，尽可能地多听取同行反馈等。这些要求中，背景是教师专业发展的外围要求，课程内容是教师专业发展的知能要求，过程是教师专业发展的途径要求。

## （三）关注行动、团队与反馈

古斯克指出，在设计与实施教师专业发展活动时要遵循一些"成功指南"，以有效提高教师专业发展的机会与质量。这些"指南"主要由六条原则组成，分别是：要认识到教师发展既是个人变化，也是组织变化；要有远大思想，但要从细微处开始行动；要以团队的形式去努力，为个体发展提供有力支持；要重视对发展结果的反馈；要给予教师发展以持续的跟踪、支持与压力；要整合各种教师专业发展项目。在这些原则中，古斯克强调的是稳扎稳打的实践行动、拧成一股的团队力量与发展效果的跟踪反馈，它们是有效教师专业发展的核心要求。

## （四）关注现场、知识与参与

科克伦认为教师专业发展活动的核心组织原则是关注现场创举、教学知识与多维参与，而非团队合作、实践行动、学校发展等原则。为此，他向有效教师专业发展活动提出了七条要求：激发并支持学校、地区与教师的现场创举；将教师专业发展建立于教学知识之上；采取建构主义教学模式；为教师提供理智性、社会性与情感性参与活动；将教师作为专业人员与成人学习者来看待；为教师专业发展提供足够时间与跟踪服务；确保专业发展活动具有易理解性与包容性等。显然，科克伦相信：有效的教师专业发展活动始于教师与学区的一些临场创意与自我创举，因而尊重教师的创造性与能动性，坚持用专业知识来解释实践、开拓实践，提高教师的参与深度是提高教师专业发展活动效能的客观要求。

## （五）关注学习活动及其组织

把教师专业发展视为教师专业学习活动，按照有效学习活动的要求来理解教师专业发展活动，是当代教师专业发展观的前进方向。早在1987年，富兰就曾指出，成功的教师专业发展活动包括四个关键要素：把教师员工发展视为学习过程，重视学校领导的功能，利用好学校组织文化，发挥好区域性教师组织的作用。进而言之，教师学习、学校领导、学校文化与教师组织是促进教师专业发展的四个抓手，是创建有效教师专业发展活动的努力方向。

## （六）关注理论与实践的结合

休伯曼等人的研究发现：最可能积极影响教学效能的专业发展活动是那些手边的活动，尤其是教育理论知识与具体教学实践相结合的活动，这些活动具有六个明显特征：持续较长时间；具有清晰的理论原理基础；基于集体、主动的学与教及反馈活动，其中主动学习包括教师间的相互观摩、共同备课与互教互学活动；聚焦具体的学科内容知识与策略；以教师工作小组（如教研组、学科组或年级组等）为单位进行；具有连贯性与实践性，关注学生学习内容与成绩等。这一研究成果对教师专业发展提出的核心要求是把教育理论与教育实践结合起来，让教师在基于实践的主动学习、合作学习与研究性学习中，将一般性教育原理知识运用于具体教师专业发展实践，取得实质性的专业发展效果。可以说，每一次真正的专业发展都是教育理论与教育实践间的一次结合,教师专业发展的质量始终取决于教育理论与教育实践间结合的程度,这一教师专业发展要求的科学性特征异常明显。

# 第三节 教师专业发展的国内现状

虽然我国教师专业发展的研究与实施相对起步较晚,但是教师专业发展的推进步伐正在不断加快。

## 一、我国教师专业发展的措施

### (一)师范教育的发展

我国近现代的师范教育是从19世纪末20世纪初,南洋公学师范院、京师大学堂师范馆和通州师范学校的创立开始的,至今已走过百余年的历程。20世纪50年代中国的高等教育经历了一次大规模的"院系调整",形成了文理综合性院校、工科院校、师范院校以及各种单科性的学院,并明确了各类院校的主要任务。教师的培养培训主要依靠独立设置的师范院校。

1976年,教育界开始恢复教育的正常秩序。1978年10月,教育部颁布了《关于加强和发展师范教育的意见》,重申了教师队伍建设的重要性,恢复和明确了师范教育的重要地位,强调"大力发展和加强师范教育,建设一支又红又专的教师队伍,是发展教育事业,提高教育质量的基本建设、百年大计",并规定"为了办好师范教育,巩固和提高中小学师资队伍,应切实保证各级师范院校招收新生的质量;高师、中师学生,全部享受人民助学金待遇;高师、中师毕业生属于国家分配,应全部分配到教育战线工作"。这一时期主要以培养充足数量的师资作为教师队伍建设的重点。

1980年6月,教育部在京召开了全国师范教育工作会议,提出"师范不是可办不可办的问题,而是一定要努力办好",并重申"高等师范院校本科,主要培养中等学校师资;师范专科学校,培养初级中等学校师资;中等师范学校和幼儿师范学校,培养小学师资和幼儿园师资"。此外,会议对在职教师的培训体系也做了明确的规定,"各级教师进修院校是培训中小学在职教师和学校行政管理干部的基地,是我国师范教育体系中的有机组成部分";"省级教育学院或教师进修学院,相当于师范学院;地(市)级教育学院或者教师进修学院,相当于师范专科学校;县级教师进修学校,相当于中等学校",分别培训高中、初中和小学的在职教师和行政干部。1985年5月27日《中共中央关于教育体制改革的决定》明确提出"把发展师范教育和培训在职教师作为发展教育事业的战略措施","要采取特定的措施提高中小学教师和幼儿教师的社会地位和生活待遇,鼓励他们终身从事教育事业","使教师工作成为最受人尊重的职业之一"。在这种精神的指导下,我国师范教育进入了一个良性发展的时代,这样总体上恢复了师范教育体制的框架,逐渐形成了规模巨大、层次分明、结构完备、封闭定向的师范体系。这个体系主要包括从事全日制教师职前培养的师范大学、师范学院、师范专科学校和中等师范学校,还包括了从事教师之后培训的教育学院和教师进修学校。通过封闭定向的师范教育体系,为基础教育培养了大批教师,支持和保证了全世界最大的基础教育事业的师资供给。但是,在这一历史阶段,职前师范教育和职后在职教师培训的教育体系分离,导致很难发挥师范院校和师范生个人的积极主动性,师范生培养质量常被人诟病。

如何提高教师培养质量成了教师教育发展的重要议题。进入20世纪90年代以后,我国从提高教师学历标准、深化教师教育改革、实施教师资格证书制度、建立标准体系等方面为教师质量的提高提供保障,教师教育体制发生显著变化,中小学教师专业发展进程加快。

于是师资培养机构由低向高升级,整体提高教师专业素质。1999年6月13日颁布的《中共中央 国务院关于深化教育改革全面推进素质教育的决定》提出,"2010年前后,具备条件的地区力争使小学和初中阶段的专任教师的学历分别提升到专科和本科层次",2001年颁布的《国务院关于基础教育改革与发展的决定》,再一次提出"推进师范教育结构调整,逐步实现三级师范向二级师范的过渡"。据此,我国逐步停办了大量师范学校,将小学教师的培养提高到专科甚至本科层次,出现了三级教师教育体系从过去的三个层次(中等师范学校、高等师范专业学校、师范学院或者师范大学)向新的三个层次(专科、本科、研究生)的转型升级。2018年2月11日,教育部等五部门印发关于《教师教育振兴行动计划(2018—2022年)》提出:提升培养规格层次,夯实国民教育保障基础。全面提高师范生的综合素养与能力水平。根据各地实际,为义务教育学校培养更多接受过高质量教师教育的素质全面、业务见长的本科层次教师,为普通高中培养更多专业突出、底蕴深厚的研究生层次教师,为中等职业学校(含技工学校,下同)大幅增加培养具有精湛实践技能的"双师型"专业课教师,为幼儿园培养一大批关爱幼儿、擅长保教的学前教育专业专科以上学历教师,教师培养规格层次满足保障国民教育和创新人才培养的需要。到2022年,我国教师学历层次要提升到专科以上,小学、中学教师学历要达到本科及研究生以上。上海、江苏、北京、广东等发达地区,甚至已经提出三级师范向一级师范过渡的目标。

为了提升师范教育质量,国家采取了一系列措施,颁布了一系列文件,如《关于大力推进教师教育课程改革的意见》《关于加强师范生教育实践的意见》《师范生教师职业能力标准(试行)》,实施了卓越教师培养计划,师范专业认证制度等,从制度层面和行动层面促进了师范教育的发展。

### (二)中小学教师培训制度化

作为教师,必须具有终身学习与持续发展的意识和能力,做终身学习的典范。为此,必须通过各种培训活动,学习先进的教育理论,了解国内外学前教育、中小学教育改革与发展的经验、做法,优化自身知识结构,提高自身综合素质和育人能力,提升自身专业发展水平。目前,我国教师在职培训和专业发展开展普遍,包括了国家级、省级、市县级和校本培训等各个层次类型。总体上来说,中小学教师参与的培训在内容上较为全面,基本涵盖《中小学继续教育规定》所要求的思想政治教育和师德修养、专业知识及更新与扩展、现代教育理论与实践、教育科学研究、教育教学技能训练和现代教育技术、现当代科技与人文社会科学知识等六个方面内容的培训。中小学教师培训每五年一个轮次,接受不低于360学时的培训,培训成绩计入教师档案,作为晋级升职的重要依据。

### (三)师资培养体系由定向型封闭式逐渐向非定向型开放式过渡

1999年是我国教师教育体系从封闭定向走向开放多元的分界点。1999年6月《中共中央 国务院关于深化教育改革全面推进素质教育的决定》明确提出调整师范院校的层次和布局,鼓励综合性高等学校和非师范类高等学校参与培养、培训中小学教师的工作,探索在有条件的综合性高等学校中试办师范学院。目前,我国教师教育体系是三轨多级教师教育体系,即指教师教育形成三种轨道,多个层级的机构及其运行的制度。具体地说,三轨是指师范院校、综合院校和职业院校三轨,多级是指教师培养的学历多层次体系,具体地说,幼儿园教师表现在中专、大专、大学本科、研究生四个层次,小学教师表现在大专、大学本科和研究生三个层次,而中学教师则表现在大学本科和研究生两个层次,从而形成了多层级的教师教育体系。2018年1月20日,《中共中央 国务院关于全面深化新时代教师队伍建设改革的意见》提出"建立以师范院校为主体、高水平非师范院校参与的中国特色师范教育体系",基本形成以国家教师教育基地为引领、师范院校为主体、高水平综合大学参与、教师发展机构为纽带、优质中小学为实践基地的开放、协同、联动的现代教师教育体系。2018年2月11日,教育部等五部门印发的《教师教育振兴行动计划(2018—2022年)》提出:"不断优化教师教育布局结构,基本形成以国家教师教育基地为引领、师范院校为主体、高水平综合大学参与、教师发展机构为纽带、优质中小学为实践基地的开放、协同、联动的现代教师教育体系。"未来我国教师教育体系将呈现出开放、协同、联动等鲜明特色。

### (四)完善了教师资格认证制度

1986年4月公布的《中华人民共和国义务教育法》中第13条明确规定:"国家建立教师资格考核制度,对合格教师颁发资格证书。"同年9月,教育委员会发布了《中小学教师考核合格证书试行办法》。1993年《中华人民共和国教师法》进一步完善了教师资格证书制度,其中第10条规定:"国家实行教师资格制度。中国公民凡遵守宪法和法律,热爱教育事业,具有良好的思想品德,具备本法规定的学历或者经国家教师资格考试合格,有教育教学能力,经认定合格的,可以取得教师资格。"1995年12月国务院颁布了《教师的资格条例》,对教师资格的分类和适用、资格条件、资格考试及认定做了详细的规定。2000年9月又出台了《〈教师资格条例〉实施办法》,规定从教者必须依法取得教师资格。师范生通过直接认定可以获得教师资格证,具备相应条件的非师范生通过省级的相关考试也可以获得教师资格证。《〈教师资格条例〉实施办法》为吸引优秀人才进入教师队伍提供了政策保障,对提高教师队伍整体质量起到了积极的推动作用。自2001年4月1日起,我国首次开展全面实施教师资格认定工作。为了提高教师职业准入门槛,提高教师队伍专业化水平,保障教师队伍质量,2013年8月国家颁布了《中小学教师资格考试暂行办法》并于2015年全国推广。《中小学教师资格考试暂行办法》体现了"质量至上,能力为本"的价值取向,从三大方面保证了未来教师的质量。一是普遍提高申请人学历要求,要求必须是"普通高等学校"的学生,保障了资格证获得者的基本素质。二是从"省考"升级为"国考",全国统一考试将更加严格、规范。三是取消师范生自然认定教师资格的规定,师范生和非师范生实行统一标准的全国统一考试。这打破了教师行业原先对师范系统的保护壁垒,使教师市场更加开放与公平,可以吸纳更多的优秀人才进入教师行业。

### (五)逐步构建质量标准体系

构建质量标准体系主要包括构建和实施教师教育课程标准、教师教育专业认证标准和教师专业标准。2011年10月8日我国下发了《关于大力推进教师教育课程改革的意见》,开始实施"教师教育课程标准(试行)",指出要围绕培养造就高素质专业化教师的目标,坚持育人为本、实践取向、终身学习的理念,创新教师培养模式,强化实践环节,加强师德修养和教育教学能力训练,着力培养师范生的社会责任感、创新精神和实践能力。"教师教育课程标准(试行)"指出应坚持育人为本、实践取向、终身学习等三大理念,规定了幼儿园、小学、中学教师职前教育课程目标与课程设置标准,课程目标均包含教育信念与责任、教育知识与能力、教育实践与体验等三个方面,并规定了课程模块、学时学分等课程设置的具体要求。该标准体现国家对教师教育机构设置教师教育课程的基本要求,是制定教师教育课程方案、开发教材与课程资源、开展教学与评价,以及认定教师资格的重要依据。2012年2月10日,国家颁布了《幼儿园教师专业标准(试行)》《小学教师专业标准(试行)》《中学教师专业标准(试行)》(以下简称《专业标准》)。《专业标准》是国家对幼儿园、小学和中学合格教师专业素质的基本要求,是教师实施教育教学行为的基本规范,是引领教师专业发展的基本准则,是教师培养、准入、培训、考核等工作的重要依据。《专业标准》提出幼儿园、小学、中学教师应坚持师德为先、学生为本、能力为重、终身学习等四项基本理念,并提出教师专业发展内容包括专业理念与师德、专业知识、专业能力等三大维度,十多个领域的基本要求。2017年10月26日国家下发了《普通高等学校师范类专业认证实施办法(暂行)》通知,公布了中学教育、小学教育、学前教育专业认证标准,认证以"学生中心、产出导向、持续改进"为基本理念,构建中国特色、世界水平的教师教育质量监测认证体系,分级分类开展师范类专业认证,全面保障和提升师范类专业人才培养质量,为培养造就党和人民满意的高素质专业化创新型教师队伍提供有力支撑。一系列质量标准体系的构建和实施,将对提高教师队伍质量,提升教师专业发展水平起到重要的引领、支撑和保障作用。2021年教育部颁布实施了师范生教师职业能力标准。

## 二、我国中小学教师专业发展困境

### (一)教师专业发展的目的困境

服务是一个专业的根本要求,任何一个专业获得人们承认的根本原因就在于其提供了不可替代的优质服务。舒尔曼指出,"一个专业首要的社会目的就是服务。专业工作者应是那些接受了教育并且利用其知识和技能为不具备这些知识和技能的大众服务的人。他们内心要有为大众提供服务的倾向,有义务以道德理解为起点来运用复杂的知识与技能","并通过提供实际工作以表现出公正、责任感和美德来"。然而,在当前我国教育界对教师专业化的探讨中,很多人把实现教师自身的成长和发展放在了首要位置,却把如何更好地服务学生置于次要位置。这导致教师专业化陷入目的困境。

从表面上看,促进学生发展是教师专业化的外在目的,而完善自身人格、实现自我价值则是内在目的,教师在其中实现了本体价值。而从实质上看,促进学生发展则应是教师专业化的内在目的,教师在此过程中实现了本体价值,而其自身人格的完善和价值的实现则是外在目的。教师专业成长的基础在于促进学生的全面发展,学生具有独立的人格,不是教师专业属性的附属物,教师专业化应明确地站在学生立场上。

我国《小学教师专业标准(试行)》明确规定,小学教师要"关爱小学生,重视小学生身心健康,将保护小学生生命安全放在首位。尊重小学生独立人格,维护小学生合法权益,平等对待每一位小学生。不讽刺、挖苦、歧视小学生,不体罚或变相体罚小学生。信任小学生,尊重个体差异,主动了解和满足有益于小学生身心发展的不同需求。积极创造条件,让小学生拥有快乐的学校生活"。《中学教师专业标准(试行)》明确规定,教师要"关爱中学生,重视中学生身心健康发展,保护中学生生命安全。尊重中学生独立人格,维护中学生合法权益,平等对待每一位中学生。不讽刺、挖苦、歧视中学生,不体罚或变相体罚中学生。尊重个体差异,主动了解和满足中学生的不同需要。信任中学生,积极创造条件,促进中学生的自主发展"。然而,因受实用主义、功利主义价值观等多种因素影响,我国教师的奉献精神日渐式微,一些教师将教育事业仅仅视为谋生的职业,变得浅薄浮躁,急功近利,为学生、家长、社区服务的意识比较淡薄,一些中小学仍屡屡发生体罚、校园暴力等不良现象。

### (二)教师专业发展的知识困境

知识是专业的根基,教师专业化须建立在坚实的知识基础上。教师在职前教育阶段主要学习的是学科性知识,条件性知识相对贫乏,实践性知识更是微乎其微。即使从教之后,通过在职学习和培训扩展了知识领域,但他们的知识结构还存在不同程度的缺失,而知识的缺失已成为制约教师专业更进一步发展的桎梏,造成了教师专业发展的知识困境。

首先,学科知识的非专业性限制了教师专业化的程度。一个专业对其知识的要求一般是精深的、复杂的,甚至带有垄断性的,具有明显的内行和外行的差异,正所谓"隔行如隔山"。按此标准,基础教育阶段教师所需要的学科知识显然算不上是精深的,更谈不上垄断性,而是每个受过教育的人都基本掌握的知识。如果说有差异的话,也只是存在程度和水平高低的差异,并不存在像医生或工程师的专业那样对于专业知识具有绝对垄断的地位。当然,现在很多教师都具备了本科乃至研究生学历,他们在大学期间所学的专业知识可以说相当精深复杂,但问题是一旦他们成为中小学教师之后,他们发现在大学所学的专业知识基本无用武之地,这就造成了"所学"和"所用"严重割裂的情况。

其次,教育学的知识面对丰富的教育实践总是显得极为贫乏,对解决复杂多变的教育问题总是力不从心。教师工作本身具有不确定性、情境性、复杂性及创造性等特点。对于生成性的教育情景,任何相对固定的技能技巧的作用都是非常有限的。面对一个个鲜活的、富有个性的生命,教师不可能像工程师那样依照设计蓝图按部就班地建造一座大楼,不可能像医生那样有条不紊地按照一定程序进行手术,也不可能像律师那样条分缕析、有理有据地进行辩护或控诉,只能由教师主体根据自己对教育的领悟、对以往教育经验的反思以及对教育情景的理智性判断来创造性地运用。而且,由于教育效果具有内隐性、滞后性、非实证性等特点,导致教师的育人不像医生治疗病人那样能起到立竿见影的效果。这就容易造成一种假象,即教育内行和外行在从事教育工作时似乎产生的教育效果差不多。这在很大程度上使教师的专业化打了折扣。

### (三)教师专业化的权力困境

专业自主是判断一个职业是否专业的关键因素,而专业自主的核心在于掌握相应的专业权力。但是在科层组织和专业组织这对矛盾面前,有时学校的科层权力明显压制了教师的专业权力,这就造成了教师专业化的权力困境。教师的权力是一种知识性权力,它以教育学知识和缄默知识为其权力基础。但由于教育学知识和缄默知识并不被承认为成熟的科学知识,因此使得教师的专业权力只能是一种软权力。而学校科层管理人员的权力是一种行政性权力,学校的关键权力,如人事权、决策权、财政权都掌握在他们手中,因此学校科层权力就是一种强大的硬权力。学校科层权力压制教师专业权力带来的后果:一是教师工作处于一个官僚主义严重、积极性和创造性被压抑的组织环境中;二是教育改革总是自上而下绕过教师这个真正的主体,因而在实践中屡屡流于形式、异化和夭折;三是教育管理者总是不顾教师的强烈反对而实施那些符合现代性原则的外控式、效率至上的程序化机制来管理、考评教师;四是科层制对教学过程的集权控制使教学变得越来越技术化,越来越丧失创造性。

科层组织与专业组织的矛盾在世界各国都是普遍存在的,只不过程度不同而已。在美国,有全国教育协会和美国教师联盟两大教师专业组织,承担着树立教师的良好形象,维护教师的合法权益等使命;而我国目前还没有专门的教师组织,教育受行政力量影响较大。

### (四)教师专业化的制度困境

制度是教师专业发展重要的外在保障,教师的专业发展在很大程度上依赖制度因素。如果相关的制度安排不合理,那么教师专业发展的动力就会受到阻抑,专业成长就会受到阻碍。当前我国在教师资格认证制度、教师选聘制度、教师职称评审制度、教师评价和管理制度等方面不完善,存在教师专业化的制度困境,具体表现有以下几种。

#### 1. 教师资格认定制度在执行过程中存在偏差

教师资格认定制度是教师队伍管理的起点,对教师专业化起着质量把关的作用。2000年9月教育部颁布《教师资格条例实施办法》,这标志着教师资格认定制度在全国范围内已全面展开。但是在具体实施的过程中存在一些问题:教师资格认定偏重对申请者的知识进行初步鉴定,而对于申请者的教学技能,尤其是情感、态度、价值观等没有进行必要的评估。于是在现实中,教师辱骂、体罚学生的情况时有发生。因此,教师资格认定制度绝不能流于形式,而要对申请者的知、情、意、行等方面进行综合考查。在修正、完善教师资格认定制度的基础上,还要在教师聘用、晋级、解聘等方面建立起相应的制度。

#### 2. 教师评价制度不利于调动教师的积极性

目前,中小学教师的评价方式主要是注重结果的终结性评价。教师每年度的工作都被纳入由"德能勤绩"构筑的评价框架中。而这种程序化的方式无法记录教师真实的思想、情意和心灵诉求,无法生动地呈现个体专业发展的历史。此外,在高考、中考面前,"应试"始终是社会评价学校、学校评价教师最强硬的功利指标。在强大的应试评价体系中,教师始终处在外力控制之下,这使得不少教师在压抑中隐褪了教育激情,湮灭了教育智慧,也失去了追问教育问题的力量。

#### 3. 学校管理制度对教师专业发展的束缚

现代管理理论孕育于西方工业社会的技术统治时代,它彰显"科学"力量,强调"预先指令",追求"生产效率"。这种"科学管理"的思想早已渗入中小学管理的细枝末节。在这种管理体制下,教师每天都处于按预先指令行事的掌控之中,如同流水线上的人。在这种管理规范下,中小学教师只需按部就班,自觉地让自己处于"任务控制"之下,无须个性、体验和创造。学校不是企业的"流水生产线",而是专门的"育人"机构。因而,教师真正需要的是充满"人文关怀"的人文化管理。这就意味着,教师在专业发展上需要拥有更多的闲暇和自由,需要自由读书和研究的时间,学校应尽量让教师多做"自选动作",少一些整齐划一的"硬性要求"。

另外,在中小学教师的聘用上还存在着一些学校领导说了算的现象,甚至还存在拉关系、找后门等不良风气。在教师的晋级制度上论资排辈现象还没有得到根本解决。在教师的解聘上同样是领导的主观意见占据主导,缺少科学的评价制度。鉴于此,中小学可以成立由若干位德才兼备的优秀教师组成的专业委员会,负责对教师的聘用、晋级、解聘等进行评估和监督,这是解决上述问题的有效方式。

### (五)教师专业发展的文化困境

教师职业在长期的发展过程中形成的一些普遍性的规范、信念、价值观,与教师群体的内部关系一起构成了教师职业文化,这些文化就是教师职业生活中必须遵循的最重要的规则。这些文化是不成文的,根植于教师的信念与价值观之中,对教师的职业行为具有巨大的约束力,如果教师挑战这种不成文的规范,那就可能被视为另类而受到同事的冷落、孤立、排斥,甚至可能受到压制,这无异于一种文化自杀。在教师职业群体的文化中,具有许多积极因素,但也存在一些消极因素阻碍教师专业发展。

#### 1. 教师群体中的沉默文化

在课堂之外,作为学校重要主体的教师,在学校中就各级管理部门的教育政策发表意见和言论的教师仅是少数,多数教师"埋头只教圣贤书",不愿或较少参与学校管理。"没有人聆听教师,是因为他们不说话;他们不说话,是因为他们不是文化的一部分,而在这种文化中,一系列的压制性机制让他们保持沉默。"这种沉默的文化与科层制有关,也与教师长期以来得不到应有的尊重、社会地位不高有关。长期的压抑、缄默就成了教师的一种惯性的内化的品质,成为教师群体无意识的重要组成部分。

#### 2. 教师群体中的个人主义文化

教学被描述为一种孤独的职业,尤其在课堂上,教师往往唱"独角戏",从事着一种个体化的工作。这种孤立和隔绝是自主驱使的结果,也体现了教师对教师职业的认识。有个别教师甚至将自己的教学活动当作一种隐私,拒斥他人的窥探。

#### 3. 教师群体中的保守主义文化

教师职业在许多教师眼中是一个安定的、平稳的、缺乏挑战性的,可以年复一年日复一日地重复的工作。一些教师对教育现实中所存在的一些问题,如德育低效、应试教育、学业负担过重等进行归因时,常表现出一种明显的外求倾向,很少从自身查找原因,极力将自己的言行合理化。就教学改革而言,尽管许多教师表面上持有积极的态度,但真正落实于行动的人很少,所以许多表面上热热闹闹的教学改革往往是昙花一现,匆匆收场,最终没有带来实际的效果,这与教师自身的保守主义倾向不无关系。

#### 4. 教师群体中的中庸主义文化

有些教师希望同事群体停留在与自己相当的层次上,不能容忍对成功的张扬,不能容忍周围同事标新立异的行为。在这种文化规范中,一切创新都可能受到同事的冷落,甚至压制,这也是许多教师"墙里开花墙外香"的重要原因。

### (六)教师专业发展的事务性困境

不少教师对自己的专业发展充满热情和期待,甚至制订了教改方案、进修计划,但迟迟未能付诸行动,方案往往或搁浅或半途而废,原因之一就是事务缠身所致。许多教师要在一周内上十几甚至二十几节课,所面对的往往是六七十个学生的大班,繁重的备课、上课、作业批改已使教师疲于奔命。在一些学校中,有些教师甚至要身兼数职,承担几个人的工作量,还得应付各种以提升专业水平为名的培训和考试,而这种培训和考试的组织实施更多考虑组织者自身的便利,很少考虑教师的实际困难。教师首先是社会普通公民,在学校和家庭中充任不同的角色,需要应对来自学校、家庭、社会等繁杂的事务,尤其是处于专业发展畸变期的教师,正处于人生历程中负担最重的时期,身心压力大,导致严重的职业倦怠感。这些事务性工作常常占据了教师们大量的工作时间,甚至要延伸到法定的工作时间之外,导致教师的自主活动、自我发展的时间严重欠缺。

教师的日常事务大多属于非专业性范围,对专业自主、专业判断要求较低。教师常被要求成为一个技艺纯熟的匠人,甚至在很多事务中教师只需要成为一个熟练的操作工。在这种事务活动中,教师的专业决策、专业判断等专业特性受到抑制,所以置身于诸多机械性事务活动中,教师很难实现真正意义上的专业发展。

### (七)教师专业发展的整体性分割困境

"人"的整体性决定了教师专业发展的整体性。这种整体性意味着教师个体在专业发展上的"全面性",同时也意味着教师在专业发展阶段上的"一体化"。但从整体性视角反思教师专业发展的现状,存在着诸多与整体性相悖的分割和断裂。

#### 1. "德能二元"评价框架对"德"与"能"的分割

"德能二元"评价框架存在的普遍性和影响的深远性,很容易让人对"教师专业发展"产生误读,认为"专业发展"理所当然地指向"能"而排除"德"。事实上,"德"从来就是一种基于经验的"实践理性"而非先验的"纯粹理性","师德"不可能与教师的专业发展相分离;同样,教师的专业发展不可能失去"师德"的动力支持。环视当今教师教育现实,"师德建设"与"专业发展"并没有很好地统一于实践之中,常常是一手抓师德师风,一手抓业务培训,且前软后硬。教师专业发展中的这种"德""能"分离,与人们对"师德"的理解不无关系。我们知道,中国传统文化是建立在伦理基础上的德性文化,"德"被视为"人之为人"的根本,是人生的本体与目的,"人无德而不立",而"能"则是人生的手段与途径。多年来,我们习惯于将"师德"的内涵政治化、概念化、教条化,强调师德的社会性,而忽视"师德"之于个体心灵的意义。这样的"师德"只是"社会性公德",它只是外在于教师且必须遵从的规则和律令,而非教师实现人格完美、追求生命超越的心灵力量。这就意味着"师德"为教师专业发展提供的力量只是一种约束力,而不是源自心灵的内驱力。

#### 2. 教师职前教育与职后培训之间的阶段断裂

目前教师职后培训还停留于学历达标、论文撰写、职称晋升等量化层面,停留在教学模式、方法、技能的总结与推广层面。在教师的职后培训中,我们看不到教师从职前教育中获得的本体性知识、条件性知识和实践性知识的"改造"和"生长",我们看不到基于教师实践情境的个体内化和反思,看到更多的是无视教师既有信仰、知识、经验的所谓观念刷新甚至是"洗脑"。在本体性知识、条件性知识和实践性知识三者的关系上,教师职后培训更多地强调实践技能,注重操作性而忽视本体性知识的学习和提升,以至于教师群体对于学科知识的更新反应迟缓,更多地表现出视野狭隘的"工匠"特色,缺乏真正的"知识内功"。对于教师专业发展来说,教师的内功和底蕴是教学之"道",而教学的技能、技巧只是教学之"器"。从整体上看,教师职前教育存在重"道"轻"器"的倾向,而职后培训则又表现出重"器"轻"道"的偏差。

## 三、我国教师专业发展的应然追求

### (一)生命关怀:教师专业发展的内在逻辑

教师承担着传道、授业、解惑的历史责任,也肩负着独特的文化传递和精神建构的使命。教学不仅是拥有知识技能的专业,更是人与人之间相互对话和建构的生命活动,是师生共同提升生活质量、开拓生命境界、感悟生命意义的过程。知识的增长、能力的发展、心灵的充实、智慧的养成、德性的陶冶、精神的自由、人格的独立、价值的实现等,均为人性所向,意味着教师在自我发展和促进他人发展中的求真、求善、求美。

### (二)文化建构:教师专业发展的持续保障

文化人类学认为,教师的特质在于他首先是一种"文化"的存在,承负着与"文化"息息相关的教育使命。教师文化是体现教师特质的一个重要本体性指标,是教师表现自我、建构自我、发展自我的必经之途。合理的专业知识和技能是教师专业素质结构的重要组成部分,是教师专业化的基础。这些固然重要,但我们不应忽视教师文化伦理、关怀精神、人文底蕴。在教学实践中,教师和学生均是以"完整生命体"的方式参与和投入教学过程中,师生之间不仅是知识和技能的授受,更是情感体悟、人生态度和价值理念的彼此分享,达到"精神相遇""意志砥砺""情感共鸣"的境界。如果说教师博学多识、思考交流、教学科研是教师专业提升的起点,那么通过促成教师群体的专业内涵提升,形成积极向上的教师文化,就是教师专业发展的目的和保障。以文化来解释和促进教师专业发展,更能充分体现教师专业素养的整体性、复杂性和专业发展过程的生成性。

### (三)实践创新:教师专业发展的核心表征

教师专业发展的过程是一个不断学习、积累学科知识、形成教学技能和提高教学能力的过程,这个过程离不开教师主体的实践性参与。因为实践是教师发展的基础和生命,实践是最佳的学习方式。对于教师来说,教学的认识是在教学实践中形成的,对于"教什么""如何教",只能在教学实践中逐渐获得正确的认识。教师的教学就是学习,教师的教学应该以实践中的问题为出发点,学习的结果是为实践提供解决问题的方向。缺乏实践机会以及对教师实践的现场咨询和指导是以往专业发展收效不大的重要原因。

### (四)人文引领:促进教师专业发展的范式转换

现代教师专业发展属于"科学范式",呈现如下特征:第一,习惯于根据社会发展和学生需要等外在需求确立教师的专业发展计划,忽视教师的本体需要,教师成为社会的工具;第二,教师专业发展以专业知识和技能为本位,强调理论的绝对性和技能的普适性,侧重教师的"训练"而非"教育",忽视教师作为"人"的整体性;第三,推崇现代工业化管理模式,注重效率,强调教师专业发展目标、内容、途径和方法上的一致性,忽视教师的个体性。

现代教育理念追寻科学与人文的对话及融合。以"人文"引领教师专业发展,并非排斥科学和理性,而是要抵制教师在专业发展中被异化的倾向,突出"人文"之于教师专业发展的根本性和主导性,确认教师专业发展的价值旨归,促进教师专业发展由"科学范式"转向"人文范式"。

**思考题：**

1. 教师为什么应该成为优秀教师？
2. 教师为什么需要专业化？
3. 我国促进教师专业化的举措有哪些？

随堂练习二

# 第三章 教师专业发展的标志

> **学习导语**
>
> 　　做一名好老师是我们的追求,那么,什么样的老师算是好老师呢?有什么外显的标志吗?本章的学习将会告诉我们,好老师对学生是具有教育影响力的,在学生中是有威信的,教师的言传身教是能改变学生的;好老师还是集做功、写功和说功于一体的,这些功夫是可以被人感知的,教师的优秀是用实实在在的成果来证明的。

**学习目标**

1. 正确认识教师专业发展的标志的内涵及对教师专业发展的意义;
2. 理解教师的教育影响力的含义、构成要素及实现途径;
3. 理解教师做功、写功和说功的含义、价值及提升途径。

**学习内容**

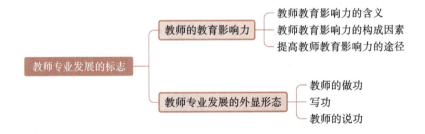

**关键词**:教育影响力;做功;写功;说功

　　教师专业成熟的标志指在教育教学活动中教师所表现出来的显性成果是教师职业成就的体现,也是教师职业得到满足的基础、教师个人提升的资本和教师个人魅力的体现。从教育成效上看,它是教师的教育影响力;从教师个体的专业水平上看,它是教师的教育教学能力。

# 第一节 教师的教育影响力

## 一、教师教育影响力的含义

教师的教育影响力是指教师所具有的影响和改变学生的心理与行为的能力。教师是以教育影响的方式对学生的成长发生作用的,教师教育影响力的大小是衡量教师水平的重要标志,在现实中经常发现,优秀教师对学生的影响力更大一些,一般教师对学生的影响力较小。教师就是通过自己的努力促进学生发展的,这是教师价值的体现。因此,不断提高自己的教育影响力应该是教师努力的方向。

## 二、教师教育影响力的构成因素

教师的教育影响力从结构上可分为两类:一类是权力性影响力;另一类是非权力性影响力。

### (一)权力性影响力

权力性影响力是一种强制性影响力,主要包括职位因素、传统因素和资历因素。它对人的影响具有不可抗拒性,常常是通过外在压力的形式起作用。在权力性影响力的作用下,被影响者的心理与行为主要表现为被动和服从。对于教师来说,权力性影响力具有非常重要的作用。

#### 1. 职位因素

作为一种社会分工,教师这一职位赋予了教师一定的权力,如对学生的管理权、评价权、奖惩权。学生特别看重来自教师的评价和奖惩,他们希望能获得教师对自己的积极评价,喜欢表扬、奖励自己,教师对学生的一句赞扬、一个微笑都会使学生欣喜不已。他们害怕教师批评或惩罚自己,最突出的表现是他们对教师的话持绝对服从的态度,如教师布置的作业,学生一般都会按时完成,支配他们完成作业的动机中一个重要因素就是害怕教师的批评和惩罚。也可以说,现实中,相当多的学生是带着敬畏感接受教师教导的。

在学生接受教师职位影响的过程中,不同教师的教育影响力是不同的,从大到小,依次为班主任、科任教师和非科任教师。学生对班主任的教导一般是不打折扣的,即使不乐意也会按班主任的要求去做,对其他任课教师一般是选择性地接受,而没有担任他们课程的老师的影响就小得多。这种现象说明,在职位影响力中,教师职位与学生关系的密切与否,也是造成影响力大小的一个重要因素。

#### 2. 传统因素

传统因素是指在社会历史变革中逐渐形成的一般性认识,这种认识作为传统文化的组成部分对人发生潜移默化的影响。关于教师,在我国历来有"尊师重教"的传统,荀子说过,"国将兴,必重师而贵傅;国将衰,必轻师而贱傅","一日为师,终身为父"等观念可谓深入人心,人们对教师产生了共识:教师是学识渊博的人,是传道、授业、解惑者,是学生灵魂的塑造者,学生应该服从教师,虚心接受教师的教导等。在学生入学前和入学后,家长一直教导学生要尊敬教师、服从教师。耳濡目染,学生认为,教师是最可信赖的人,应该听教师的话。所以,教师成了学生心目中的"最重要他人",教师的话语在学生的观念中比"圣旨"还重,教师的行为成了学生模仿的对象。可以说,传统因素使学生对教师有一种自然而然的服从感。

研究表明,学生对教师的服从感有随年级升高而逐渐下降的趋势。在低年级,学生对教师基本上是持绝对信赖的态度,这种信赖超过对其他任何人,包括自己的父母,如他们不相信教师也会犯错误,不相信教师也有不懂的知识,也有做不出的难题。到了中高年级,虽然总体上仍然是信赖和服从,但随着自我意识的发展和认识能力的提高,对教师的绝对信赖有所动摇,有时也能发现教师所存在的一些不足。

### 3. 资历因素

资历因素是指一个教师所具有的资格和经历,它反映了教师的生活阅历和经验。其具体内容包括教师的年龄、学历、荣誉、职称、声望等因素,这些因素会使学生对教师产生敬重感。这种敬重感在成人社会是一种普遍现象,在学生中也有一定影响。

年龄反映了教师经验的丰富与否,人们对年长者的尊敬一般要超过年轻者,在教育中活动中亦是如此。学生对于中老年教师的教导更乐意接受。

学历、职称反映了教师知识、经验的水平,虽然对学历与职称所蕴含的内容,学生理解得并不全面、深刻、正确,但学生仅从这两个因素外在的光环也会不由自主地产生敬重,如当学生知道一位教师是大学毕业,另一位是中专毕业时,对这两位教师所产生的感觉是不可能相同的。因为在当今社会,家长经常鼓励孩子要好好学习,将来考大学,成为大学生几乎是中小学生的梦想,所以,当有这样的教师教他们时,很容易从心理上产生认同感。

荣誉和声望也是作为光环性因素对学生发生影响作用的,它们和教师的能力联系在一起。佩服有本事的人是人的共同心理,当一位教师具有良好的社会声望和较高的荣誉时,学生会产生敬佩感。如当一位教师被学校或上级隆重表彰后,学生会以他做自己的老师而感到自豪和骄傲。

资历因素是教师影响力的重要构成因素,但应该认识到,小学生、中学生、大学生和成年人对教师资历的重视程度是不同的。

## (二)非权力性影响力

非权力性影响力指自然性影响力,主要是通过教师的个人魅力对学生发生影响作用,这种影响作用尽管不像权力性影响力那样对学生具有强制性,但比权力性影响力要广泛得多,也更持久。因为权力性影响力强调的是命令与服从,而非权力性影响力则是靠潜移默化、顺从与信赖。非权力性影响力主要包含四种要素,即品格因素、能力因素、知识因素、情感因素,它们构成了教师的个人魅力。

### 1. 品格因素

品格因素是指教师身上所体现出来的道德、品行、人格、作风等,它使学生对教师产生敬爱感。

在大量关于教师的研究中,教师的个人品格都是学生对教师喜欢、敬爱的首选因素。在一项以中国、美国、日本三国中学生为对象的调查中,人们发现三国中学生都把教师"理解儿童""待人公平""和蔼可亲""乐于言谈"等四项条件排在了前面。教师的品格因素也是各国关于教师素质要求的基本内容,我国是把教师的职业道德放在教师素质首位的。韩国于1996年底公布的一份教师评价报告所确立的一级指标有三项,即个人品质、教学职责和其他贡献,在个人品质中提出优秀教师应是一个出色的职业角色模范,具体内容包括:对自己的工作感到极大的自豪、有极好的工作态度、极端负责和可靠、十分渴望提高自己的职业知识和技能,是一个出色的合作者。

教师的个人品格既是教师个人素质的组成部分,也是影响学生的重要因素,这种影响主要是通过教师的个人榜样而发生的。学生把教师当作自己最信赖的人,经常不断地观察教师、模仿教师,教师的个人榜样作用比其他人的榜样作用对学生的影响都大。所以,作为教师,应该以自己良好的品行去感染学生,努力避免在学生面前出现负面形象。

根据已有研究,我们认为,教师的品格因素主要包含以下内容,这些内容也是教师职业道德的要求。

(1)热爱教育事业。教师应将自己所从事的职业看作自己的事业,是值得为之献身的事业,这样在工作中才会有敬业精神、执着追求、精益求精。

(2)热爱学生。热爱学生是教师职业道德的基本内容,也是职业道德高尚的体现。台湾学者高震东先生说,"爱自己的孩子是人,爱别人的孩子是神","教师是神圣的",只有热爱学生才能赢得学生爱的回报。教师对学生的热爱,是教师工作的动力,是教师对待学生细心、耐心的基础。

(3)良好的个人品行。教师应该是言行一致、表里如一的人,应该具有社会所公认的美德,如同情、公正、慷慨大方、乐于助人、正直、勤奋、进取等。

### 2. 能力因素

教师的能力因素是教师完成教育教学所必需的素质,也是教师对学生施加影响的基本因素。一位具有良好职业能力的教师容易赢得学生的敬佩,而能力低劣的教师会使学生对他失去信心,从而丧失对学生的影响力。

过去有人认为,学生对教师影响的接受,主要是看教师的个人品行、待自己好不好,能力因素无关紧要,这是错误的认识。即使是低年级的学生,对教师的能力也在进行评价,这种评价直接影响着学生对教师教育影响的接受性。从客观方面讲,教师应为学生今后的人生发展奠定坚实的基础,教师能力的强弱直接决定着为学生所打下的基础的好坏、牢固与否;从教师专业化方面而言,能力因素是教师专业素质的基本构成要素。

关于教学能力,有两种观点:一种是教学活动艺术观;一种是教学活动科学观。艺术观和科学观对教学能力的理解存在较大差异。艺术观认为,教学是一种艺术活动,教学艺术化是教学能力发展的顶点。夸美纽斯认为,教学就是把一切知识传授给一切人的艺术,"教育人是艺术中的艺术,因为人是一切生物中最复杂、最神秘的"。懂得教学艺术并能运用教学艺术的教师能够动听地、明晰地教学,"教得彻底,不虚浅,不铺张,却能使人获得真实的知识、高尚的行谊和最深刻的虔信"。科学观认为,教学活动是一种科学活动,可以通过实验、实证等形式来研究教学活动的一般规律,为教师进行教学活动提供理性的、技术的支持。如赫尔巴特关于教学阶段的划分、德国心理学家梅依曼和赖伊提出的"实验教育学"概念、斯金纳等人提出的"程序教学"等,就是教学科学观的重要体现。当代关于教学是艺术和科学的统一已成基本共识,一方面,教学的科学性和艺术性是教学活动中不可相互替代的两个方面;另一方面,教学的科学性和艺术性又是不可分割的,共同决定教学的效果。教学能力应能体现艺术性与科学性的有机统一。因此,教师在提高自己的教学能力的过程中,一方面应重视教学技能的发展,但又不能陷入技术理性之中,只强调教学的技术成分;另一方面也要重视探讨教学的艺术化,但要注意不能陷入教学的形式艺术化之中,使教学活动徒有热闹、好看的外表。理想的结果是使教学活动成为艺术的美妙与科学的求真务实有机结合的活动。

### 3. 知识因素

知识是教师对学生施加影响的媒介。教师知识经验的丰富与否既是构成教师认知能力的重要因素,也是有效影响学生的因素。当教师所具有的知识被学生感知之后,将决定学生对教师的信赖度,学识渊博的教师能够赢得学生的信赖,学识浅薄的教师将会减弱对学生的影响力。

教师的知识与教学效果存在着一定的关系。关于专家型教师的研究表明,专家型教师一般拥有丰富的知识。根据教师的知识与教学特点,顾明远先生把教师分为四类:第一类是深入深出型,即教师知识丰富,学问高深,但教学中过于深奥;第二类是深入浅出型,即教师善于以通俗易懂的方法把高深的知识讲解出来,为学生接受;第三类是浅入深出型,学识浅薄却故作高深;第四类是浅入浅出型,知识经验少却也能让学生听明白。四类教师中第二类是最优秀的,也是通常评价优秀教师的一个重要指标。

作为教师来说,知识的丰富与否对学生的影响是巨大的。学生好奇心强,对教师又绝对信赖,他们期望自己的疑问能在教师那里获得答案。当教师能够满足他们的好奇心与求知欲望时,他们会更加佩服、信任教师。但当教师不能满足他们的期望时,教师的威信就会受到影响,因此,"教师在一定范围内不应是个一问三不知的人"。当然,在知识更新加快的时代,教师不可能穷尽所有知识,再加上信息来源渠道的多样化,学生所面临的问题也形式各异,因此,教师也有被难住的时候。在这种情况下,若启发学生能解决问题则应尽可能启发诱导学生,当实在不能对学生提供帮助时,应坦然相告。但应注意的是,教师不能经常被学生问倒,否则,威信丧失之后再建立是比较困难的。

### 4. 情感因素

情感是人对客观事物能否满足自己的需要而产生的心理体验,有肯定和否定两种性质,如喜悦、满意、快乐等属于肯定性情感体验,悲哀、忧郁、愤怒等属于否定性情感。从效能看,有积极和消极之分,积极情感能成为行为的动力、心理健康的源泉,消极情感则会成为行为的阻力,影响人的心理健康。教师在教育教学过程中,自身的情感是影响学生的一种重要因素。

(1)教师的情感对学生的影响。

心理感染作用。教师的情感是师生交流的一个重要媒介,它通过传递信号而使学生与教师产生情感共鸣,学生与教师同喜同悲。作为教育者应该认识到,学生是非常敏感的,善于捕捉教师的情绪信号。因此,教师应该经常带着肯定的、积极的情绪出现在学生面前,努力避免在学生面前流露出消极情绪。

行为调节作用。情感对行为具有明显的调节作用。当教师具有积极的情感时,会主动与学生交往,这种情感信号也会使学生主动与教师沟通。如果教师的消极表情经常出现,则会使学生对教师敬而远之,拉大心理距离,不利于教师了解学生,教育学生。

(2)教师对学生的情感表现。

学生所具有的对教师的依恋和向师性,受教师的影响比较大,其主体性的发挥与教师对自己的态度及行为有明显相关。教师是否"为了一切学生,为了学生的一切",在教师对学生的喜欢中体现得比较明显,教师喜欢学生,则愿意与学生沟通,理解学生,从而使学生产生一种被重视、被尊重感,进而产生一种充分的被接纳感和安全感,有助于学生形成良好的自我预期,激发自我成长的动机,主动地与教师交往,形成良好的师生关系。若不喜欢学生,师生只是单纯的"教和学"的关系,这种表面关系与学生的精神建构、精神成长就会失去联系,"教师只被抽象为一个传授知识的属性",学生也被抽象为知识的学习者。在这种关系中,教师由于失去了与学生愉快情感的交流,也很难体会到教师职业的乐趣,最终也不利于学生素质的整体发展。在一项关于教师对学生的喜欢状况的研究中,有34.37%的小学教师对学生的喜欢存在问题,喜欢学生的原因主要是经常向教师提问题、有礼貌、聪明、听话、学习成绩好。

(3)教师要善于运用情感的力量。

教师要敢于表达自己积极的情感。有些教师认为,严肃才能有效地镇住学生,距离产生威信,因而过分压抑自己的情感,造成师生不能有效沟通。没有爱就没有教育,教师要敢于在学生面前表现出自己的情感,使学生对教师产生亲近感。

教师要善于表达自己的情感。教师不仅要敢于表达自己的情感,而且还要会表达,使学生在教师情感的表达过程中理解教师,体谅教师,提高教师的亲和力。在这一方面,不少教师存在欠缺。

教师要学会控制和调节自己的情感。消极的情感会产生负面效应,教师应该善于控制自己的不良情感,通过适当的途径来进行宣泄、排解。

在教育教学过程中,教师应该是一个有感情的人,而不是一架单纯的教学机器,同时教师也应该认识到,学生也是有感情的人,而不是接受知识的容器、学习的工具。关注并满足学生的心理需要,使学生经常产生肯定的、积极的情感体验,这是教育教学成功的重要条件。

## 三、提高教师教育影响力的途径

一位优秀的教师应该是具有良好的教育影响力的人,但教师的教育影响力并不是天生的,而是在教育教学过程中,通过不懈努力而逐渐形成的。由于学生所具有的向师性心理、对教师的信赖心理,教师更容易建立自己的教育威信,增强教育影响力。但是,由于学生所具有的主体性及他们自己的认知方式和对优秀教师的期待,作为教师,应该注意如何提高自己的教育影响力。

### (一)善于运用权力性影响力

每位教师都拥有职位所赋予的合法权利,教书育人职责的完成是以教师所具有的合法权利为基础的,这种合法权利行使得越正确,越有利于教师完成自己的工作任务。但是,在教育教学实践中,有不少教师因为使用合法权利不当而降低了自己的教育影响力,如批评与惩罚权力的滥用。因此,正确地使用权力性影响力是提高教师教育影响力的一个重要途径。

#### 1. 正确地理解权力性影响力

作为教师,对构成权力性影响力的三种要素应有正确认识,尤其是职位因素所具有的对学生的强制力量。从教师角度看,不仅应该认识到每一种因素的含义,而且还应认识到行使自己的权力会对学生产生什么样的影响。如有些教师错误地认为只有采取严格的管理模式,才能建立自己的威信,因此,过分依赖教师职位中的惩罚权、批评权,在对学生进行评价时过于苛刻,过分关注于学生缺点、不足的发现与矫正。从学生角度看,教师也应对学生如何看待教师的权力性影响力有所认识,不能盲目认为学生只是被动的接受者,具有强烈的向师性和依赖性。实际上,学生对教师的权力性影响力存在着敬畏感,他们期望教师能合理、正确地行使这种权力。因此,每一位教师应该审视自己对合法权利的理解是否正确,矫正错误的观念。

**2. 审慎地使用权力性影响力**

在教育教学过程中,教师使用权力性影响力是必然的,而且也是必需的。需要引起注意的是,由于权力性影响力的强制性,易使学生在心理上产生拒斥感,貌恭而不心服,所以应该审慎地使用权力性影响力,具体应做到:①教师不能滥用自己的权力性影响力。唐朝魏徵在《谏太宗十思书》中说过"无因喜以谬赏""无以怒而滥刑"。教师也应如此,学会控制自己的情绪,在行使权力性影响力时,以理性为基础,三思而后行。作为教师,一次不公正地行使权力,可能导致学生对教师的全盘否定。②教师应尽可能行使积极的权力性影响力。在教育过程中,教师的权力性影响力可分为两类:一类是积极的权力性影响力,如对学生积极的评价、赏识、表扬、奖励等;另一类是消极的权力性影响力,如批评与惩罚。由于小学生年龄小,认知能力相对较弱,他们更乐意接受表扬与奖励,对于批评与惩罚易产生抵触心理,所以,小学教师应尽可能多使用正强化手段,尽可能少使用负强化手段。③在使用权力性影响力时,应客观、公正、无私,以爱心为基础,以促进学生发展为目的。在教育活动中,教师手中的权力性影响力的使用不同,会对学生产生不同的影响力,如学生座位的调换权、学生干部的选配权、三好学生的评选权等,教师如果使用得当,会有效地促进学生的发展;若使用不当,不仅会动摇教师在学生心目中的形象,降低教育影响力,而且也会对学生的学习心理产生消极影响,如厌烦老师而不喜欢老师所教学科,产生厌学心理等,从而阻碍学生的发展。

**3. 善于授权**

虽然教育不像企业管理,作为教师也应注意授权问题。教师在班级管理中如果事事躬亲,不敢放权给学生干部和学生,自己很苦很累,也不利于学生发展。目前,许多城镇学校,班级过于庞大,教师即使有"三头六臂"也未必能保证学生不出问题;同时,教育的性质也决定了学生发展是教育的最终目的。学生主体性的发展使学生的自我管理、自我教育成为可能。因此,教师应注意把班组管理的部分权力交给学生,让学生自我管理,使学生在自我管理中受到锻炼,获得发展。当然,由于学生的特点,教师在信任、授权的同时,也要注意对学生进行指导。

## (二)提高非权力性影响力

非权力性影响力因其自然性、情感性等而使学生心悦诚服地接受教师的教育影响,这种影响比较广泛、持久,同时,也是教师提高权力性影响力的保证。非权力性影响力是教师教育影响力中起主导作用的成分,因此教师应努力提高自己的非权力性影响力。

**1. 不断提升自己的职业道德水准**

如果教师的人格、品行被学生怀疑、否定的话,那么其非权力性影响力就可能为零,只有靠权力性影响力,靠压服手段了。作为教师,一方面应注意修身养性,具有良好的个人道德品质;另一方面应注意审视自己的职业道德素质,如是否忠诚于教育事业、是否热爱学生、是否愿为促进学生成长而奉献自己,等等。

**2. 不断学习和钻研，提高自己的学识水平和职业能力**

教师的职业能力是其履行角色义务的基础，也是非权力性影响力的关键因素。在教师职业能力的提高过程中，一方面需要教师成为一名学习者，通过孜孜不倦的学习丰富自己的知识水平，改变教育教学观念；另一方面，需要教师成为探索者，不断发现自己在教育教学中的不足，改进教学。研究表明，学习意识和探索意识薄弱是制约教师成长的重要心理障碍。

**3. 理解学生，与学生交往，建立良好的师生关系**

教师的教育影响力主要是教师对学生的影响。教师对学生影响力的大小与师生关系是紧密地联系在一起的。在教育教学过程中，有不少教师对于师生关系的价值在认识上存在偏差，如有些教师认为，自己是传授知识的，教师教、学生学、师生关系并不十分重要；也有些教师认为，教师与学生不能太亲近，距离才能产生威信，整天在学生面前很严肃，冷若冰霜。大量的教学实践表明，良好的师生关系是教育教学成功的重要前提条件之一。教师应该正确地理解学生，在师生交往中，不能被动地等待学生的交往，应主动与学生交往，同时注意交往技巧。

## 第二节　教师专业发展的外显形态

教师的专业发展水平可以通过教师的教育影响力而体现，但教师的教育影响力与教师的专业能力密不可分，专业能力是教师从事教育教学活动的基础与保证。对新手教师与专家型教师的研究表明，教师的专业能力是存在差距的。教师的专业能力主要体现在教师的做功、写功与说功，可以说，专业发展水平高的教师是集三功于一身，在现实生活中，许多优秀教师明显地表现出了这一特点。

### 一、教师的做功

#### （一）做功的内涵及意义

做功原本是一个物理学概念，做功是能量由一种形式转化为另一种形式的过程。在戏剧中，做功就是表演。戏剧除了通过语言，还要通过行动，在一定的戏剧冲突范围内，展示人物之间的关系，塑造人物的性格特征，实现反映故事的目的，而演员需要运用各种面部表情、形体表演将人物的内心活动表达出来。川剧中的"做"，正是为了完成以上戏剧任务而强调的一门功夫，所以称为"做功"，也称"做派"。做功泛指表演技巧，包括身段、舞蹈化的形体动作和表情，是区别于其他表演艺术的主要标志之一。戏曲演员在创造角色时，手、眼、身、发、步各有多种程式，像髯口、翎子、甩发、水袖也有很多技巧，所以戏曲演员从小就得练腰、腿、手、臂、头、颈的各种基本功，还要揣摩戏情戏理、人物特征，这样才能把戏演活。因为演员是要在台上演戏、演人物的，所以做功是所有演员都应具备的。川剧艺术家们到了一定的层次，比的就是这门做功。但做功又不是每个演员都可以掌握并运用自如的，这就要看演员的艺术造诣与艺术修养了。正是演员精彩的做功演活了人物，优秀的演员能够运用做功把舞台上人物各自的心情、神态以及彼此间的性格冲突，在不同于一般的感情交流和舞台调度中,极其鲜明地表现出来。

教师的做功指的是教师在教育教学中所表现出来的解决问题的能力。教师工作是一项实践性工作,如同演员在舞台上表演一样,教师在教育教学活动的舞台上,通过自己的做功影响学生,实现教书育人教育目的的。教师的做功存在一定的差异性,经验的多少、教育情怀的深厚与否等对教师的教育影响力都会发生影响。可以说,教师的做工是教师专业发展的最基本的衡量因素。

### (二)教师做功的表现

对专家型教师与新手教师的研究表明,专家型教师解决问题的能力明显比新手教师要强。专家型教师与新手教师在教学方面存在差异。首先,专家型教师在对教学计划、教学情景、教学过程的设计、知识的呈现方式、意外事件的应急处理等方面明显表现出与新手教师的不同。专家型教师一般对其教学任务的理解更透彻,他们对所教的课程和学生具有清晰的知觉,能够根据以往的教学经验针对层次不同的学生制定出相应的教学方案。他们对学生的认知方式和认知过程有一定的了解,能够根据教学的实际情况补充教科书中没有直接涉及但有利于学生获取当堂教学内容的知识。专家型教师对教学中可能出现的意外事件有一定的心理准备,因此在处理教学以外事件上往往优于新手教师。专家型教师在备课和教学上能够做到以学生为主体,知识的呈现或调整也是以教学的具体情景和学生的具体情况为依据。在教学过程中他们对时间的关心也不多,而对教学过程中学生的反应却很敏感,甚至不会放过任何一个学生方面的"细节"。实际上,在教学方面,专家型教师对教学过程的考虑和重视远胜于对教学效果,在课后对教学过程的反思程度远远高于新手教师的反思程度。新手教师在以上几个方面明显与专家型教师有一定的差距。主要表现在:新手教师在教学中更多的是以自我为中心。他们在备课时,首先考虑的是自己面对学生时如何开始并持续教学。以这样一个设想的教学情景为依据,开展备课工作,备课的内容一般很翔实,几乎注意到了每一个细节。新手教师在上课的过程中对自己教学效果的关心远胜于对学生反应的关心。他们在起初的一两节课教学中还比较自我感觉良好,但在接下来的教学中就可能不那么愉快了(学生或已对其教学开始厌倦和反感)。其次,专家型教师比新手教师更善于发现问题,识别问题情境的根本特征。研究发现,专家型教师对课堂刺激的反应至少有一部分是为对异常课堂情景的认知所驱动的。因此,在新手教师不易发现问题的地方,专家型教师往往很容易发现问题。再次,专家型教师与新手教师对教学问题的表征方式存在差异。研究表明,新手教师是根据问题的表面特征来知觉问题,如问题陈述中所使用的词汇和物件,因而往往形成表面肤浅的表征;专家型教师则按信息所表达的意义来归类,是对问题深层次的抽象的表征。最后,在解题策略的选择上专家型教师与新手教师也存在差异。研究发现,新手教师在遇到问题时马上尝试解决,不对问题进行表征以及评价可能的解决办法;专家型教师则对问题进行表征然后再对可能的解决方法进行评价。

具体而言,教师的做功主要体现在能不能把课上好,把学生教育好,把班级带好。把课上好是教师最基本的要求,也是最高要求,课堂是人才培养的基本途径,教师只有把课上好,才能有效地促进学生发展,也才能够证明自己的优秀。把学生教育好主要是在促进学生发展时能够有效地发挥教师的教育影响力,使学生进步比较快,优秀的更优秀,差生能够得到转变。教师转变差生的成功案例是教师优秀的有力证明。李吉林老师有一句名言:"一切为了儿童的发展。"在她60年教师职业生涯中,始终都是这样践行的。登上三尺讲台的第一天,她就在心中立下誓言:"既是小学老师就要教好学生,这是我的本分。"把班带好是指教师在从事班主工作时能够有效地保证班级的有序高效运行,从而形成一种积极的教育力量对学生发挥影响作用,如同马卡连柯所倡导的平行教育原则。从每个教师的角度理解,教师都是班级的管理者,在承担学科教学任务的过程中,有效的班级管理是课堂顺利进行的保证。经常发现有教师在上课时管理不好班级导致教学无法进行,这种现象表明,这些教师的专业发展水平是存在一定问题的。把班带好最集中的体现是把各方面表现都较差的班级转变成一个好的班级,成为坚强的班集体,使集体成为一种教育力量。

## 二、写功

### (一)写功的内涵与意义

#### 1. 写功的含义

写功是教师写作能力的体现。写功是对教育教学问题用文字进行表达的能力,是教师素质的外在表现,是教师自豪感的重要来源。教师应能经常妙笔生花,写出锦绣文章,并以论文、研究报告、著作等形式体现出来,同时在公开出版物上发表。许多优秀教师都有自己的显性成果,如魏书生、李吉林、李镇西等,丰富的著述为人所熟知,教育思想得以广泛传播。

#### 2. 教师具备写功的意义

(1)梳理和砥砺自己的思想。法国启蒙思想家帕斯卡尔说,"人是一根能思想的苇草""我们要努力好好地思想,这就是道德的原则"。写作是梳理和砥砺自己思想的一种途径,它可以促进我们的思想,帮助我们好好地思想。一方面,写作(不仅是书面写作,讲述、交流实际上具有同样的价值)是将内心的言说转化为外显的语词,写作需要接受语言的规范和逻辑的约束,写作的过程既是内在思想条理化、深刻化、系统化的过程,也是表达规范化和精致化的过程;另一方面,写作和言说将缄默知识明晰化,使个体的思想成为可以传递和分享、可以讨论和批评的公共知识,并且能在传递和讨论过程中生长、改造,使其更加丰富和成熟。

(2)反思和批判自己的实践。教师对于其专业活动的认识、理解和信念,大多不是从外部"获得"的,而是从内部"建构"的,建构的途径是通过不同的反思形式实现的。通过对自身教育实践的反思,教师可以对自己、自己专业活动直至相关的事物有更深入的认识和理解,并在认识和理解中发现其中的意义,用所获得的意义去重新规划和设计自己的未来行为。

(3)交流和传播自己的经验。教育实践的改善和教育科学的繁荣都需要广大一线教师的成功案例和经验,教师应该主动地总结和传播自己的成功经验。孟子说:"穷则独善其身,达则兼济天下。"好东西是应该贡献出来大家分享的,把好东西贡献出来让更多人受益,这是教师职业的一种应有品质。墨子曾经反问:"籍设而天下不知耕,教人耕,与不教人耕而独耕者,其功孰多?"他主张"述而且作",认为"古之善者则述之,今之善者则作之,欲善之益多也"。也就是既要继承古代文化中善的东西,又要创造、写作新的东西,使好东西不断增多,不断得到传播。英国作家萧伯纳说:"你一个苹果,我一个苹果,咱俩交换,我们各还是一个苹果;你一个思想,我一个思想,咱俩交换,我们各就有两个思想。"

(4)记录和留下生命的痕迹。写作就是陈述在各种生命事物身上已发生或正在发生的事情,它是人们将各种经验组织成有现实意义的事件的基本方式,基于教师生活的写作具有叙事性。就叙事性写作,美国作家纳塔莉戈德堡说:"作家有两条命。他们平时过着平常的日子。在蔬菜杂货店里、过马路和早上更衣准备上班时,手脚都不比别人慢。然而作家还有受过训练的另一部分,这一部分让他们得以再活一次。那就是坐下来,再次审视自己的生命,复习一遍,端详生命的肌理和细节。"基于教师生命叙事的专业写作更为深刻的意义在于审视自己的生命,让自己再活一遍,为自己的生命留下"痕迹",这种"痕迹"具有"立言"的性质和"不朽"的可能。也是教师在今后的人生中有值得引以为自豪的东西。

(5)教师专业发展与成熟的标志。优秀教师之所以是优秀的,应该具有一些标志性的成果来体现。如魏书生、李吉林、李镇西老师等,丰富的学术著作、研究论文与课题等不仅使其教育思想得到保存与传播,而且也是其优秀的显著标志,促进着教师迈向更优秀的境界。

### (二)教师写作的对象

#### 1. 以教育实践为对象

就教师的专业写作而言,最值得写、最应该写的是自己的实践。当然,这里的实践不会只是行为。在教育实践过程中,教师不仅会有所行动,而且必然有支撑行动的价值观念、情感态度、理论依据、逻辑思考在实践中潜在地发挥作用。要发现真正的自我,进行真正的反思,教育写作就需要直抵内心深处,同这些缄默地存在于内心深处的信念、价值观和心智模式进行对话。在写作中不仅要回顾和描述自己的行为,更重要的是要描述自己是怎样想的,为什么这样选择,在整个教育事件中,自己的情感、价值观念、对教育的看法基础是什么,经历了怎样的变化。在这个过程中,教师要学会倾听自己内心深处的声音,学会观察和审视自己是怎样思考和教学决策的,并对它们进行合理性解释和修正。这样的写作就不仅仅是表达,而且伴随着反思和发展。

#### 2. 教育实践活动的理解与行动

以教育实践为基础,可以写出教育行动和行动效果之间的关联,提炼针对类似教育情境的应对办法;可以对实践行动和实践效果之间的关系进行分析,对当事者的教育决策和行为方式进行解读,从中概括出教育实践的相关原则和理论,并借鉴、批评实践者的思维和行为方式;可以追寻实践者的教育价值追求并澄清自我的教育价值观念,重新认识和理解教育的意义。苏霍姆林斯基曾经有这样的体会:"教育,就其广义的理解来说,这是一个受教育者和教育者都在精神上不断地丰富和更新的多方面的过程。同时,这个过程的特点是,各种现象具有深刻的个体性:某一条教育真理,在第一种情况下是正确的,在第二种情况下是无用的,而在第三种情况下就是荒谬的了。"因为任何观点和技术在具体的实践面前都有"有用""无用""荒谬"的种种可能,所以基于实践提供的教育见解和知识属于情境性知识、案例性知识、可能性知识、概率性知识。这样,在表达自己基于实践而来的教育理解时,尽可能交代出相关的背景,避免绝对化的话语和过度的自大,实事求是,不要轻易表达成必然性知识。《论语》有云:"子绝四:毋意,毋必,毋固,毋我。"毋意意味着要有事实的根据,毋必意味着不能绝对化表达,毋固提醒我们要知道发展变通,毋我告诫我们不要自以为是、妄自尊大。

### (三)写作能力的培养

#### 1. 强烈的写作动机

俄国大文豪托尔斯泰认为:"一个人只有在他每次蘸墨水时都在墨水瓶里留下自己的血

肉,才应该进行写作。"优秀的教育专业写作,写作的目的应该出于对人的关心,出于改变人的处境和命运的动机,出于致力于人更加幸福生活的目标。只要真正把人的处境和困难看在眼里,有比较强烈的现实关怀,将眼前的教育对象融入自己的生命意义之中,当成一种生命责任(这种责任既包括对他人的慈爱和关怀,也包括对自己生命的超越和创新),慈心生出慧眼来,我们就会对人周围的一切敏感,就会有不尽的写作选题,也会有不断专业发展变革教育实践的动力。坚持写作练就我们发现,写作培养我们关怀,写作促使我们关心。

**2. 掌握写作的方法**

(1)丰富自己的经验积淀。美国教育心理学家波斯纳提出了这样一个公式:成长＝经验＋反思。这个公式对教师的专业写作和专业成长有什么启示呢?杜威曾经说:"一个孩子仅仅把手指伸进火焰,这还不是经验;当这个行动和他遭受到的疼痛联系起来的时候,这才是经验。从此以后,他知道手指伸进火焰意味着烫伤。"也就是说,仅有行动和行动获得的结果不是经验,在此基础上建立了行动和行动结果的联系(由此知道"手伸进火里,手会被火烫伤"),并因此指导未来的行动(以后不再把手伸进火里,以避免烫伤)才称得上经验。从教师专业写作的角度看,如果专业叙事只有故事中的情境、行动和行动结果的描述,没有情境与行动、行动与行动结果的关系结构和联结的认识和表达,没有对未来行为的启示,没有引起对某些问题的深思,就不能算获得了经验。我们认为,教育写作不一定要直接写明这些经验,但促进专业成长的写作应该有这样的意识,比如关注和思考"从这件事情中,我意识到……""经过这件事,我明白了……""以后如果遇到类似的事件,我会……"类似的一些问题,进行经验反思。在我们的成长过程中,经验是重要的,但经验还需要反思,因为没有经过反思的经验可能是狭隘的、肤浅的、错误的,可能对未来实践缺乏指导价值。经验和反思有什么不同呢?经验的对象是行动和行动的动机、结果,经验的目的在于认识其间的联系,发现其中的关系,获得初步的经验;经验的过程帮助我们获得经验、增加经验、丰富经验、拥有经验。反思的对象是经验,反思要对经验进行批判性的、多种的、公开的考查。杜威说:"反思是改造经验的方法。"在反思中,反思者需要对经验的依据、经验的过程、经验的结论进行深入的、持续的、批判性的审视,超越原有经验可能的狭隘、浮浅和错误,完成经验的改造,获得相对更合理更有效的经验。

(2)掌握写作的规范,学会书面语言表达。教师专业写作意味着对所表达的经验保持审慎的审视,要借助书本的理论、前人的做法、他人的经验比较和论证,使所表达的东西不至于肤浅和过于简陋,避免自己未来的实践不要因为错误的经验而造成损失。反思使我们原有的经验变得更合理、更可靠、更有价值。为了提高写作的质量,教师应学习不同教育文体的写作规范,按照格式进行写作实践。

## 三、教师的说功

### (一)教师说功的内涵及意义

**1. 教师说功的内涵**

说功是曲艺说表技巧,说功在说唱艺术中是重要的艺术手段,曲艺艺人通过长期艺术实践,对说表技巧积累了丰富的经验,如吐字。吐字发音是曲艺演员的基本功,它要求演员在掌握正确的吐字发音方法即每一个字声母的发声部位("唇、齿、喉、舌、牙")和韵母发声口型

("开、齐、撮、合")的基础上,进而锻炼,使自己的中气充沛,调节呼吸气息,根据书情内容的需要,安排语言的轻重疾徐,尤以字音沉重、打远,使在场听众听得清晰、字字入耳为主要要求。说表主要是靠演员的语言声态来描写环境,制造气氛,刻画人物,模拟各种人物的讲话和思想情感,这些都要求说得传神,才能感染听众。优秀的演员在模拟各种人物语言口吻时,往往不用"介头"(即介绍讲话者姓名),而使人一听就知道是什么人在讲话。传神是说表技巧的核心,说表传神才能使听众心神不散。此外,如说表时"快而不乱、慢而不断""抑扬得宜、顿垛得当"等要求,都须根据内容的需要适当掌握,切合书情的进展和人物的情绪。

教师的说功是教师在人际交流中所表现出来的能力。教师的说功所指的不是教师的课堂语言的表达能力,课堂语言表达能力是教师做功的表现,而说功是教师在课堂以外的语言表达技巧,如与学生及家长的沟通和交流,与同事的沟通与合作,与同行的交流及提升等。说功是教师素质的一种体现。

**2. 教师说功的意义**

教师的教育教学工作,是传播人类经验和启智益能育德的综合性实践活动。由教师的教到学生的学,教师的口头语言是媒介——教师要通过口头语言,向学生传授知识,讲解道理,谈心疏导,排疑解惑;学生要通过教师的口头语言,理解、接受知识,懂得做人的道理。离开教师的口头语言,当然无法开展教育教学活动,无法完成教育教学任务;教师口头语言表达能力不强,也会影响教育教学任务的完成。对于教师口头语言表达的重要性,比利时学者德朗舍尔说:"在我们的教学形式中,教师的口头语言行为表示了他所做的全部事情和他要学生做的全部事情。"苏霍姆林斯基则明确指出:"教师高度的语言修养是合理地利用时间的重要条件","在极大程度上决定着学生在课堂上的脑力劳动的效率"。

(1)有利于完善教师的教学行为,促进学生的发展。教师通过课堂上的教学行为来展现自己的专业知识和教学技能等方面。学生通过教师的教学行为来解读教师所传递的信息,并由此来确定自己的行为。在有效的教学过程中,教师可以通过与学生的交流和沟通,得到自身言行的反馈,并不断调整自己的教学行为,促进自身的发展。教师在与家长的沟通过程中,可以形成家校教育合力,营造家校合作育人的良好局面,同时也可以减少家校之间的矛盾。

(2)有利于教师的专业发展。教师的专业成长离不开教师与同行的交流,通过不断地与同行的互动,教师可以达到相互学习、相互促进的目的,有助于提高教师的教育教学能力。

(3)有利于教师身心健康。教师通过与学生的交流和沟通,能够更充分地认识学生,了解学生,进而产生职业的成就感和愉悦感,认识到教师的自身价值,可以缓解自身职业的紧张和倦怠,获得积极的心理体验。教师与同事、同行的交流不仅有助于专业提升,而且有助于教师获得更多的心理支持,保持良好的身心状态。

## (二)教师说功的特点

**1. 准确简明和示范性**

在人际交往中,说话的第一要著,就是简明准确。教师向学生传授的知识,具有严格的科学性,只有用准确严密的语言表述,才能保证知识传授的正确性、学生正确理解知识的可能性;而词不达意或模棱两可的含混语言,只会干扰知识的传授,造成学生思想混乱,破坏教学气氛,影响教学效果。为了保证课堂教学有足够的信息量,教师说话还要简洁明快、干脆利落,而不能拖泥带水,更不能信马由缰、没完没了。此外,由于中小学课堂教学(特别是语文教学)还兼有对学生进行规范语言的训练和陶冶的任务,教师平日和学生交往时,特别是在课堂教学中,还应注意自身语言的规范性和示范性,用值得学习仿效的准确简洁的语言最大限度地提高教育教学工作的效能。

**2. 通俗生动和幽默感**

由于教材是用规范的书面语言表达严整的知识体系,不少句段内蕴丰富,学生看过未必能理解、记住。这就要求教师能把某些概括性强的语言表述得明确、具体、通俗些,让学生一听就懂;尽量用直观性强的语言,把内容描绘得生动些,将所要传授的知识勾画成一幅幅鲜明的图画,使学生形成一个个印象清晰的概念。同时,语言要幽默。一方面,幽默能增加讲授内容的形象性和鲜明性,容易使大脑皮层处于兴奋状态,有助于听者的记忆和理解;另一方面,青少年学生脑神经系统的发育还不成熟,要发展其逻辑(抽象)思维,也离不开形象思维的支持,而幽默往往是以形象思维为特征的。从这个意义上说,幽默的教学语言(特别是内含哲理的幽默语言)是发展学生思维能力的一个重要方面。

**3. 条理性和层次感**

思维或思想具有连贯性。表达思想的语言自然要求条理清楚、逻辑严密。所以,各科教师的口头语言都应合乎语言规范,前后语意流畅贯通、明晰显豁。而语无伦次、条理不清,是教师语言的大忌。同时,学科不同,学生(接受能力)不同,教师的语言表达也应有所不同,要体现出教师语言的层次感。

### (三)教师说功的提升

教师的说功表现为教师在说的时候能够有效地把握说什么、对谁说、在哪说与怎样说。教师说功的提升是一个需要付出努力的过程,一般应注意以下几个方面。

**1. 勤于读书,善于积累**

教师的语言表达是一个与人思想交流的过程,语言表达应言之有物,富有内涵。读书可以丰厚自己的语言积累。教师的一切底蕴皆来自读书。很难想象一个不读书的人嘴里面能吐出一点幽默生动,智慧联翩,让人忍俊不禁的语言来。苏霍姆林斯基说:"只有当教师的知识视野比学校教学大纲宽泛得无可比拟的时候,教师才能成为教育过程中的真正能手、艺术家和诗人。"一位有名的教师也曾说过:"吾三日不读书,则觉面目狰狞,食亦无味,语也可憎。"可见读书对于教师语言积累的重要作用。李希贵发出"朝阳读书,播撒感动的种子"的感慨,并说:"也许,一本书只能给学生以'三分钟热度'。但是,正是这些'三分钟热度'的积累,才会锻打出生动的人生,才有了我们梦寐以求的感动。"郑杰说:"我始终认为读什么书并不重要,开卷有益,不应设置什么读书禁区。只要开读,渐渐地就会不满足于一般的阅读。书一定会读得越来越高深,越读越有品位的。"

**2. 读思结合**

读书要善于思考,读书要有选择,不盲从,不轻信,不以书唯上。读书后勤于做笔记,要勤于做反思。现在好多优秀的老师都建立自己的博客,写网络日记,写班上孩子的成长故事。其实就是反思的一种。书读得多了,自己心中也有了东西,也就有厚积薄发的资本。再表达出来,则是很容易的事了。

### 3. 不断练习

有了好的积累,还不行。有的人天性内向,见生人就面生,就脸红,胸中的千言万语总是很难恰当地表达出来。有人把它形象地称为"茶壶里煮饺子,倒不出来"。这就要不断练习。要多说,且要有目的性、有针对性地练。话音不标准的,要听着广播、听着录音练,一字一字地去练。练完后,再录成录音放出来,反复比较,时间长了,就会有收获的。古希腊德摩西尼生来就口齿说话不清,为了练习演说,他以跑步和爬山时做长篇演讲的方式增加练习量,用口中衔着小石子的办法校正发音。由于勤学苦练,持之以恒,他克服了先天口齿不清的毛病,口头语言表达能力提高很快,成为当时有名的演说家。闻一多先生,也是勤学苦练的高手。他曾回忆说,为了一次演说,第一次练习了八遍,晚上又出去练习十二遍。到了第二天,果然演说有进步,他认为还应精益求精。第三天又练习三遍。这样反复练习,才有了临场妙语连珠的效果。流利的语言是靠日积月累地练习磨就出来的。

### 4. 尽量脱离讲稿

有的教师讲课,基本是照本宣科,教案上写什么,就按着教案讲什么。时间长了,不好的习惯就形成了。离开了教案,就感到无所适从。捷克教育家卡尔瓦绍娃经过研究表明,不看讲稿的讲述方式要比看稿的方式表达词语的数量增加50%。而且减少了概念性的名词,增加了描述性的动词,因而更适合听众的感受。魏书生老师在几千人的讲厅,三个小时的讲座中一直站立演讲。语言滔滔不绝,其间没有看过一次讲稿,也没有准备讲稿,而且讲解体态、手势得体运用,口中妙语连珠。

总而言之:教师语言的表达能力的提高,是一个量变而引起质变的过程。语言这东西,不是随便可以学好的,非下苦功夫不可。只要大家肯做有心人,肯做教书育人这份事业的有心人,肯做默默的研究者,肯做孩子的合作者,这点事儿还是难不倒我们的。

教师的做功、写功、说功是教师的基本功,是教师专业能力的体现。三者的关系中,做功是基础,是教师的最基本的功夫,是影响学生发展的基本能力,是写功与说功的前提,写功与说功是做功的表现形式。一位优秀的教师应该"三功合一"。

**思考题:**
1. 教师要怎样培养自己的教育影响力?
2. 教师为什么应具备做功、写功和说功?

随堂练习三

# 第四章　教师的专业素养

## 学习导语

教师专业发展的核心在于教师专业素质的形成与不断提升。本章围绕教师专业素质的具体内容、内在要求和外在表现进行了详细论述。具体阐释了教师教育观念的内容、教师应具备的职业道德素质和教师法律素质、教师专业知识和专业能力的构成、当前教师教育行为存在的问题与原因和提高教师教育行为有效性的策略。希望能够通过教师专业素质的提升,助力教师专业发展。

## 学习目标

1. 理解教师教育观念的内涵、意义和特征,能够阐释教师教育观念的内容;
2. 明确教师应具备的职业道德素质和法律素质,了解教师常见的违法行为及预防方式;
3. 理解并掌握教师专业知识和专业能力的构成;
4. 理解当前教师教育行为存在的问题与原因,掌握提高教师教育行为的有效性的策略。

## 学习内容

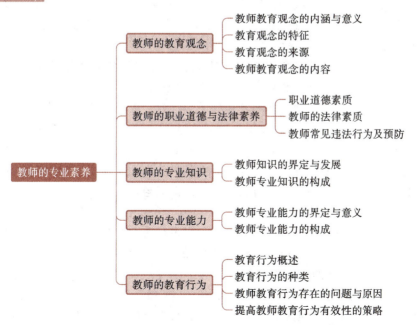

**关键词**:教育观念;职业道德素质;法律素质;教师专业知识;教师专业能力;教育行为

教师专业发展的核心在于教师的专业素质的形成与不断提升。随着我国基础教育改革的推进,建设高素质专业化教师队伍是进一步深化基础教育改革、回应改革所面临的问题与挑战的关键。为了促进教师队伍的专业化发展,教育部于 2012 年颁布《幼儿园教师专业标准(试行)》《小学教师专业标准(试行)》《中学教师专业标准(试行)》,教师专业标准是各级教育行政部门进行教师队伍建设的基本依据、教师培养培训的主要依据、学校对教师进行管理的重要依据,也是教师自身专业发展的基本依据。教师专业标准为我们理解教师专业素质提供了依据。

# 第一节 教师的教育观念

## 一、教师教育观念的内涵与意义

教师教育观念是教师在教育过程中对有关的教育现象所做的主体性理解和认识,是教师素质的重要构成因素。所有的教师对自己的职业、学生、课程、责任等都会有各自不同的看法,因此教师的教育观念在内涵上是非常广阔的。我们可以列举出许多类型的教育观念来,如教师的教育价值观、职业观、学生观、人才观、师生观、课程观、教育评价观等。

观念是行为的先导,教师的教育理念,也称教育观念,是制约教育行为的内在因素,新课程倡导教师要树立正确的教育观念,在各类教师专业标准中,关于教师素质的第一要求就是"教育理念与师德",每位教师都应该具有正确的教育观念,并应能够经常审视自己的教育观念,建立新的教育观念。林崇德认为,教育观念是教师从事教育教学工作的心理背景。叶澜认为,任何教育行为都是不可能离开教育观念的,不管我们是否意识到,但它是实实在在的,并顽强地、无孔不入地渗透在我们的教育行为中,是教师专业行为的"基本理性支点",直接影响到教师的教育教学行为、师生角色观、职业交往观以及教师的自我发展。

教育观念虽然是教师的内隐素质,但对教师的教育行为具有实实在在的影响。关于教育观念与教育行为的研究表明,教师的教育观念在其界定任务和选择认知工具去解释、计划、决策任务中起到了指导性的作用。因此,教育观念在教师界定行为、组织知识和信息过程中发挥着关键性的作用,强烈地影响着他的教学行为。在现实的教育过程中,教师的教育观念对其行为的影响是十分明显的。不少教师认为,在教学过程中应发挥教师的主导作用,这种观念导致教师扮演着导师的角色,规范着学生的学习行为和发展方向。如在数学教学中,教师布置大量的作业对学生进行计算准确性训练;在语文教学中,教师讲得过细、刻板化,如古诗教学,小学所学古诗一般是比较浅显的,许多老师采取让学生背原文,同时背释义的方法等。首都师范大学的邢永富教授认为,"教师作用半径过长,阻碍学生发展"。造成教师作用半径过长,与教师对自己主导作用的角色意识是密切相关的。

教师的教育观念对学生的发展影响也是明显的。皮格马利翁效应揭示了教师对学生的观念转变之后对学生发展的影响。教育观念对学生发展的影响是通过影响教师的教育态度、期望、教育行为方式而对学生发展产生影响的。如教师认为张三是个聪明的、可爱的学生,教师会对张三抱有较高的期望,态度上更和蔼,行为上更具细心和耐心;如果教师认为张三是个差生,对张三的态度和行为则可能差一些。

教师的教育观念对教师自身的发展也具有重要的影响。在教育过程中,教师的职责是促进学生的发展,但是,学生的发展是以教师的发展为前提的,只有优秀的教师才能更好地促进学生的发展,低劣的教师则会阻碍学生的发展。在教师的发展过程中,教师的教育观念起着定向、指引、组织作用,如教师是否意识到自己不断更新的观念会影响学生的学习和反思行为,教师不同的教学观念导致不同的教学追求等。在基础教育课程改革的实施过程中,特别强调教师要形成与新课程相一致的教育理念。课改实践也表明,没有教育观念的转变,新课程实施的成效微乎其微,即使有新课程的资源,新课程改革的预期也难以实现。在新课程实施的过程中,实施的效果之所以达不到预期的效果,与教师观念的没有发生相应转变有一定关系。

## 二、教育观念的特征

教师的教育观念作为一种心理现象,主要有以下几个特征。

### (一)主体性

每一位教师都有自己的教育观念,也许有些内容明确意识到了,也许没有意识到,但教育观念作为一种客观存在是不容置疑的。研究表明,每位教师,特别是班主任对班里每位学生都有自己的评价。教师在建立自己的教育观念时,一般都受自己已有的知识经验、预设的观念、个人性格特点等的影响,使得每一位教师的教育观念都具有高度的主观性。

### (二)微观性

教师的教育观念是一种个体化的认识,是指导个体教育实践的观念性因素,因而它与客观的教育观念是有差别的。基础教育课程改革强调教师要转变教育观念,这种观念是客观的,是对每一位教师的要求,但具体到教师个人,每个人的观念不同,所导致的教学行为也有差异。例如,同是语文教师,由于对语文教学的理解不同,不同的教师可能会采取不同的教学策略,形成不同的教学风格。同是以学生为中心,但每位教师的理解具有个体差异性,有些教师可能强调学生的现在,有些教师可能关注的是学生的未来,所导致的教育行为会有很大的不同。正是因为教育观念的微观性,它对教师教育行为的影响才更直接。

### (三)相对稳定性

教师一旦形成了对某种教育现象的理性认识,一般是不容易转变的,也正是因为有了这种相对稳定性,才会形成自己的教育风格,如霍懋征老师认为"没有爱就没有教育",她眼里没有差生,所以在教育过程中,事事处处体现出对学生的关注和热爱,她的习惯性行为之一就是总是蹲下身子与小学生讲话。教育观念的稳定性只是相对的,不是绝对的,在一定条件下是可以发生改变的。

### (四)情境性

任何教师的教育观念都是在特定的教育教学情境中存在的,也只有在特定的教育教学情境中,教育观念才是有意义的。师范生在接受教育期间,也许会形成一定的教育观念,但这种观念是以抽象的形式存在的,一旦成为教师,面对真实的教学情境,这种抽象的观念会不断地被修正,从而与真实的情境保持一致。

### (五)价值性

教师的教育观念并不仅仅作为一种认识而存在,它对教师的心理与行为会发生积极的影响。由于在教育情境中,教师的教育观念会获得一定的情感支持,进而对教育态度与行为产生惯性作用,如教师对待学生,当教师认为该生是差生时,在理解该生的行为和动机时,常常是消极的;当教师认为该生具有极大潜力时,对该生的行为则会从积极方面进行理解,教师在内心也会体验到喜悦。所以,教师的每一种教育观念都是有价值的,这种价值在教育实践中,有以积极方式体现的,也有以消极方式体现的。

教育观念作为一种内隐性的主观存在,是教育理论与教育实践的桥梁,但是在现实的教学过程中,教师个体的教育观念并不都是清晰地存在于教师的意识层面,被自由自在地应用,许多教师的许多教育观念存在于内隐、无意识状态。作为教师个人,有效的发展需要提升教育观念水平,需要经常审视自己的教育观念。

## 三、教育观念的来源

关于教师教育观念的来源,不同的学者有不同的认识。持自我建构看法的理论家认为,教师的教育观念是教师自我建构的过程,它产生于个人的直接经验,每个人都有不同的"个人建构过程"。持文化建构观的理论家认为,教师的教育观念是其在接受文化观念的过程中形成的。我国的理论工作者认为,教师教育观念的来源,作为个体建构和文化信息相互作用的结果,是社会历史文化的产物。已有的研究表明,教师教育观念的来源有两条途径,一是个体的间接经验,二是个体的直接经验。

### (一)间接经验对教师观念的影响

来自个体间接经验的教育观念主要是:一是来自理论的影响。不同时代有不同的教育理论,同一时代也有不同的教育理论。师范教育与其他教育的最大不同,体现在课程上是教育理论学习和教育实践。教育理论学习不可避免地会对师范生教育观念的产生发生影响,从而形成虚构的或理想的教育观念。二是来自教师群体的影响。教师是以个体的方式,但最终是以群体的方式对学生施加影响的。每一位教师都身处一定的教师群体中,新教师一般要受到老教师群体教育观念的影响。新教师并不完全是以自己的经验和预设的教育观念进入教育领域,理解各种教育现象,进行教育实践的。个体的发展取决于与他直接和间接进行交往的其他人的发展。教师任教后就隶属于一个特定的教学团体,基于对陌生环境的不确定性,极易受到所在教学团体群体规范的影响。教学团体所确立的某种标准化的观念被认为是对团体成员行为的一种期望,这种期望透过教学团体的次级文化对教师施加影响,尤其是学校同事的教育态度、教育观念对教师个体的教育观念影响甚为重大。通常,教师任教数月后,其教育态度与学校同事的相似性,便高于与其受教学校的相似性。

### (二)直接经验对教师观念的影响

来自个体直接经验的教育观念由两部分组成,一是作为学生时对教师在进行认识评价基础上所形成的教育观念,如由于学业成绩落后而经常被教师批评的学生和被忽视的学生所形成的教育观念,与学业成绩优秀学生的教育观念有一定差异。"我们会记住我们喜爱的和憎恨的教师,我们会模仿那些让我们敬佩的教师,我们呼唤那些在早年生活中就学到的价值观。"在学生时代,通过与教师的交往,学生会对不同教师的教学模式进行意义阐释和内化,当学生成长为教师后,当初经过自己阐释和内化的教学模式就会被激活。教师在学生时代所获得的教学形象、模式和概念,以复杂的、无法言明的方式隐藏在其观念体系中,在特定教学情景中,会真正支配和操纵教师的教育行为。二是教师在教育教学实践中,通过自己的观察、思考而形成的。这种来自个体直接经验的教育观念一般因受到情感体验的支持而比较现实且稳定性高,对教育教学具有明显的指导性,如有些教师对学生采取严格的管理模式就和自己的切身体会有关。

来自理论的教育观念和受他人影响而形成的教育观念一般较易发生变化。可以说,教师的教育观念是个体以直接经验和间接经验为基础,通过理性思维而形成的。

## 四、教师教育观念的内容

教育观念的内涵是非常丰富的,教育过程中的每一种现象都会成为教师认识的对象,从而成为教育观念的组成部分,教育现象的复杂性以及教师的主体性,决定了教师教育观念的内容具有多样性。对于教师来说,教师对职业的观念、学生的观念、教学的观念、师生关系的观念特别重要。由于对教师的职业价值在第一章已经介绍过,本部分主要介绍其他几种观念。

### (一)学生观

学生是处于发展中的人,在教育过程中,教育是以促进学生的发展为目的的,教师对自己的学生应形成积极的认识。学生观是教师对自己的教育对象——学生所做的理解和认识。学生是教师工作的对象,是教师工作的出发点和最终归宿。因此,学生理应进入教育者的视野,成为教育者关注的中心。基于此,人们对教师应具有的学生观开展了一定研究,提出了关于学生地位、作用的不同观点。有人认为,学生观的内容包括学生是发展的人、独特的人,是教育活动的主体、责权主体;有人认为,现代学生观视学生为学习的主体、具有独立人格的主体、潜在的社会实践主体、充满活力的可塑主体,等等。根据已有的研究和对教育实践过程的考察,我们认为,教师的学生观应包括以下内容。

#### 1. 学生地位的意识

学生地位的意识是指教师对学生在教育教学关系中处于何种地位的意识,是教师建构教育情境、处理师生关系等的基础。

(1)教育环境中学生的地位。教育作为一种社会现象,承担着多种功能,如文化传递与创造,促进社会发展,促进个人发展等。对教育功能的理解不同,对学生地位的认识也不相同。实际上,教育的社会功能的实现也是通过影响学生、促进学生发展而实现的。如教育通过培养高素质的劳动者作用于社会生产力,通过培养具有政治观点和政治立场的全面发展的人才作用于一定的政治经济。在当今社会,关于教育的功能,人们更重视教育的个人发展功能,如"教育的根本目的在于教会学生做人","教育是一件极其严肃的工作,因为教育不断地将新一代带进完整的精神结构,使他们在完整的精神之中生活、工作和交往"(雅斯贝尔斯)。学生在现代教育背景中应该处于中心地位,一切教育活动都应围绕学生而展开。

(2)师生关系中学生的地位。教育者和受教育者构成教育关系中的主体因素,作为教育者,对师生关系中的教师与学生的地位必然要进行探究、认识。在传统教育中,教师在师生关系和教育活动中,处于主导、支配地位;学生居从属地位。教师是中心,学生围绕教师开展活动。现代教育强调学生处于中心地位,教师的活动是围绕学生而展开的。蒙台梭利认为,教育关心的第一问题是"儿童的存在";杜威认为,"儿童变成了太阳,而教育的一切措施则围绕着他们转动,儿童是中心,教育的措施便围绕他们而组织起来";罗杰斯认为,教师是"促进者",教师和学生要建立一种新的关系——从"独奏者"的角色过渡到"伴奏者"的角色,从此不再主要是传授知识,而是帮助学生去发现、组织和管理知识,引导他们而非塑造他们。在我国实施素质教育的今天,师生关系应由"师本"模式转变为"生本"模式。我们认为,在教育活动中,教师与学生是合作伙伴关系,双方合作完成教育教学活动,实现教育促进人的发展的目的。

(3)知识与发展关系中学生的地位。知识与学生发展二者不存在孰轻孰重的问题,因为知识是促进学生发展的工具。但是,在中小学教育中,"知识就是力量"的观念深入人心。班级授课制使教师面对同一年龄层次、知识层次的学生群体,学生的个性被群体湮没;学生在教师眼里成了抽象的存在物,知识的价值就凸现出来,成为教师关注的中心。传统教育理论在知识与学生发展的问题上,强化了知识的价值,提升了教育实践者对知识价值的认识。现代科学发展表明,科学知识并不像人们过去所想象的是绝对真理,它是在被不断修正的,它只是相对真理。而学生的心理发展则不仅是学生掌握知识的基础,更加是学生生存及可持续发展的基础。因此,在教育过程中,学生发展才是目的,知识的价值在于其工具价值。所以,在现代社会,教育不仅要关注知识的传播与掌握,更要关注受教育者的学习过程,使教育成为引导学生精神发展的过程。可见,在知识与学生发展的关系问题上,每位教师都应意识到知识是促进学生发展的工具,教学是促进学生发展的基本途径。在教学过程中,突出人的地位,强调人本关怀,确立人的发展才是教育的终极目的。

教育过程不仅是学生认知潜能的发展过程、知识技能的掌握过程,更重要的是,教育过程是一种生命与生命的交流过程,是受教育者精神的建构过程,是教师引导学生精神发展的过程、教育价值的实现过程,也就是一个促进学生发展,使学生"成人"的过程。因此,教师要把对学生的认识提升到自觉的意识层面,使学生成为教师关注的对象,只有这样,才能有对学生的理性分析,才能客观、全面、深刻地把握学生所具有的特点,才能最终形成积极、正确、有效的学生观,也才能够在教育教学过程中最大可能地促进学生的发展。

**2. 学生特点的认识**

人是教育的对象。对人的认识从古至今一直有两种认识主线:一种是乐观的认识,如"性善论",现代人本主义所倡导的人具有积极的自我发展能力等;另一种是悲观主义的认识,如"性恶论",精神分析理论的病态人格假设等。不同的认识会导致不同的教育期望和教育行为,教师承担着促进学生发展之责,在对学生作为人的特点的认识上具有积极的认识,更符合现代教育的要求。

教育过程是促进学生发展的过程。教育这一目的的实现依赖于教育者对教育对象特点的把握,无视受教育者的教育,或以不正确的理解为前提的教育,都不会是成功的教育,甚至是失常的教育、错误的教育。学生的特点可以从两方面来认识,即学生作为人所具有的共同特点和作为学习主体所具有的特点。

1)学生作为人所具有的共同特点

(1)学生是发展的人。这是教师的学生观念中应具有的基本认识。这种观念是指教师相信学生是不断发展的个体。学生的发展是必然的。这既是对学生天性的一种乐观估计,也是符合学生心理实际的。运动变化是事物发展的客观规律,学生的心理也必然符合这一规律,不管什么人,其心理的发展变化都是必然的,作为正处于生长过程中的学生更是如此。学生每天都在经历着由不知到知、由知之甚少到知之甚多的过程,其情感也因每天所受到的客观刺激不同而变化。教师具有这种信念,才会对学生充满信心,充满关爱,细心、耐心地运用各种有效的方式促进学生的变化。学生是具有巨大发展潜能的个体。学生不仅是发展的,而且发展的潜能是巨大的。发展的潜能是指学生心理发展的潜在可能性,这种潜在可能性是教育存在价值的基础性认识,若学生是固定不变的,教育也就无能为力了。对学生发展潜能的大小,人们的估计是不同的。有人持先天固定说,认为人的潜能是固定的,教育的价值在于开发学生的潜能,开发得越多,教育越成功。有人持先天未特定化说,认为人的发展潜能没有预先限定,教育越成功,人的潜能表现出来得越明显。脑科学的研究揭示了人的大脑具有极大的潜能。有人认为,在人的一生中,只不过是发挥了自身潜能的百分之一二十,有百分之八九十都处于沉寂状态,没有得到利用。如关于记忆的潜能,有心理学家估计,人脑的记忆容量相当于五十多个美国国会图书馆的藏书量,即可容纳五亿多册书,而人的一生所能阅读的书籍与之相比则如九牛之一毛。

许多教育实践也证明了学生发展潜能的巨大,如教师的一句话、一个微笑就会促进学生的发展变化,相对于成年人来说,学生具有无限发展的可能性。作为教师,相信学生具有巨大的发展潜能,在教育过程中教师就不会只是被动地去适应学生,而能主动地探索更好地开发学生潜能的途径和方法。学生是处在发展过程中的人,这也就意味着学生是一个正在经历着由不成熟到成熟的变化之中的人。如果学生已经是成熟、自我实现的人,教育也就失去对学生的影响力了。学生处在发展过程中,身上存在着不成熟性,会犯错误,需要运用教育的力量去帮助他们逐渐地消除不成熟的痕迹,走向成熟。对于教师来说,形成这种观念就是要意识到学生并非十全十美,出现不足在所难免,教师要具有对学生所犯错误的包容性,用比较开放的态度去接纳有缺陷、错误的学生,不要排斥任何一个学生,即使是犯了比较严重错误的学生。教师只有研究学生在发展变化过程中所具有的特点,才能真正做到既适应学生特点又超前教育,从而促进学生发展变化。

(2)学生是具有主体性的人。学生的主体性是指在教育活动中表现出来的选择性、自主性、能动性和创造性。在传统教育中,教师仅仅把学生当作教育的对象和客体,忽视学生主体性的培养和发展,使学生受到太多的限制和束缚。即使在目前的教育实践中,这种倾向也还大量地存在着。作为教师,意识到学生是具有主体性的人对形成自己的学生观具有现实的意义。对于学生的主体性,教师应具有以下几个方面的认识。

其一,学生是具有选择性的人。每个人都有自己的知识经验、认知方式及价值判断标准,学生也是如此。学生是具有选择性的人,意味着学生能凭自己的头脑去认识事物及自身,能够为自己确定适当的目标,选择适当的学习方法及方式,如他们可以选择与成人社会要求不同的行为方式。因此,在教育过程中,学生的表现是存在差异的,在一个班级,学生在学习上出现差异与学生对教育内容、教师、学习方式等的自我选择不无关系。

其二,学生是具有自主性的人。自主性意味着学生对自己的活动具有支配和控制的权利和能力。实际上,人只有作为自主的人而存在才能发现生命、生存、生活的意义。如果一个人失去了自主性,只能作为他人的附属物而存在的话,个人也就失去了价值和尊严。

其三,学生是具有能动性的人。能动性意味着学生是可以通过自己的力量改变客观现实及自身的人。人与动物不同,动物只能被动地适应自然。作为具有知识经验的人,学生在受教育的过程中不仅是接受教育的主体,也是自我教育的主体。在教育过程中,始终存在着两种影响发展的因素:一是教师作为学生发展的促进者,通过教学内容和教学手段等促进学生发展;二是学生作为能够施加自我影响的人,在不断地对自己施加着影响,促进着自身的发展变化。

其四,学生是具有创造性的人。创造性是人的一种天性,是人发展的不竭的动力,也是实现人自身价值、自我实现的决定性因素。创造性意味着学生身上蕴藏着巨大的创造潜能。学生所具有的创造潜能是创新教育的重要基础,同时,发展学生的创造性,使每个学生都成为具有创新精神和创造能力的人是教育的基本目标,只有意识到这一点,才能在教育过程中,着力为学生创造性的发展营造一个良好的时空环境和氛围,有意识地促进创造性的发展。

学生的主体性处于成长发展之中。处于成长发展中的学生,其主体性也处于发展完善之中,在学生身上,作为教育的客体的特点如依附性、受动性、模仿性也具有一定程度的体现。换言之,学生是作为主体的人而存在的,同时也具有客体的特性。作为教师,意识到学生的这一特性,在教育过程中,要充分地尊重学生的主体地位,促进学生主体性的发展。具体来讲,由于"未来的学校必须把教育的对象变成自己教育自己的主体。受教育的人必须成为教育他自己的人,别人的教育必须成为这个人自己的教育"。教师应在这样几方面做出切实的努力:一是培养激发学生的主体意识。要让学生认识到自己是自己的主人,摆脱过分依赖的思想。二是培养学生作为主体的能力。在教育教学过程中,教师要充分调动学生的自觉性,增强学生的自我效能感,积极主动地进行学习和探索,培养学生自我教育的意识和能力,开发学生身上所蕴藏的创造潜能。三是教师要对学生起到引导、促进的作用。学生与成人不同,学生知识经验及认识发展的不成熟性需要教师履行好自己的角色义务。作为小学教师有时过分地注意了学生的被动性和对教师的依赖性。安阳市人民大道小学的"主体性教育"实践充分说明小学生的主体性并不弱于其他学龄段。作为教师,应认真研究学生在发展过程中所具有的特点,采取有针对性的措施。

(3)学生是独特的人。这是教育历来所强调的一种观念,每一位教师都知道要"因材施教",根源就在于学生的独特性。学生的独特性是一种非常宝贵的教育资源。但是,在教育实践中,学生的这种独特性却常常被忽视,学生成为抽象的人而存在于教师的头脑中。实施素质教育就是要促进学生身心素质的全面发展,如果教育无视学生的独特性,学生的充分、自由的发展就无从谈起。学生的独特性表现为群体存在的独特性和个体存在的独特性。第一,群体的独特性。在学校的教育活动中,学生主要是以群体活动的方式而存在的,教师也主要是通过对学生群体进行教育而对个体施加教育影响的。因此,客观地认识学生群体的特点是教师教育教学工作的前提条件。首先,学生群体与成人群体不同,表现出自己的独特性。学生群体是一群正处于成长过程中的个体组成的,因而具有相对不成熟性,知识经验的相对欠缺性,需要成人加以指导。其次,学生群体之间也存在独特性,不同年龄阶段的学生群体、同一年龄段但因学识水平等不同而组成的群体都具有差异性,教师的教育方法因而也应具有差异性。一般来说,教师对学生群体的这种独特性的意识和行为一般还是比较明显的,但有时也存在一定问题,在应试教育环境下,有的教师用分数去衡量所有学生,这就对学生弱势群体不公平。第二,个体的独特性。每一个人都是作为个体而独立存在的,正如世上找不到两片完全相同的树叶一样,也找不到两个完全相同的学生。作为个体,其独特性主要表现在认知能力、个性、品德、情感、意志、学习方式等因素的差异上。学生的独特性是一种必然的存在,根据心理是人脑对客观现实的能动反映这一命题,每个学生都有自己与众不同的遗传素质、生活背景、教育背景,因而每个学生也都具有自己独特的内心世界、精神生活和内在感受,有着不同于成人的观察、思考和解决问题的方式。所以,在教育过程中,教师应该认识到这一点,用宽容的胸怀接纳不同的学生,促使每一个学生都真正成为他自己。只有每个学生独特性的发展,才能最大限度地实现教育作为人的教育的价值。

(4)学生是具有现实性的个体。这一特点指学生是生活在现实中的人,是自己的需要并渴望获得满足、有丰富的情感体验的个体,这是人所具有的共同特点。在中小学教育中,许多教师尽管在理智上知道这一点,但在教育实践过程中,却忽视了这一点,把学生作为抽象的人来看待,"人的教育"变成了"非人教育"。如在教学过程中,在教学目标的定位上,把知识传授当作教学的唯一目的和追求,没有或很少意识到教学不仅是知识的传授过程,更是促进学生发展的过程,学生的发展是教学的终极目标;没有意识到学生的发展是指学生身心的全面发展,其中学生情感的和谐发展是重要的组成部分。这种教学目标定位的狭隘化,导致在教学过程中,教师的教学行为过分理性化、刻板化,使学生的学习过程变成了接受—消化—吸收的单纯过程,忽视了学生在学习中的体验。由于学习过程的机械化,学生的主体参与精神受到压抑,学习过程变成痛苦的忍受过程,因此,许多中小学生厌学情绪比较明显,其中包括不少优秀学生。忽视了学生是有血有肉有感情的个体这一特点,也使教师自己在身心方面承受了更大的压力,使职业活动变成了毫无兴趣的单调劳动,导致教师产生职业冷漠感,厌恶自己的本职工作。一项调查表明,有近七成的教师有职业倦怠,想转行。所以,教师应该认识到,学生是作为鲜活的个体进入学习领域的,关注学生的心理需要,满足学生的心理需要,可以提高教师对学生的敏感性,注重师生交往过程中的情感纽带,使教育教学过程变成富有人情味的过程。

在教育过程中,教师把学生作为有血有肉有感情的人对待,是教育成功的重要因素。具体讲,教师在教育教学过程中,应注意以下几个方面。一是教师应加强对学生心理需要的了解。以往的教学中,教师所关注的中心是知识的传授,把学生视为学习的机器、接受知识的容器。这种关注视野的狭隘使教师忽视了学生作为人所具有的鲜活性。教师只有了解了学生的心理需要,才能最大限度地满足学生的需要,使其产生肯定的情感体验,增强对教师的理解与尊敬感。从学习方面来说,学生亲师信道,才能更好地学习。二是注重建立良好的师生关系。学生的成长是身心各方面的综合发展,因此,学生在学校的任务具有多样性,不单单是学习知识。但现在许多中小学教师所关注的只是这一点,这种对学生发展理解的偏差导致在教育教学过程中,教师过分注重自己的权威地位,使师生关系变成了监管与被监管的关系、"猫鼠关系"。现代教育理论强调,师生交往是教育教学的本质特点,良好的师生关系是教育成功的保证。大量实践也证明,没有良好的师生关系,教师的教与学生的学被抽象为知识的传递与接受过程的教育教学是失败的。三是教师要重视学生的学习成功体验。学生在进入学习领域时,都带着渴望成功的心态,如果教师满足了学生的这种需要,他们对学习会产生积极的意向,由"要我学"到"我应该学"和"我乐意学"。四是教师应重视学生学习方式的研究。在课程改革中,学习方式的改革是重要组成部分,合作学习、自主学习、探究学习作为新的学习方式得到提倡。作为教师应该适应课程改革的要求,帮助学生转变学习方式,使学生从学习中获得愉悦的体验,增强学习的能力。五是为学生营造融洽的学习情境。在不同的学习情境中,学生的心态是不同的,学习效率高低也不同。学习情境是指学校环境、教室环境,又可分为物理环境和心理环境。从物理环境看,主要是校园及教室的硬件建设;

心理环境主要指学校风气、校园文化、班级氛围、师生关系、学生关系等。在一个人际关系融洽、窗明几净、通风采光良好的学习环境中,学生之间才会产生真正的合作学习、探究学习。

(5)学生是责权主体。这一特点是指教师应该认识到学生既是责任义务主体,同时又是权利主体。在传统的教育教学中,教师通常更强调学生是责任义务主体,教师期望学生"学习,学习,再学习""努力,努力,再努力",学生只要把学习搞好才是尽了学生应尽的本分。很少有教师认识到,学生也和教师一样是享有权利的主体,更不用说去尊重学生的权利了。1989年,联合国大会一致通过的《儿童权利公约》明确提出:"儿童作为人无异于成年人,他们和成年人一样,平等地享受相同价值。"儿童的权利内容是多方面的,如儿童的生存权或生命权、健康权、姓名权、肖像权、国籍权、名誉权、荣誉权、智力成果权、教育权、身心健康全面发展权。《儿童权利公约》第37条规定,缔约国应确保"任何儿童不受酷刑或其他形式的残忍、不人道或有辱人格的待遇或处罚"等。作为学生的教育者,教师应尊重学生的权利,维护学生的权利。但是,在现实的教育教学过程中,许多教师却以教育的名义、以爱的名义在剥夺着学生所享有的权利,侵害着学生的权利。例如,学生不仅需要学习,也需要游戏、娱乐,对于小学生而言,游戏应是教育的重要内容和形式,但是现下,不少学生的游戏、娱乐、休息权都被爱着他们的家长和教师剥夺殆尽,学生整天有做不完的作业,节假日赶场似的参加各种补习班、提高班、特长班等;更有甚者,体罚、侮辱学生的事件见诸报端,名目花样繁多,使学生的身心健康受到伤害,甚至剥夺了学生的生命,也有学生以结束自己生命或伤害他人生命的方式来对教师这些极端的行为进行抗争。所以,对于教师,充分意识到学生所享有的权利和承担的义务,对学生采取正确的教育措施,促进学生更好地发展是至关重要的。

2)作为学习主体的学生的特点

为了更好地促进学生的发展,教师不仅要研究学生作为人所具有的一般特点、在教育过程中的一般特点,而且还要研究学生在完成自己任务过程中表现出来的特点。唯其如此,才能更有效地指导学生在学习过程中更好更快地发展。

(1)学生是愿意学习的个体。一方面,求知是人的基本欲望,学生是带着好奇、渴望走进学习领域的。随着年龄增长、知识经验的增加,学生对学习意义的认识愈来愈理性化,尤其是现代社会,学生对学习意义的认识会更加积极。从另一方面来说,学生愿意学习的动机是源于对无知的恐惧,在集体学习环境中,对无知的恐惧是积极学习的重要动力之一。

(2)学生是具有学习能力的个体。学生不仅能够理性地认识学习的价值,而且也是具有学习能力的。心理学研究表明,人的潜能一生只用了一少部分。布卢姆等人的研究证实,只要提供足够的时间和指导,学生付出足够的精力,85%以上的学生都能达到优秀的学业标准。我国素质教育的实践也使学生优秀率得到大幅度提高。实践证明,当学生产生了积极的学习心向之后,能主动地寻找适合自己的学习方法,掌握教学要求。由此可以看出,学生的学习能力可经由培养、训练而提高。

(3)学生是在教师帮助下学习的个体。尽管学生愿意求知,也有能力,但是由于学生年龄小,知识经验相对欠缺,主体性处于生长过程中,在学习过程中对教师具有一定依赖性。即使是在学生主体性得到充分发挥的探究性学习中,教师的作用也是举足轻重的。由于学习时间的有限性、学习任务的艰巨性、学习内容的丰富性,学生不可能事事探究,教师教育者的角色对于学生迅速完成学习任务不可或缺。

综上所述,教师的学生观是一种实实在在的教育影响因素,是构成教师素质的观念因素中的核心因素。

## （二）教学观

教学是由教师的教和学生的学所构成的双边活动过程,是学校的中心工作,是促进学生发展的基本途径。教学是教师的主要工作内容,每位教师都会形成自己对教学的认识。教学观是教师在教学实践过程中对教学所做的理解和认识。教师的教学观对教学活动的定向、选择与执行具有明显的影响,它是教学过程中起指导作用的一种因素,也是影响教学效果的实实在在的因素。教学观包含的内容主要有以下几个方面。

**1. 教学目标观**

教学目标观是教师对教学所要实现的目标的理解和认识,是整个教学活动开展的依据。它所解决的问题是教师在教学过程中追求什么和为什么追求的问题,是教学的方向性问题。教师的课堂教学定位就是教育目标观的体现,教师是教学生知识的人或是帮助学生学习知识,获得发展的人,这种定位的差异是由教学目标的定位所决定的。在传统教学过程中,由于对知识价值的绝对认可,许多教师认为知识是教学的终极目标,在应试教育条件下尤其如此,它导致了教师教学追求的单一化、学生发展的片面化。《基础教育课程改革纲要(试行)》明确提出,促进学生的发展是教学的最终目标,而学生的发展则不仅仅是学生智能和知识的发展,情意和技能目标也是重要的组成部分,具体表述是"改变课程过于注重知识传授的倾向,强调形成积极主动的学习态度,使获得基础知识与基本技能的过程同时成为学会学习和形成正确价值观的过程"。所以,作为新课程的实践者,教师应该相信知识的教学是教学的基本任务之一,但如果持知识的价值是教学的最终和唯一价值的话,不仅不能促进新课程目标的实现,反而会成为新课程目标实现的阻碍力量。对于教师来说,不仅要树立正确的教学目标观,而且对为什么要确定这样的教学目标观也应具有清醒的认识,使自己所确定的教学目标观,建立在理论和实践的坚实基础之上。

**2. 教学内容观**

教学内容是学与教相互作用过程中有意传递的主要信息,一般包括课程标准、教材和课程等。"教学内容,系指教学过程中同师生发生交互作用、服务于教学目的达成的动态生成的素材及信息。"学校给学生传授的知识和技能、灌输的思想和观点、培养的习惯和行为等的总和,也叫课程。教学内容来自师生对课程内容、教材内容与教学实际的综合加工。一方面,师生合理地利用教材教学,对教材内容进行选择、取舍、加工;另一方面,师生可以科学地加工教材,合理地组织教学过程。它不仅包括教材内容,还包括了引导作用、动机作用、方法论指示、价值判断、规范概念等,包括师生在教学过程中的实际活动的全部。因此,教材内容只不过是教学内容的重要成分。教学内容观就是教师对教学内容的认识,一般包括教学内容选择的依据、构成以及使用的问题。关于教学内容的选择,教师们一般依赖于教材,认为教材就是知识的来源,教师的任务就是把教材知识传递给学生,使之成为学生自己的知识。在基础教育课程改革中,倡导依据课程标准,围绕学生发展的实际,教师与学生共同建构教学内容,教材是学与教的文本而不是知识的唯一来源。

**3. 教学方法观**

教学方法观是教师对教学过程中应该采取的工作方法的理解和认识。它所解决的主要问题是怎么做和为什么要这么做。在教学过程中,由于学生、教学内容、教学情境等的多样性,没有放之四海而皆准的方法,它需要教师去研究探索,如果教师能获得并采用良好的方法,对教学目标的实现可起到事半功倍的效果;如果方法不当,则会事倍功半。在新课程改革中,教学方法、学习方式成为关注的一个重要方面,强调教师在教学过程中要成为学生的引导者、帮助者,而不是学习的包办者;强调教师要关注学生的学习方式,使学生主动参与、乐于探究、勤于动手等。

教师的教学方法观具体体现在:一是教师要树立教学方法的价值意识。目前,仍有许多教师缺乏教学方法的价值意识,在教学过程中为使学生在考试中能取得优异成绩,不知道采取正确方法的重要性,一味地从学习时间上入手,采取疲劳战术,如许多学生的学习时间平均每天在十多个小时,没有双休、没有假期。教师只有认识到教学方法的价值,才能有对教学方法的探索及对独特、有意义教学方法的追求。二是关于教学方法内容的观念。在以往的教学中,教师注重教的方法的探讨、教师主导作用的发挥,忽视了学生学的方法也是教学方法的构成要素,并且是决定教学效果的因素。所以,教师应该认识到,教学过程是师生双方的互动过程,教的方法与学的方法构成了完整的教学方法体系。三是教学方法反思意识。在教学过程中,每一种教学方法的选择、实践,都不应是盲目的,教师应该认识到为什么要采用这种方法,其理论与现实基础是什么。例如采用探究式教学,教师应清楚为什么要采取探究式教学,它对教学目标的实现具有什么作用,从哪些方面、能在多大程度上有助于教学目标的实现。这种意识对于教学方法应用过程中的有效性有积极影响,也能提高教师教学方法研究的自觉性,有助于形成独特的教学风格。

#### 4. 教学评价观

教学评价观是指教师对教学评价的意义、内容、方法等的理解和认识。通过教学评价,可以衡量教学目标是否实现以及在多大程度上实现;它是教学活动的重要组成部分,是教学活动的反馈环节。但是在以往教学过程中,教学评价因其过分偏重甄别和选拔功能,对教学活动的消极导向作用比较明显。若偏重教学评价的甄别与选拔功能,其所追求的是对效果的重视,忽视了教学过程,在对教学效果的重视中,只偏重知识目标的考核,忽视了对情感及智能目标的考核,使知识成为僵死的知识、孤立的知识、单纯记忆性的知识。在教学过程中,由于评价所导致的对知识目标的畸形追求,使教学过程变成机械的灌输与接受过程,扼杀了学生的创造性,对学生的全面发展造成了严重阻碍。因此,新课程改革强调教学评价促进学生发展的功能,重视过程性评价、形成性评价,实际上,这种评价对于教师的专业发展也会产生积极影响。

教师的教学评价观主要包括:一是教学评价功能观,即对教学评价的价值追求的理解和认识。新课程改革确立了促进学生发展的目标,因此教学评价的激励功能和学习动机强化功能应成为主要内容,选拔与甄别居于次要地位,特别是在小学教育阶段。二是教学评价内容观,即对评价什么的理解和认识。很显然,单一的知识评价已经不能适应新课程的要求,作为教师应该正确认识到学生的发展是全方位的,既有认识技能,也有情意态度。在评价时,应做综合性评价,重点放在学生的学习能力养成、有效学习策略的运用、积极的学习态度的建立上。大量事实表明,在小学、初中阶段,有不少学业优秀的学生,在升入高一级学校后,学习成绩很难再保持优势,以往的优异成绩只是历史的辉煌。所以,许多心理学家、教育学家主张,应重视学生内在学习动机、积极学习态度以及学会学习的培养。通过教学评价的内容及重点的转变,不仅能促进教师教学方向的改变,而且最终将为学生今后的学习与生活产生积极影响。三是教学评价方法观,即对采取什么方法进行评价的理解和认识。由于受科学理性主义的影响,教学评价的客观化、标准化倾向非常突出,造成了教学过程过分理性化、机械化,阻碍了教师创造性的教学,使课程失去了生机与活力,也使学生的学习过程失去了探究与亲历,体验不到自主学习、创造学习及学习成功的快乐。对标准答案的敬畏及对分数的恐惧使师生的交往过程变成了解释与接受、监督与被监督的过程,失去了师生交往的应有之义。因此,在课程改革中,评价内容的多元化,评价方式的多样化成为倡导的一个重要方面。作为教师,意识到这种要求,主动探讨有效的评价方法将是必然的。教师教学评价功能观可以提升教师对教学评价重要性的认识,通过主动探索,确定合理的评价内容和方法。而合理的评价内容和方法则有助于教学目标的优化实现。如果教师确立了正确的教学评价观,教师在教学评价过程中,会多几把评价的"尺子",能更多地发现每个学生身上的积极因素,更多地开发出学生所蕴含的潜能,帮助学生完善其人格。

#### 5. 教学效能感

教学效能感是教师对自己影响学生学习行为和学习成绩的能力的主观判断。教学效能感被认为是影响教师教育教学工作效率的一个重要主观因素。教学效能感的概念在理论上来自班杜拉的自我效能概念。班杜拉认为,自我效能是指个体对自己在特定情境中是否有能力去完成某种行为的期望,它包括两个成分,即结果预期和效能预期。结果预期是指个体对自己某种行为可能导致什么样结果的推测;效能预期是指个体对自己实施某种行为能力的主观判断。每个人在做出某种有目的的行为之前,都会对自己是否有能力去完成预定目标进行主观估计,如果认为自己有能力完成,则自我效能感水平高;反之则低。自我效能感的水平高低不同,会产生不同影响。自我效能感对个体的影响主要包含四个方面:一是影响个体的选择过程,如对工作任务的选择,是选择挑战性强的工作,或是选择挑战性差的工作,自我效能感高的人一般会选择富有挑战性的工作。二是影响个体的思维过程。若个体坚信自己对活动具有的效能,那么他会倾向于想象成功的活动场面,并体验与活动有关的身体状态的微妙变化,从而为活动的物理执行提供支持和指导。三是影响个体的动机过程。自我效能感高的人在活动过程中,会提高动机强度,增强个体的努力程度。四是影响个体的身心反应过程。由于自我效能感所具有的影响作用,所以在教育研究领域,研究者对教师在教育教学过程中对自己能力的主观判断就成为一个关注的重要内容。最早对教师效能感进行研究的是阿尔默和贝尔曼,他们在"教师教学效果评估研究"课题中表明,教师教学效能感是学生学习成绩好坏的重要预测变量。迄今为止,国内外进行了大量研究。

教学效能感包含两种基本要素。一是一般教育效能感,指教师对教与学的关系、对教育在学生发展中的作用等问题的一般看法和判断,如"一个班上的学生总会有好有差,教师不可能把每个学生都教成好学生"。这是一种以理性为基础的价值判断,也是教师从事教育教学工作的心理基础。二是个人教学效能感,是指教师对自己是否有能力完成教学任务、教好学生的信念。这是教师对自己教育影响力的一种主观判断,也是教师工作积极性的直接来源。如教师认为"如果一个学生前学后忘,我知道如何去帮助他""如果班上某个学生变得爱捣乱,我相信自己有办法很快使他改正",那么,当面对这样的学生时,教师会采取比较有效的办法去帮助学生。一般教学效能感和个人教学效能感有一致的地方,也有不一致的地方,个人教学效能感由于受情感体验的支持在工作中对教师影响更大。教学效能感是教师教育信念的重要组成部分,每一位教师都应该具有较高的自我效能感,才能在工作中积极、主动,不断探究,才能更好地促进学生发展。试想,如果一位教师对教育的价值缺乏信心,对自己的教学能力缺乏自信,在教育教学过程中是不可能取得优异成绩的。研究表明,优秀教师因为相信自己能对学生的学习和生活产生影响,因而愿意进行教学改革和冒险,而一般教师则视这种尝试是一种威胁,更愿意循规蹈矩。

教学效能感作为教师的一种重要的教育信念,其产生与发展受多种因素的影响和制约。关于小学教师教学效能感的研究表明,小学教师的一般教育效能感与个人教学效能感都表现出高—低—高的趋势,而且,教龄和学历对教学效能感的影响存在着交互作用。不同学历水平下,教学效能感随教龄增长变化的模式不同:初高中学历与中师学历的教师,随着教龄的增加,其教学效能感的高—低—高趋势变化明显,而大专以上学历教师随着教龄增加,教学效能感保持相对稳定。处在城市和农村的小学教师教学效能感水平也不一样,城市教师的个人教学效能感水平明显高于农村教师。在一般教育效能感和个人教学效能感方面,一般教育效能感高于个人教学效能感。

### (三)师生关系观

#### 1. 师生关系观的内涵

师生关系观是教师对师生之间所应具有的人际关系的理解和认识,对于教师的交往积极性、方向及质量具有直接的影响。师生关系观主要包括师生关系价值观和师生交往方法观。

师生关系是在教育活动中,教师和学生所建立起来的一种人际关系,是学校最基本的人际关系,主要包括师生伦理关系和师生情感关系。师生伦理关系主要是基于教师这一社会角色所具有的责任义务及权利而与学生发展的关系,这种关系具有不可选择性,教师对自己的学生没有挑选的权利,只有教育、促进学生发展的责任和义务。师生情感关系是指师生之间情感上或心理上因彼此理解、依恋等而产生的人际关系。努力创造民主、平等和促进个性发展的师生伦理关系,真正使师生关系焕发出迷人的光彩将是课程改革最亮丽的风景线;而优化师生情感关系,重建温馨感人的师生情谊,建立真正的师生伦理关系,是实现课程目标的重要保证,也是师生关系改革的基本要求。在良好的师生关系的建立过程中,由于教师角色的重要性及学生所具有的向师性,决定了教师是起主导作用的。而教师能否起到这种主导作用,促进真正的师生关系的建立,与教师所持的师生关系观密切相关。

当老师有一千种当法,但是每一位幸福的老师,一定都拥有真诚有爱的师生关系。在传统的教育活动中,教师通常是以权威的角色出现,学生是作为服从者、接受者的角色出现,师生关系是一种不平等的人际关系。在新课程标准下,教师与学生的角色发生了显著的变化,学生作为积极的主体和教师一起活跃在教育教学活动中,教师和学生要实现共同发展。因此,教师与学生之间应建立起平等、沟通、交流、合作的新型师生关系。

#### 2. 师生关系的价值

师生关系价值观是教师对师生关系所具有的价值的理解和认识,以及由此所形成的对师生关系的建立和发展起支撑作用的信念。主要内容包括教师对师生关系所具有的教育价值、心理价值的理解和认识。教育价值是指在教育过程中师生关系对于促进学生发展,教师完成自己的教育职责、义务所具有的价值,这是教师的师生关系价值观中基本的价值观,因为教师在学校里主要是履行教育教学职责的专业人员,能否有效地促进学生的发展是教师职责所在,也是衡量教师是否称职、优秀的主要评价指标。因此,在师生关系的价值思考中,这是第一位的。心理价值观是指教师对师生关系所具有心理需要满足的价值的认识。作为一种必然发生的人际关系,教师对与学生建立人际关系是慎重的。每个人都有友谊、爱与获得爱、尊重与被尊重的需要,师生关系对师生双方这些需要的满足都具有影响。

教师对师生关系所具有的价值的认识深刻地影响着教师与学生关系的建立,如建立什么性质的师生关系,在师生关系的建立中采取何种态度与行为等。

(1)良好的师生关系有助于学生掌握丰富的知识,发展学生的能力。

掌握知识、发展能力是教学的基本目标。在学生掌握知识、发展能力的过程中,如果没有学生主体的积极参与,只有以被动的方式和心态去接受的话,学习的效率和效果将是低下的。在教学实践中,人们往往能够发现:一旦某些学生与某门学科的任课教师的关系搞僵了,这些学生就会对这门课失去兴趣,甚至反感,学习成绩也因此而下降;而倘若某些学生与任课教师关系融洽,并建立了友谊,即使这位任课教师所教的学科难学,也会因热爱教师而迁爱到这门学科上。可以说,良好的师生关系是学生积极参与学习的条件,而不良的师生关系则会造成学生对学科的厌烦。具体表现在学生的学习动机、学习积极性、学习的投入等方面。良好的师生关系之所以能提高学生学习参与的自觉性、主动性,是因为良好的师生关系不仅是一种理性关系,而是一种情感关系,在这种关系中,学生能更多地体验到心理的愉悦,亲师信道,学生甚至会觉得如果学习不好会对不起教师。但是在过去的教学中,许多教师过分相信学生理性的作用,认为当学生认识学习的意义时学生就会自觉学习了,和师生关系好坏关系不大,因而不重视与学生在教与学的过程的合作,过分重视自己的教学而忽视学生的学习接受。这些教师只看到了学生的理性对学习的作用,把学生看作是理性的人,而忽视了学生是渴望获得积极的心理体验的人、有情感的人。这种忽视导致教师低估了良好的师生关系所具有的教学促进价值,使学生陷入到了苦学之中,在心态上处于"要我学""不得不学"的境地。

(2)良好的师生关系有助于学生心理健康。

在学生心理健康发展的条件中,良好的师生关系是学生心理健康不可缺少的维持因素。但是在传统的教学中,由于忽视了师生人际关系,学生的心理健康发展受到严重影响。在我国,由于过分重视知识教学和升学率,教师与学生的关系有时成了一种监控与被监控的关系,师生之间很难建立真正的人际关系,有的只有信息的发布,缺的是师生之间的沟通,学生在学习过程中被抽象为学习的机器,情感处于严重的压抑状态,心理甚至被分数扭曲了。西方和我国也正在提倡和实施新技术在中小学教学中的广泛应用,教学手段实现现代化,出现了人机教学系统。儿童从小就处在缺乏生机、缺乏人际关系的人机系统环境中,导致儿童心理上的缺损,西方有些人士担心会导致"非人化"的"人的灾难"。另外,由于我国实行了几十年的独生子女政策,学生在家庭环境和社会环境中的交往相对缺少,有些学生甚至缺乏正确的交往动机和技能。如果在学校里师生关系紧张的话,学生的心理问题会更加严重,如孤独、抑郁、偏激等。因此,在教学现代化过程中,良好的师生关系对于学生心理健康发展具有重要影响。

(3)良好的师生关系有助于学生创造性的发展。

创造性是现代社会对人才的基本要求,学生的创造性与学校教育关系非常密切。良好的师生关系为学生创造性的发展提供了可能性。首先,良好的师生关系为学生创造性的发展营造了一个良好的氛围。学生的创造性是在一定的教学氛围中发展的,在一个紧张的人际关系氛围中,学生处于恐惧和担心之中,学生的思维会受到巨大的局限。而如果师生关系良好,学生处于一种自由、安全的环境,思维的开放性、活跃性会表现得非常突出。其次,良好的师生关系保证了创造所必需的个性品质的发展。好奇心、求知欲、成就动机、自信心、敢为性等与创造性关系密切的个性品质会得到培养和发展。在传统教学中,由于缺乏对学生的信任,教师以单纯的知识传播者与监控者的角色出现,学生从教师那里很难获得心理上的支持,并且学生的好奇心、求知欲等因考试压力而不得不处于抑制状态,在对分数的恐惧和失败中,自信心被扼杀殆尽。尤其是在标准化的考试中,学生的敢为性、独特性更是英雄无用武之地。因此,建立良好的师生关系,对于培养与创造性密切相关的品质,从而最终促进创造性的发展具有十分重要的意义。

(4)良好的师生关系有助于教师的发展。

良好的师生关系有助于教师的专业成长。教师的专业成长是当今教师教育的一个重要的价值取向,只有教师不断地获得专业成长,才有学生不断地向前发展。教师的专业成长主要包括教师的专业情意和专业知识技能的发展。良好的师生关系对这两方面均具有积极影响。

专业情意是教师对自己所从事的职业的基本态度及情感体验,是教师工作积极性的源泉。教师的专业情意与其在职业活动中的心理体验是密切相关的。师生关系的好坏对教师的专业情意具有至关重要的影响。教师对教师职业的态度与教师在职业活动中的体验密切相关。如果一位教师能够经常从职业活动中体验到职业生活的快乐,产生职业舒适感和满足感,则会对自己所从事的职业持积极的态度,发自内心地肯定工作的价值,在教育教学活动中想方设法提高质量以促进学生的发展。许多教师的专业情意相对淡漠,在很大程度上和师生关系不良有关。在传统控制型的师生关系中,师生双方处于不平等的地位,学生在被控制、服从的过程中,很难去认同教师的行为,在情感上也易持消极的体验,而教师由于缺乏对学生的移情性理解(即站在学生的立场上去想问题,分析学生理解学生),总是采用评价性理解(即教师常常用自己心目中的"好学生"标准去认识、理解学生)。教师更多的是发现学生身上的缺点与不足,所思考的是如何去矫治学生,因而教师很少主动和学生交往。由于师生双方都不能真正理解对方,尤其教师总是带着矫治学生不足的心态,因而较少体验到来自学生的尊重、友谊,带着孤独的心态去从事工作,久而久之,则易从职业活动中产生倦怠心理。师生之间如果建立了良好的师生关系,从这种经常性的交往中,教师的心理需要(诸如交流、爱、尊重等)可以获得满足,在心情上会更开朗,也更易产生积极的心理体验,从而对自己所从事的职业产生积极的认识。许多优秀教师的成功事例告诉我们,良好的师生关系对于教师专业情意的形成具有积极意义。

专业知识技能是教师从事职业活动的必备素质,是完成教书育人目的的基本保证。良好的师生关系使教师产生责任感和义务感,使教师努力提升自己的专业水平。良好的师生关系也使学生在接受教师教导时,发自内心地相信教师传播的信息和价值观,积极主动地从事教师所期待的活动。面对学生的信任和期待,教师也会不断地学习,丰富自己的知识经验,不断探索与实践,提高自己的教育教学技巧。

由于良好的师生关系能够使教师教育教学成功,使教师体验到成功的快乐,提高从事教师职业的信心和努力程度,因此,它是教师专业成长的重要影响因素。

## 第二节 教师的职业道德与法律素养

### 一、职业道德素质

《中国教育现代化2035》以我国教育发展新阶段、新时代人才标准为基础,提出了推进教育现代化的总体要求,强调要"建设专业化高素质创新型教师队伍,推动师德建设制度化、长效化,将师德师风作为评价教师素质的第一标准,大力加强师德师风建设"。师德作为教师专业素质的首要素质历来受到关注。

## (一)教师职业道德概述

道德是调整人们之间以及个人与社会之间相互关系的行为规范的总和。道德可分成职业道德、家庭婚姻道德和社会公德,由于社会中人们的职业生活是人类赖以生存和发展的最基本实践活动。因此在整个社会道德体系中,职业道德占有十分重要的地位。教师职业道德就是从事教育劳动的人进行教育活动必须遵循的各种道德规范的总和。教师职业道德是一般社会道德在教师职业生活中的具体作用和具体体现,它在教育过程中调节教师与学生、教师与社会、教师与家长之间的相互关系。教师在解决这些关系时就要以教师的道德规范为准则。

教师的劳动对象是人而不是物,是可塑性强、模仿性强的学生,教师职业的这种特殊性决定了教师职业承载着比其他职业更多的道德期待。教师的职业道德修养本身就具有教育性,师德高尚才能影响、感化、教育学生,因此教师更应该注重加强自身的道德修养、注重对学生的道德教化。正如19世纪俄国教育家乌申斯基所说,教师的道德个性是"任何教科书、任何道德箴言、任何惩罚和奖励制度都不能代替的一种教育力量"。教师的职业道德素质高低直接关系着青少年学生的健康成长。

教师职业道德作为教师素养的重要组成部分,在教育教学活动与教师职业发展中具有重要作用。教师专业化发展不仅要求教师拥有扎实的专业知识、具备较强的专业能力,还要遵循一定的专业伦理。师德是一种伦理道德规范,是维持教育教学秩序、约束和规范教师职业行为的保障力量。从教师专业化发展视角来看,师德既是教师专业化发展的重要内容,也是教师开展专业性活动的基础,在教师专业化发展中起着重要作用,是专业化教师队伍建设的关键。对教师而言,虽然外部的约束力量非常重要,但内部的高度自觉却是其专业化发展的根本动力来源,如对幸福生活的向往,对"仁爱""公正""宽容"等价值的追求,对教师角色的敬畏等。当前中小学教师职业道德建设遭遇诸多挑战,坚定专业信念、增强专业情感、提升专业服务精神、强化对专业伦理的认识,既是教师在专业化发展过程中实现自我的重要路径,也是新时代教师专业化队伍建设的关键。

## (二)教师职业道德规范

### 1. 教育情怀是教师职业道德的心理动机

具有深厚的教育情怀是教师从事教师工作的动机因素,是教师培养的基本目标之一。教育情怀是教师所具有的对教育事业的积极的且带有行为倾向成分的情感状态,表现为教师对教育事业的热情、执着、无怨无悔等。刘庆昌认为,教师的教育情怀的成分有对教育目的的价值认同,对教育对象的情感投入,对知识和道德的理智崇尚等。优秀教师一般都具有深厚的教育情怀,视教育为事业,是生命的重要组成部分。以张桂梅老师为例,她坚信唯有知识才能改变命运,她坚信唯有教育才能带领姑娘们走出大山,她坚信她所做的事业是党和人民赋予的光荣的使命,"九死亦无悔"。从15岁到65岁,张桂梅放弃了本该优越且无忧的生活,扎根于云南大山深处,帮助了1800多名女孩走出大山、走进大学。她一生没有自己的子女,却被孩子们尊称为"张妈妈"。她用一言一行、心血汗水、无疆大爱,坚守着自己对教育最初的情怀,恪守着一名教育工作者对党和人民的庄重承诺。

**2. 爱岗敬业是教师职业道德的基础**

所谓爱岗就是教师对工作岗位的热爱,干一行爱一行,尽心尽力去工作;所谓敬业,是指教师对所从事的教育教学事业充满强烈的使命感和责任感,用一种严肃的态度对待自己的工作,忠于职守,不敷衍塞责。一位教师要出色地完成自己教书育人的职责和使命,除了需要具备一定的专业知识和技能,还需要对教育事业的真心热爱,对教师岗位和对教育事业的热爱是教师认真践行教书育人神圣职责的动力源泉。教师只有真心热爱教育工作,才能全心全意地投入教育事业之中,把教育工作真正做好,爱岗才能敬业,才能真正"诲人不倦"。

**3. 关爱学生是教师职业道德的灵魂**

关爱学生是师德永恒的主题,从职业性质上说,学生是教师履行职责的客体,如何去协调与学生的关系,以什么样的态度对待学生,对于教师来说是无法回避的问题。要获得和谐的师生关系,应遵循"尊重与平等"的原则,确立"良师益友"的角色定位。

教师的工作对象是具有主体性、与教师具有平等人格的学生,因此"尊重与平等"应成为教师处理师生关系时应坚守的两项原则。美国教育家爱默生指出:"教育成功的秘密在于尊重学生。"所谓尊重首先就在于把学生看成有个性、有思想、在人格上完全平等的人,而不是简单地视为被教师管理的对象。如孔子所言"有教无类",学生相貌有美有丑,资质有高有低,性格有温有倔,但无论是哪种学生,都具有一个有待展开的生命,都具有成才的可能性,毫无疑问,他们都值得教师付出不舍不弃的教育努力。所以教师应尊重所有学生的人格、精神,教育应面向所有学生的心灵。现代教育是民主教育,简单的控制难以取得满意的教育效果,学生需要的是理解,需要得到的是方向的引导和策略的帮助,而不是老师居高临下的说教。由于年龄、价值观等方面的差异,师生关系并非天然和谐融洽,所以教师在处理师生关系时能多做一些移情性理解就显得非常重要,像陶行知先生曾说的那样,教师要蹲下身来同孩子说话,把自己变成小孩子,才能更好地教小孩子。所以做学生的"良师益友"应成为教师在处理师生关系时应有的角色定位,教师既是学生成长方向的引导者,又是学生成长过程的陪伴者。

**4. 教书育人是教师职业道德的核心**

教师职业一经产生,就承担着教书与育人的双重职责和义务。所谓教书育人是指教师在教育教学过程中自觉地把教学与教育结合起来,既传授科学文化知识,又进行思想品德教育,培养学生全面发展。教师在教书育人的过程中要遵循教育规律,掌握工作方法。例如"因材施教",就是指教师要尊重学生的差异性规律,以学生的不同需要和不同基础为教育的出发点,有的放矢地实施教育。"循循善诱"就是指教师要有步骤地引导、教育学生,即要做到教导有方,用知识、用智慧来有步骤地引导学生。

**5. 团结协作是教师职业道德的重要体现**

教师的团结协作是指教师在职业生活中应具有团结协作的意识与能力,形成教育的群体合力。团结协作具有重要意义,是实现教育目标的客观要求。某位教师的知识即使再渊博,也只能完成其教学的一部分,而不可能是全部。只有全体教师团结一致,相互协作,形成集体的智慧和教育的合力,才能产生良好的教育效果,才能培养出德智体美劳全面发展的社会主义建设者和接班人;团结协作是教师人格的必备要素。教师作为精神文明的培育者和人类灵魂的工程师,承担着传授知识、传播文化、繁荣学术、弘扬科学、教书育人的神圣而光荣的任务,起着开启发智、哺育人才、承前启后、继往开来的作用。正是教师承担的任务需要教师学会与人合作;团结协作是提高教师自身能力的有效途径。一名教师仅凭一腔热情来教书育人是不够的,或者说他拥有文凭,甚至满腹经纶而缺少教育经验也是难以取得成就的。教师之间必须加强关于教书和育人的交流,虚心学习他人的长处,只有这样,才能不断获得新的信息,丰富自己的教育教学经验。团结协作是形成良好校风的重要保障,而良好的校风是办好学校的精神力量,它能对全校师生员工起着潜移默化的教育和熏陶作用,并能长久地影响教师和学生的学习和生活。良好校风的形成离不开教师的团结协作精神,教师之间相互尊重、相互信任的氛围是这种精神的基础和保障。教师的协作既有与同事的协作,也有与家长的协作,在多方位、多层次的合作中真正形成教育合力,共同对学生施加积极的教育影响。

#### 6. 为人师表是教师职业道德的关键

"师表"是指榜样、表率,"为人师表"是指事事处处都能够率先垂范,起到表率作用,做他人的榜样,教育家叶圣陶曾说:"教育者的全部工作就是为人师表。"在现实生活中,有的教师向学生强行推销各种学习、考试资料;有的教师把主要精力放在校外创收上;有的教师利用家长的关系为自己谋取私利。2008年汶川地震中的"范跑跑事件"更是在社会上引发了一场师德大讨论。这些现象在教师队伍中虽不占主流,但严重地损害了教师的职业形象。教师职业本身特殊性决定了教师必须承载起比一般人更多的社会责任和道德义务,为人师表是教育事业对教师人格的特殊要求。加里宁说过:"教师每天仿佛都蹲在一面镜子里,外面有几百双精细的、富于敏感的、善于窥伺出教师优点和缺点的孩子的眼睛,不断地盯着他。"教师的工作对象是处于成长阶段的少年儿童,教师的言行举止对学生有着潜移默化的深远影响,倡导"为人师表",就是要求教师以身作则,言传身教,以自己的学识魅力和人格魅力教育影响学生。

### (三)教师职业道德失范现象

#### 1. 教师职业道德失范的含义

教师职业道德失范一般是指教师职业规范范畴内的"非正常行为",是教师群体或个体偏离或违反教师职业道德规范的行为。也有人认为教师职业道德失范是教师的职业伦理和道德偏离了学生学习榜样和模范的标准。教师职业道德失范现象是教育中的不良现象,不仅会降低教师的教育影响力,而且也有损教师的职业形象,这也是教师职业目前饱受诟病的重要原因。

#### 2. 教师职业道德失范的表现

(1)职业意识下降。教师应该热爱教育事业,关心学生,不断提高专业水平促进学生的成长,但是在现实中存在着教师职业精神减退现象,不求进取,但求无过,当一天和尚撞一天钟,佛系心态明显。"佛系老师"主要是指一类无欲无求的教师,他们不打骂学生,也不积极评职称,心如止水,看淡一切,只做好自己分内之事,其他听天由命。

(2)有偿补课。补课是任课老师根据学生学习情况所进行的一种无偿的额外劳动,彰显的是教师的敬业负责。但在经济利益的驱使下,个别中小学教师把精力放在了有偿补课上,故意将一些教学内容放在课外上。当前有偿补课的形式也发生了一些变化,变得更加隐秘化,主要分为三大类。一是与教育机构合作来获得经济报酬。教育机构通过个别中小学教师所在学校的名气对该教师的教学成果进行宣传,不仅通过传统现场纸质海报宣传,还与中小学的校内人员合作,获取联系方式后,进行电话招生。个别中小学老师会鼓动班上的"后进生"参加和其自身有联系的辅导班,自己或者介绍同事在该教育机构兼职任教,相应地获取薪资。二是以"友情辅导"为名来获得额外报酬。个别中小学教师有目的地以领导的委托、帮助亲朋好友为幌子,虽并未直接表露其补课行为的有偿性,但是知道被辅导后的学生家长会通过节日祝福、孩子顺利升学等说法,赠送购物卡、礼物等来感谢教师的辅导。三是教师托管学生。个别中小学教师将学生带到自己的家中辅导,并和学生一起吃晚饭。学生家长为了感谢老师,主动地将补课费以"生活费"的名义来付给老师。一般这类家长都是时间有限,无暇接送和辅导孩子,既图省事,又感觉这样可以加深与老师的来往,老师在学校对孩子会有额外的关照。

(3)有失公正。学生和学生之间是存在差异的,个别中小学教师并没有注重教育对象的差异性,而是采取相同的教学手段和方法。长此以往,就会导致某些学生缺乏学习的兴趣和成绩不理想。另外,有的教师在观念上存在偏见,偏爱优等生,歧视后进生。对于后进生缺乏足够的关心,只知道教书而不懂得去育人,过分看重学生的分数,并按分数高低进行排名。

(4)团队意识淡薄。团结协作是对中小学教师的一种职业道德规范,但个别中小学教师由于私心严重,对待事情缺乏全面的联系和发展的观念,导致其团结协作的观念淡薄。有的教师认为所取得的教学成果,完全是自己一个人辛苦付出的结果,忽视了同事之间的交流和配合。有的教师为了完成自己的教学任务,延长上课时间,导致下节课的其他老师无法正常进行教学。个别中小学教师缺乏正确的竞争意识,在本学科的考核评比中,从自身的利益角度出发,对其他评比的老师进行诋毁等,进而保证自己评优当选和职称的晋升。

(5)侮辱体罚学生。教师不能以任何方式侮辱伤害学生、体罚学生,但是在现实中这类现象仍时有发生。教育部通报的天津市津南区一所中学老师肖某某在向班上同学训话的时候说:"你妈妈一个月挣多少?别怪我瞧不起你,某同学的妈妈一年挣得比你妈妈50年挣得都多。以往我班上的学生家长都是当官的,要不就是家庭条件非常好的,都是事业单位。让你们家长回去反思一下,素质能比吗?能一样吗?"这位教师趾高气扬地指责孩子,还振振有词。有些教师信奉"不打不成才"的教育观念,体罚行为时有发生。

### 3. 教师职业道德失范的原因与解决策略

(1)原因。关于教师职业道德失范的原因,一是和社会因素有关。社会中的种种不良现象影响着教师的心灵塑造,对教师的道德认知产生极大的负面影响。教师在这样的社会道德状况下往往会出现精神上的懈怠,从而降低对自己的要求,慢慢出现道德下滑的现象。二是和学校管理的不当有关。学校对师德建设不够重视,缺乏严格的规章制度与翔实的监督和评价机制,专业引导不足,对教师的管理内容有侧重。学校只在科研成果、课时量等业务指标和学历层次上有严格要求,却对教师思想道德建设方面常常趋于形式。三是和教师评价机制不科学不完善有关。这体现在重成绩、重科研、重学历而轻师德和教师考核制度逐渐淡化。也与教师所面临的竞争压力有关,我国实施了教师资格制度和教师职务聘任制度之后,教师队伍日趋优化,教育质量也不断提高。然而在这种环境之下,教师所面临的职业竞争压力也越来越大。增加竞争机制会给教师带来一定的工作压力和心理负担,个人在这种压力下时常处于紧张或焦虑状态,长此以往就会影响教师的教学质量和工作热情。很多教师在这样的工作中变得越来越缺乏信心,没有成就感,缺少耐心,情绪易变。这些消极的心理问题会逐渐影响教师的正常行为,导致教师道德行为出现问题。

(2)解决策略。各级教育管理部门和各类学校也已将师德教育融入教师职前培养、准入、职后培训和考评的全过程,但教师职业道德不仅是社会对教师的外在要求,更是教师自律和进行自我道德修养的内在要求。师德教育和师德修养是提升教师职业道德的两条基本路径,但外因最终都要通过内因来起作用,只有教师通过自觉的道德修养将各种职业要求和职业规范内化为自身的职业素养,才能真正实现师德水准的升华。教师加强师德修养,可借鉴传统文化中学思并重、省察克治、慎独自律、积善成德等积极有效的道德修养方法,在教育教学实践中长期坚持下去,使自己不断进步、不断完善,从而达到较高的道德境界,成为师德高尚的教师。师德修养是一个与实践相联系的个体道德上的自我完善和自我升华的过程,在实践中加强师德修养要特别注意自觉向现实生活中的师德模范学习,做到"见贤思齐"。例如张桂梅老师、张玉滚老师就用自己的实际行动为教师的师德素养提升树立了标杆。作为教师应提高对师德规范的敬畏意识,要求自己不越师德红线。教育部通报的案例中,超越师德红线会受到纪律的约束。如福建省福州市华伦中学多名教师参加学生家长付费的宴请及违规收受礼品问题。2021年7月,该校陈某等9名教师参加初三毕业班学生聚餐,并收受了价值人均400多元的礼品,费用均由学生家长分摊,事后退还了礼品和补上了餐费。这9名教师的行为违反了《新时代中小学教师职业行为十项准则》第九项规定。根据《中小学教师违反职业道德行为处理办法(2018年修订)》等相关规定,取消该校9名教师当年评奖评优资格,降低年度绩效考核等次,对其中1名党员教师给予诫勉谈话,对其他8名教师给予批评教育;对分管校领导和年级负责人做出停职处理。

## 二、教师的法律素质

法律是由国家制定或认可并以国家强制力保证实施的,反映由特定物质生活条件所决定的统治阶级意志的规范体系。法律是统治阶级意志的体现。法律是由享有立法权的立法机关行使国家立法权,依照法定程序制定、修改并颁布,并由国家强制力保证实施的基本法律和普通法律总称。法律是法典和律法的统称,分别规定公民在社会生活中可进行的事务和不可进行的事务。法律是一种行为规范,为人们的行为提供模式、标准、样式和方向。法律是国家确认权利和义务的行为规范,由国家强制力保障实施的行为规范。每一位公民都应该具有法律素养,作为教师来说,法律素质是教师应具备的基本素质。在教育活动中,教师应依法执教。

### (一)教师法律素质的界定与意义

作为素质的重要组成部分和素质教育的目的之一,法律素质是个体在学习和掌握一定法律知识的基础上,能够将法律知识外化为符合法律规范的行为,内化为运用法律知识解决实际问题的能力,最终由二者结合为法律素质。法律素质也即指个体自觉知法、守法、用法的能力和行为。

教师法律素质是指教师应该具有的法律意识、法律知识以及运用法律的基本能力。教师具有良好的法律素质极为必要。

教师的法律素质是培养合格人才和促进教育事业发展的需要。《中共中央 国务院关于深化教育改革,全面推进素质教育的决定》指出:"建设高质量的教师队伍,是全面推进素质教育的基本保证","广大教育工作者要深入进行教育法律法规的学习、宣传活动,提高法律意识,严格履行保护少年儿童和学生身心健康发展的法律职责,坚决制止侵犯学生合法权益的行为,抵制妨碍学生健康成长的各种社会不良影响"。

教师具有法律素质一方面可以约束教师行为,使之自觉守法,依法执教;另一方面,有利于提高学生法律素质,预防学生犯罪。《未成年人保护法》第三条:"学校应对未成年人进行法制教育"。1999年施行的《预防未成年人犯罪法》强调了学校法制教育的预防作用。教师在学校法制教育中起着关键性的预防作用,教师具有法律素质是预防犯罪的需要,是维护教师合法权益的需要。教师作为社会人,不可避免地遇到人身、财产及知识产权等合法权益遭受侵犯的情况。因此,教师只有进一步提高自身法律素质,才能更好地运用法律武器来行使和维护自身合法权益。

### (二)教师法律素质的内容

教师作为一个特殊的群体,除了掌握作为公民应具有的一般的法律基础知识外,还需要全面系统地掌握教育法律法规体系,包括教育法的基础知识和我国现行教育法的主要内容,其中教育法、教师法、义务教育法等教育法律尤为重要。中小学教师应以教育法律法规为核心,辅以民法、刑法、未成年人保护法、预防未成年人犯罪法等相关的法律,不断丰富自己的法律知识,这是依法执教的一个基本前提和重要保证。

#### 1. 法律法规知识

教师知法是教师法律素质的基础,是守法、用法的前提。教师教育法体系是指教育法作为一个独立的法律部门,根据法学原理,按一定的原则组成的相互协调、完整统一的整体;是一国教育法按一定的纵向联系和横向联系组成覆盖各级各类教育和不同层级、不同效力的教育法律规范的体系。

(1)教育法体系的纵向结构,即对相同调整内容(按所调整的社会关系的性质或要素划分)的教育法,按效力等级划分而形成的纵向体系。中国的教育法纵向体系是按照教育基本法律、教育单行法律、教育行政法规、地方性教育法规、教育规章五个层级形成的系统。以调整义务教育活动的教育法为例,其纵向结构是:《中华人民共和国教育法》中的有关章、节、条、款—《中华人民共和国义务教育法》—《中华人民共和国义务教育法实施细则》—地方性法规《义务教育条例》—《普及九年义务教育评估验收办法》和地方政府关于义务教育的规章。上述法律法规,连同其他法规中有关义务教育的条款、其他关于义务教育的法规(如关于义务教育附加费的法规),共同为义务教育活动提供系统的行为规则。

(2)教育法体系的横向结构,即按所调整的社会关系的性质或社会关系的构成要素之不同,划分出若干处于同一层级的部门法。由于国情不同、制度各异,各国教育法体系横向结构的表现形式亦不同。中国的教育法体系正在形成之中,在横向结构上,从现状和立法趋势看,主要包含以下八类:①教育的基本法,即《中华人民共和国教育法》;②义务教育法,名称为《中华人民共和国义务教育法》;③职业教育法,名称为《中华人民共和国职业教育法》;④高等教育法;⑤成人教育法或社会教育法;⑥学位法,名称为《中华人民共和国学位条例》;⑦教师法,名称为《中华人民共和国教师法》;⑧教育投入法或教育财政法。上述法律基本涵盖了教育的主要部类和方面,再辅以若干层次的下位法规,即建立起较完备的教育法体系,为教育走上法制轨道提供充足的依据。

#### 2. 教育法律意识和尚法精神

法律意识是公民对法规的思想观点或观念的总称。教师形成良好的教育法律意识,就能正确认识教育法律法规的作用与意义,并促使依法执教要求的提出。因此可以说,教育法律意识是教师自身掌握的教育法律法规知识转化为依法执教行为的桥梁和纽带；同时，是否具有良好的教育法律意识，也是衡量教师法律素质高低的重要标尺。

尚法精神是指人们由于内心感到法的公正和合理，而对法产生认同感，并进一步上升为对法的信仰。简而言之，就是崇尚法律的精神，法律至上。我们常说的法律面前人人平等、权利与义务相统一、依法治国、依法维权、依法办事、有法必依、护法光荣等都是尚法精神的体现。中小学教师法律素质的关键还是在教师的能力上。但无论是哪种能力都不外乎是按照有关法律法规办事的能力，而教师法律素质提高的直接表现应该是让依法执教成为一种职业习惯，而这种习惯的养成必然以尚法精神的逐步树立为基础。在中小学教师中，传统的师道尊严观念根深蒂固，本应平等的师生关系变成了管制与被管制的关系，有的教师甚至把谩骂、侮辱学生当成对学生的鞭策。这侵犯了学生作为人的某些权利，触犯了有关的法律法规。我国中小学的学生绝大多数是未成年人，但从法律上讲，他们与成年人处于平等的法律地位，是我国法律所承认和认可的人，任何组织和个人都不得随意限制、侵犯和剥夺宪法和法律赋予他们的权利。中小学教师作为教育者要把学生当成和自己平等的人去对待，尊重学生人格尊严，以依法执教的行为影响学生，塑造学生，潜移默化地培养他们对法律规范的内在信仰，同时营造一种平等、和谐的教育教学氛围，这样才能实现既教书又育人的双重目标。

### 3. 依法执教能力

依法执教能力即教师自觉地依据教育法律法规规范自己行为的能力。严格依法办事使自己的活动符合国家法律的要求，随着民主与法治建设进程的推进，我国已初步建立起教育法律法规体系，为广大教师依法执教打下了坚实基础。但当前中小学教师的法律素质仍有待提高，教师向学生泄露考题，教师对学生进行体罚、变相体罚或有其他侮辱学生人格尊严的言行时有发生，有的教师随意剥夺学生在课堂听讲的权利，有的教师私藏和私拆学生信件，有的教师甚至对学生犯下猥亵、强奸的罪行。如此种种，无不与教师依法执教能力的缺失密切相关。要提高依法执教的能力，教师首先要树立追求真理、维护正义的崇高理想，形成崇尚法律、法律至上的坚定信念，自觉地学习、遵守教育法律法规，进一步养成依法执教的良好行为习惯。一方面，教师要自觉地施行法律要求的行为，完成教学工作任务；另一方面，不施行法律所禁止的行为，如按照义务教育法的有关规定不得体罚或变相体罚学生等。

### 4. 用法能力

（1）依法维护学生合法权益的能力，即教师运用法律维护学生合法权益的能力。当学生合法权益受到侵害后，能够用适当的方式寻求法律保护，中小学教师以青少年儿童为主要工作对象，青少年儿童充满青春的躁动和思想的波动，他们中间许多人认为，法就是制裁，法就是惩罚。由此，在行为趋向上也就尽可能地远离法、厌法、不信任法。不少青少年与他人发生矛盾时往往用非法的方式去解决，自身合法权益受到侵害时不知道用法律武器来维护，在这种情况下，中小学教师就很有必要对学生给予正确引导、规范他们的思想和行为，并教给他们维护合法权益的方式和方法。为了保障未成年人的合法权益，我国特别制定了《中华人民共和国未成年人保护法》，规定了家庭、学校、社会等各方面对未成年人的保护与教育责任，其中学校对未成年学生的保护主要是通过中小学教师来实现的。教师不仅自己不能侵犯学生的权益，还承担着保护学生的责任，更要善于抵制侵犯学生权益的违法行为，教师法明确规定维护学生的合法权益是教师的一项义务。

(2)依法维护自身权利、履行义务的能力。一方面,教师作为社会人不可避免地会遇到人身、财产及知识产权等合法权益遭受侵犯的情况,只有不断提高自身法律素质才能更好地运用法律武器来维护自身合法权益;另一方面,作为特殊职业群体,教师要善于依法运用自己的教育权,如教师法规定教师具有从事教育教学工作、开展教育改革和实验的权利,在执教过程中,教师要能够在坚持教育法律规范的前提下,充分发挥积极性、主动性和创造性。可以针对不同的教育对象,在教育教学的形式、方法、具体内容等方面进行改革、实验和完善,恰如其分地行使自己的职权。这项权利对于中小学教师尤为重要,行使该项权利的过程同时也是履行义务的过程。需要指出的是,当前中小学教师法律素质普遍偏低,法律基础知识欠缺,认识不到学法、知法的重要性,没有依法执教的意识,特别是在惩罚手段的使用上常有不妥当的情况发生,甚至已然违法犯罪还不自知。这是很危险的,不仅没有对学生产生良好的示范作用,反而产生了负面影响,这不能不说是青少年犯罪率居高不下的一个重要因素。

### 三、教师常见违法行为及预防

教师违法行为是指教师违背法律规定的行为,教师的违法行为不仅对学生造成消极影响,而且也会对教师本人产生不良影响。

#### (一)教师违法行为的法律规定

《中华人民共和国教师法》第三十七条规定教师有下列情形之一的,由所在学校、其他教育机构或者教育行政部门给予行政处分或者解聘:(一)故意不完成教育教学任务给教育教学工作造成损失的;(二)体罚学生,经教育不改的;(三)品行不良、侮辱学生,影响恶劣的。教师有前款第(二)项、第(三)项所列情形之一,情节严重,构成犯罪的,依法追究刑事责任。《中华人民共和国教师法(修订草案)(征求意见稿)》(2021年11月29日)第五十二条(严重违法)规定教师有下列情形之一的,由所在学校、其他教育机构或者教育行政部门给予开除处分或者予以解聘,并由主管教育行政部门撤销教师资格,五年内不得申请教师资格;情节严重,影响恶劣的,或有本法第十九条所列情形的,撤销教师资格,终身不得申请教师资格,禁止从业;构成犯罪的,依法追究刑事责任:(一)公开发表违反宪法言论,损害党和国家声誉的;(二)利用职务便利谋取不正当利益或者滥用职权、徇私舞弊,严重损害教育公平的;(三)品行不良,严重损害教师形象的;(四)故意不完成教育教学任务,给教育教学工作造成严重损失,或者以此强制、诱导学生接受有偿补课的;(五)严重侵害学生合法权益,体罚或者变相体罚学生造成人身伤害等严重后果的;(六)与学生发生不正当性关系的;(七)其他严重违反教师职业行为准则等师德规范情形的。

#### (二)教师常见的违法行为

在教育教学过程中,教师违法行为的常见形式有侵犯学生的受教育权,体罚或变相体罚学生。

##### 1.侵犯学生的受教育权

受教育权是学生最基本的权利。作为教师,常见的侵犯学生受教育权的表现有:侵犯学生受教育机会的平等权,比如,教师有时候让违反纪律的学生到教室外面罚站;侵犯学生的入学权;侵犯学生参加考试的权利;随意开除学生。

**2. 体罚或变相体罚学生**

体罚或变相体罚学生就是针对学生身体进行惩罚的行为。衡量某个教师的行为是否体罚或变相体罚,要把握好两个关键的要素:第一,是否以惩罚为目的;第二,是否直接针对学生身体。体罚的形式一般是教师直接针对学生身体的殴打、罚学生互相殴打等。而变相体罚则有更多具体的表现形式,例如罚站、罚跪凳子腿、罚跑步、罚成百上千遍抄作业、罚打扫卫生、罚禁闭等。体罚学生造成的伤害往往超出教师的预期。由学校保护与体罚的对象是非常脆弱的未成年人,其身体、心理都没有发育成熟,教师的行为可能导致伤害学生身体的后果。此外比身体伤害更为严重的是,在体罚案件中,出现了大量的学生患癔症或心因性精神障碍等心理疾病。这些疾病造成的影响可能终生伴随学生。

### (三)教师违法行为的预防

教师违法行为的预防一方面需要明确法律规定和加大执法力度;另一方面,要求教师更新观念,提高教育教学法律法规的修养。在我国传统的教育教学过程中,绝大部分人认为教师首先应该具备思想道德素质、专业文化科学知识、组织管理能力和教育教学能力,其次才是教育教学法律法规意识,甚至有的人根本就不重视教师的教育教学法律法规意识的提高,认为这不是教师应该具备的必要素质。在现实社会中,国家虽然提出教师应当具有一定的法律法规素养,但是有些教育主管部门、学校、教育机构往往重视教师的师德,忽视教师应该具备的法律法规素养,或者说根本没有法律法规的概念,更有甚者说教师不需要用法律法规来约束自己的教育教学行为。正是由于受这些错误观念的影响,很多不知法、不懂法却责任心强、业务水平高的教师在认真地为学生的成长成才努力着,但是随意侵犯学生基本权益的现象时有发生,从而损害了学生的正常权益,影响了学生的健康成长。教师是具有一定专业知识,具有较高文化水平的社会集体,他们承担了教书育人、培养建设者和提高民族素质的使命,他们的劳动具有广泛的示范性,所以广大教师的法律法规意识和素养对于进一步推动民主法制进程具有十分重要的现实意义。为此,在日常教学活动中,广大教师要做学法、知法、懂法的模范,更要当守法、维法的模范。

## 第三节　教师的专业知识

### 一、教师知识的界定与发展

知识是教师专业素质的重要组成部分。教师的知识不仅是教师从事教学活动所必须具备的智力资源,而且其丰富程度和运作情况也直接决定着教师专业水准的高低。

18世纪以前,人们在传统上认为,教师所需要知道的就是他们所要传授的,也就是教师所教"学科(内容)"方面的知识。19世纪早期,人们认识到教师不仅应当知道他们所要教授学科的知识,还应当懂得如何进行教学的"如何教"方面的知识。也就是说,除了学科(内容)知识外,教师还需要学习关于教学的知识。自20世纪80年代起,教师知识的内涵不断拓展。一般认为,教师知识除了学科知识和教学知识外,还包括课程知识、学习者知识、教学环境知识、自身知识和有关当代科学与人文方面的基本知识等,人们开始不断探索较为完整的教师知识结构。1987年,美国卡内基促进教学基金会主席、著名教育家、斯坦福大学教授舒尔曼将教师知识分为七大类,具体为学科知识、一般教学法知识、课程知识、学科教学知识、学习者及其特点知识、教育背景知识、教育目标和价值观及其哲学和历史背景的知识等。

## 二、教师专业知识的构成

《教师专业标准》从四个领域对教师的专业知识提出具体要求。第一,要求教师了解和掌握学生发展的知识。第二,对教师学科知识的要求体现一定的特殊性。第三,要求教师掌握教育与教学理论。第四,关注通识性知识的重要价值。关于教师的知识,学术界一般认为教师的专业知识包括本体性知识、条件性知识、一般性知识和实践性知识。

### (一)本体性知识

教师的本体性知识,是指教师所具有的特定的学科知识,如语文知识、数学知识等,这是人们所普遍熟知的一种教师知识。教师所从事的是具有的特定专业的实践工作,只有具备一定学科专业知识水准,教师才有可能进行有效教学。随着科学文化的发展和知识的更新,教师就更有必要了解自己专业的最新成就和发展趋势,并且涉猎一些相邻学科的知识,优化知识结构,满足学生广泛的求知欲。马可连柯说过:"学生可原谅老师的严厉、刻板甚至吹毛求疵,但不能原谅他的不学无术。"苏霍姆林斯基也指出:"只有教师的知识面比学校教学大纲宽广得多,他才能成为教学过程的精工巧匠。"对教师来说,不仅要熟悉所教教材的基本内容,形成完整的知识体系,还要加强业务进修和广泛的学习,跟踪学科学术动态,了解新观点,掌握新信息,不断更新知识,站在学科的前沿,实现由经验型教师到科研型教师的转化。

从一般意义上说,教师的本体性知识应包括四个方面:第一,教师应对学科的基础知识有广泛而准确的理解,熟练掌握相关的技能、技巧。第二,教师要基本了解与所教学科相关的知识点、相关性质以及逻辑关系。第三,教师需要了解该学科的发展历史和趋势,了解推动其发展的动因,了解该学科对于社会、人类发展的价值以及在人类生活实践中的多种表现形态。第四,教师需要掌握每一门学科所提供的独特的认识世界的视角、域界、层次及思维的工具与方法,熟悉学科内科学家的创造发现过程和成功原因,以及在他们身上展现的科学精神和人格力量,这对于增强学生的精神力量和创造意识具有重要的远远超出学科知识所能提供的价值。

### (二)条件性知识

条件性知识是指个体在什么时候、为什么以及在何种条件下才能更好地运用陈述性知识和程序性知识的一种知识类型,主要是指教育学、心理学和教法等相关的教育心理方面的知识。就是解决怎么教的问题,是保证"教会"所需的知识,必须掌握教学技能和学生情感,要知道学生怎么学才能进行针对教学。这些知识尽管不是在教学过程中向学生传递的知识,但它是教师有效教学的条件,制约教学任务完成的效率与效果。苏霍姆林斯基说:"教师不懂心理学,这就如同一个心脏专业医生不了解心脏的构造。"这些条件性知识对于教师来说,是自身知识结构的重要组成部分,是创造性地从事教育教学工作的重要依据,是开展教育教学工作的基础和前提。具备这些知识有利于教师认清各种复杂的教育教学现象,不断增强工作的自觉性,有利于帮助教师对本体性知识进行思考和重组,以使学科知识顺利地转化为学生易于理解和接受的知识,从而更加自如地进行创造性教育教学活动。一位具有丰富的条件性知识的教师,必将极大地增强自己在教育教学工作中的创新能力。教师的条件性知识主要有以下三种。

**1. 教育科学知识**

教育科学知识既包括教育科学基础知识,例如,教育与社会生产力,教育与社会的政治、经济、文化以及与人的身心发展相互作用的规律,教育的本质、目标、任务和内容,全面发展教育的思想和观念,教育者与受教育者,德育基本理论,课程理论,教学的实施过程、组织形式、构成环节,教学的原则、模式、方法、手段、艺术、风格,教学的检查与评价等;又包括国内外教育教学改革信息和动态的知识,例如,教育教学发展变化的历史沿革、目前状况、发展趋势,教育教学改革的最新成果,特别是课堂教学的革新、学习方式的指导、学习能力的培养等;还包括教育科学研究知识,例如,教育科学研究的过程、特点和类型,科研课题的选择,计划的编制,资料的收集、整理、分析,方法的选择运用,成果的表达等。

**2. 心理科学知识**

心理科学知识是关于人的心理发生发展规律的知识,教育不但需要以人的心理发展水平为依据进行因材施教,而且需要了解人的心理发展规律以促进人的心理健康发展。认知、情感、意志和个性等普通心理学中的基本知识,中小学认知与品德发展的条件、特点和规律,教学过程中经常会应用到的当代认知心理学、课堂教学心理学常识,教材的呈现顺序,学生的心理及知识结构,还有学生群体的知识(各年级学生身心发展的特征,各年级学生学习、认知及思考方式,指导学生如何学习,学生个别差异及班级中特殊儿童学习的知识)等。

**3. 学科教学知识**

舒尔曼在20世纪80年代提出学科教学知识的概念,这一概念现已广泛运用于教师教育领域,而关于学科教学知识的研究至今在国内外仍是一个充满活力的研究方向。舒尔曼提出的学科教学知识由三个维度组成:学科内容知识、一般教学法知识和课程知识。学科教学知识应当是教师个体所特有的,是学科内容和教学知识的整合,是教师专业发展的基石。舒尔曼之后虽然有很多学者对学科教学知识这一概念进行了修订和延伸,但他们皆有如下共识,即学科教学知识所强调的两个方面:①教师要注重把学科内容知识以适当的形式传递给学生;②教师要熟悉学生在学习过程中遇到的困难。研究表明,扩充教师的学科教学知识能够有效提高教学质量。

## (三)一般性知识

通识性知识是指教师拥有的有利于开展有效的教育教学工作的普通文化知识。教师专业标准要求教师应具有的通识性知识包括:具有一定的自然科学和人文社会科学知识;了解中国教育基本情况;具有相应的艺术欣赏与表现知识;具有一定的现代信息技术知识。教师知识结构的最上位层面是一般方法论知识,它包括马克思主义哲学、系统科学、逻辑学知识等。教师必须掌握科学的认识方法、科学的分析方法以及科学的表达方法,才能在正确的方法论指导下从事高质量的教育教学活动。教师知识结构中间层面的是一般科学文化知识。广博的科学文化知识,主要包括人文素养和科学素养方面的人文社会知识、科技类知识、工具类知识、艺体类知识、劳技类知识等。基础教育课程改革加强了学科间的联系,加强了科学精神与人文精神的渗透与融合。这就要求教师具有求真务实、理性批判的科学精神与善待自己、关爱他人、服务社会的人文素养,也就是我们所期望的创新型教师的特征。实施素质教育,培养学生的综合素质和创新能力,教师的博学多才是至关重要的。随着教材的改革,相邻学科的联系日益加强,文理科相互渗透,因此,教师应注重与其他学科的沟通,形成"大教学观",为学生创设开放的教学情景,培养学生的创新意识和能力。教师的知识越渊博,越能启迪学生的创新思维。

### (四)实践性知识

实践性知识就是教师应对实际教学情境时所需要的知识。这种知识更多地表现为教师的教学经验,典型表现是教师的教育机智,即随机应变地处理问题的能力。教师的实践性知识以对教学的认识为中心,包含了对与教学有关的许多因素的认识。教师的经验作为实践性知识在很大程度上影响着教师的教学行为和教学效果。教师知识结构中包含着实践知识的因素,教师的实践知识是一种多义的、活生生的、充满柔性的知识;是凭经验主动地解释、矫正、深化现成的知识而形成的综合性知识。教师实践知识是来自教学实践的智慧,是一种"缄默知识"。教师的实践知识作为一种缄默知识也是一种个人化的知识。实践性知识是思想教育知识、文化知识、教育理论知识和教师职业情感与职业技能的综合表现,是对教师各种知识和能力的综合实践训练和检验。教育专业知识与学科专业知识属于描述性知识,可以让教师知道是什么、为什么的问题,但不能解决如何做的问题,它们只有与教育教学活动中解决具体问题的知识即实践性知识进行整合,才能被激活、催化,才能赋予教师个体新的生命与意义。对教师实践性知识,也有许多不同的看法。如有人认为教师的个人实践知识是教师个人经验的总和,而不是教师自身以外的经验或其他习得的知识,主要强调了教师实践性知识的个体性。也有人认为,教师实践性知识是在与个体相关的教育环境下,在个体实际的教育行为中产生的,反映个人对教育的一种理解,并且只对个体的教育行为产生实质性影响的知识。首先,教师实践性知识是与教师个人的教育教学经历不可分离的;其次,教师实践性知识的积累与教师的教学反思行为是同步的;再次,教师实践性知识不等于教师的教学经验但却与教师的教学经验有一定的关系;最后,教师实践性知识是对教师教学行为起实际指导作用并且已经上升到了信仰层面的一类知识。

实践性知识与教师教学的实际行为息息相关,它以教育的基本理论和学科知识为理论基础,是在教师的教学实践过程中逐步形成的。教师的实践性知识对教师的教学行为起实际指导作用,是教师教学行为的真实"规范者"和"引导者"。教师的实践性知识有利于教师职业走向专业化。研究表明,教师的实践性知识具备了使教师职业走向专业化的特点,它使教师职业有了一定的"独特性""不可替代性"的专业特征,同时给了教师职业行业的话语权,使那些不具备实践性知识素养、不具备教师资格的外行人不可轻易对教育"指手画脚"。实践性知识的形成,强调了教师的主体参与精神。它不仅仅强调了参与实践本身的意义,还包含了一种对教学的自觉反思行为。教师的实践性知识与教师的个性特征相结合使得教师的实践性知识有了一定的个体风格。这就是为什么专家型教师的教学效果基本一致,但教学风格却因人而异。教师的实践性知识对新手教师向专家型教师转变具有决定意义,专家型教师除了在专业知识结构方面优于新手教师外,根本的优势在于其实践性知识的形成,而这一方面恰好是新手教师所欠缺的。因此,促使教师实践性知识的形成是促进新手教师成长的有效途径之一,也是促进新手教师向专家型教师转变的关键环节。尽管教师的实践性知识具有一定的个体性,并且形成过程也比较长,但是许多研究证明教师的实践性知识仍然具有一定的迁移性。新手教师不仅需要参与到教学实践中来积累并形成实践性知识,同时也需要参与到专家型教师的教学中,通过对专家型教师教学过程的分析和反省认知,来缩短自己实践性知识的形成过程,从而加快其向专家型教师转变的过程。

## 第四节 教师的专业能力

### 一、教师专业能力的界定与意义

教师的专业能力是一种特殊能力,是教师在教育教学活动中能够得以检验和发展的能力,是教师从事教育活动(教育教学工作)所需要的能力,是教师有效从事教育教学工作的基本条件,是教师的核心素养。

### 二、教师专业能力的构成

教师在教育教学活动中表现出来的专业能力是一个多因素构成的有机综合体,一些研究者从不同的研究角度提出了教师专业能力的内涵与结构,认为教师的专业能力就是教师的教育教学能力,是教师在教育教学活动中所形成的顺利完成某项任务的能力和本领,是由教师的一般能力和特殊能力所构成。在一般能力方面,教师思维的条理性、逻辑性、流畅性与教学成效有密切的关系;在特殊能力方面,包括语言表达能力、学科教学能力、组织管理能力、实验操作能力和教育科研能力等与学生学科素养和学业成就之间呈正相关。另外,教师的个性品质对教学成效也影响显著,在很大程度上决定着学生个性的健康发展,它包括设计教学能力、表达能力、教育教学组织管理能力、教育教学交往能力、教育教学机智反思能力、教育教学研究能力以及创新能力等几个方面基本能力。

申继亮等人则采用内隐理论的研究范式,对教师的教学能力进行了一系列研究。根据研究,他们把教师的教学能力分为四个方面,即教师的认知能力、操作能力、监控能力和动力系统。孟育群认为教师的基本教育能力应包括以下方面:认识能力、设计能力、传播能力、组织能力和思想教育能力以及交往能力。李斌认为,教师的能力包括一般能力、教育能力和拓展能力。

关于教师的能力,一般认为主要包括以下几个方面。

#### (一)组织管理能力

组织管理能力是教师取得教育教学成功的保证。每一位教师都是学生的管理者,教师的管理能力是有效开展教育教学的保证,可以想象,如果一个教师缺乏组织管理能力,教育教学活动何以能够开展,经常发现有些教师由于缺乏组织管理能力导致课堂教学无法顺利进行。对新手教师与专家型教师的研究也表明,新手教师的组织管理能力相对较为欠缺。教师要能集中学生的注意力,灵活调节教学进度,建立一个具有良好学风的班集体,创造一个良好的学习环境,以饱满的热情、旺盛的精力、丰富的想象力,创造性地组织学生开展课外活动。此外,教师还要有效地利用课堂时间,活跃课堂教学气氛,调动学生学习兴趣,引导学生积极思考,发展学生的创新能力,维护课堂秩序,这样才能收到预期的教育效果。

### (二)教育教学能力

教师的教育教学能力是教师专业能力的核心,师范专业认证强调"一践行三学会",所要认证的就是未来教师的教育教学能力,包括践行师德、学会教学、学会育人、学会发展。教育教学活动是双边活动,也是一种创造性很强的活动。教师教育教学效果的好坏与其自身的教学能力息息相关,没有较强的教育教学能力,不可能有好的教学效果。科学技术的飞速发展,给教育教学活动带来了无限的活力,同时,也带来了机遇和挑战。教师要以教育改革为契机,以学校整体改革实验为载体,深入钻研教材,研究教学内容、目的和学生实际之间的内在联系,有效地进行教学设计,采用多种教学方法实施教学。教师只有具备了精湛的专业技能和高超的教学技巧,才能在教育教学中游刃有余,达到"传道、授业、解惑"的目的。从一般意义上说,教师的教育教学能力包括教育教学设计能力、组织实施能力、评价能力与持续改进能力。基于教师专业活动的实际,也可以从教学能力与教育能力两个方面进行认识。

#### 1. 教学能力

在师范专业认证中,学会教学包括学科素养和教学能力,学科素养是教师进行教学的知识基础,教学能力是把学科知识通过教学活动有效地传递给学生并影响学生发展的能力,申继亮等人把教师的教学能力分为三个方面,即教师的教学认知能力、教学操作能力和教学监控能力。

(1)教学认知能力是指教师对所教学科的定理法则和概念等的概括化程度,以及对所教学生的心理特点和自己使用的教学策略的理解程度,它包括以下四个方面:概念,指揭示出概念的本质特征;类同,指概括出两者的共同特征;运算,指关系转化和推理;理解,指对学生的动机水平、年龄特点、个体差异以及教学策略的理解。

(2)教学操作能力是指教师在教学过程中使用策略的水平,其水平高低主要看他们是如何引导学生掌握知识,积极思考,运用多种策略解决问题的。它是教师课堂教学能力的集中体现,主要包括以下几个方面的教学策略。①制定教学目标的策略。重点是具备制定课堂教学目标的能力,即能制定各教学单元的具体目标,并且生成一堂课的教学目标。②编制教学计划的策略。教师要编一个课程,教学单元以及各堂课的教学计划,都要有一定的策略。③教学方法的选择及运用。在教学中要安排各种具体的活动,各种教学活动都要求教师有一定的方法和策略。④教学材料和教学技术的选择设计。教师要能够正确地对所教的教材做分析评价,看到其内容序列和结构等方面的优劣,并帮助学生选择合适的辅导教材。⑤课堂管理策略。不管教师控制学生的能力如何,总要在课堂教学中对学生进行一定的管理,要激发学生的学习兴趣,组织学习小组,调控教学进程以及学生的合作讨论等活动,并处理课堂中的偶发事件。⑥对学习和教学进行测试和评价的策略。教师要根据教学目标、教学内容,选择或编制一定的测验,并恰当选择测验的各种形式,在测验的基础上,对学生的学习给予恰当的反馈和评价。

(3)教学监控能力是教师为了保证教学达到预期的目的而在教学的全过程中,将教学活动本身作为意识对象,不断地对其进行积极主动的规划、检查、评价、反馈、控制和调节的能力。

**2. 教育能力**

在师范专业认证中,综合育人是一项基本内容,教师应具有通过班级管理、心理健康教育、开展综合活动进行育人的能力。多少年来,学校的形式、内容等都发生了深刻变化,但其核心功能——"育人"始终没有改变。"培养什么人、怎样培养人"始终是办学的根本问题。坚持育人为本,实施素质教育是教育工作的根本要求,"育人"是教师的根本职责所在。育人能力要求现代教师在教育中,要做到德育与智育的统一、教学能力与育人能力的统一、学高与身正的统一、个人与社会的统一。育人能力表现在:一是现代教师具有渊博的学识,在教学中能旁征博引,成为知识的表率,能让学生在教学中积极思考,使学生进行有效的学习;二是现代教师有着高尚的人格魅力和思想境界,在教学中能给学生良好的示范引领,使学生进行全面的学习;三是现代教师文雅的举止、健康的情趣、大方的神态、优美的谈吐,在教学中能给学生积极的心理暗示,使学生精神振奋、情绪高昂,做到愉快地学习。

### (三)言语表达能力

教师的表达能力是教师的心理品质之一。教师通过语言和表情动作将自己的思想感情、知识和信念向外表现的能力,是教师传授知识和教育学生的主要手段。教师的表达能力是教师能力素质的重要内容和有机组成部分。它是教师从事教育、教学、科研工作,向学生传授知识和技能的重要工具和必备条件。教师的教育教学工作,是传播人类经验和启智益能育德的综合性实践活动。由教师的教到学生的学,教师的口头语言是媒介——教师要通过口头语言,向学生传授知识,讲解道理,谈心疏导,排疑解惑;学生要通过教师的口头语言,理解、接受知识,懂得做人的道理。离开教师的口头语言,当然无法开展教育教学活动,无法完成教育教学任务;教师的口头语言表达能力不强,也会影响教育教学任务的完成。关于教师口头语言表达的重要性,比利时学者德朗舍尔说:"在我们的教学形式中,教师的口头语言行为表示了他所做的全部事情和他要学生做的全部事情。"苏霍姆林斯基则明确指出:"教师高度的语言修养是合理地利用时间的重要条件","在极大程度上决定着学生在课堂上的脑力劳动的效率"。为了有效地完成教学任务,教师的教学语言一般具有以下几个特点:为了保证学生能够清晰地感知教师的教学语言,教师的语言应具有规范性、正确性、清晰性、流畅性;为了使学生能正确理解教师所传递的信息,教师的语言应具有通俗性、科学性和逻辑性;为了使学生能够保持注意力,持续开展学习,教师的语言应具有生动性、多样性。

### (四)教育技术能力

随着现代教育技术的推广和运用,信息技术和计算机技术日益深入教育领域,现代教育技术在信息化的教育活动中发挥着不可或缺的作用。作为教育教学活动的组织者、实施者、管理者、指导者,教师不仅要掌握专业知识,还要掌握现代化教育的基础知识,具有利用现代化信息技术获取、分析、处理、加工和传播信息的基本技能,实现网络教育与课程的整合,提高自己的知识水平和业务能力。

### (五)教师专业发展能力

教师作为专业人员,经历着从专业思想到专业知识、专业能力、专业心理品质等方面由不成熟到比较成熟的发展过程,即由一个专业新手发展为专家型教师或教育家型教师的过程。教师的专业发展能力是时代赋予教师的任务,也是教师的义务,更是教师获得职业内满足的需要。教育科研是改革和发展教育事业的条件,同时也是教师发展能力、提高素质的重要方式之一。教师只有投身教学研究,才能够在把握规律中超越自己。"以研带训"是教师培训的重要模式。教学科研是对教师的深度培训,是搭建观念与模式、理论与操作的桥梁。教师在工作中要善于及时总结自己的经验,不断地去研究和探索新问题,并使之不断升华,达到理论的高度,这样才能把先进的教学理念转化为教学实践。教师只有具备较强的教育科学研究能力,才能提高教育教学质量,培养出合格的人才。

## 第五节 教师的教育行为

### 一、教育行为概述

教育行为是教师在教育过程中所表现出来的对学生施加影响的行为的总称。关于教师的教育行为可以定义为教师在教育场域所表现出来的可以被学生感知的物理信息,也就是说,学生通过自己的感知器官能够获得的感知信息都是教师的教育行为。教师的教育行为具有教育性、可感知性,是一种客观存在,是影响学生发展的实实在在的因素。教育行为是教师的外显素质。

教育教学活动是由师生双方的活动所组成的活动过程,在活动过程中,彼此是通过行为相互作用的,可以说,是教师通过自己的行为对学生施加影响的过程。教师作为影响学生发展的重要他人,应该经常审视自己的教育行为,提高对学生影响的有效性。在教育活动过程中,教师的教育行为是起关键作用的成分,是教育效果好坏的直接影响因素,学生是通过教师的教育教学行为而接受教师影响的。一方面,教育行为是教师素质的综合体现。教师的教育观念、知识、经验、人格等都是通过行为表现出来的,是教师的专业水平高低的标志。另一方面,教育行为是学生感知、接受的内容。学生接受教师影响的大小,和学生对教师行为的感知、理解、认同紧密联系在一起,教师的教育行为是影响学生的直接因素,对于年龄比较小的学生,特别是小学生,教师教育行为的影响作用尤为明显。因此,教师的教育行为是应该引起每一位教师重视的大问题。

### 二、教育行为的种类

教师的教育行为多种多样,按不同的分类方法可以分为不同的类型。

#### (一)根据教育行为的内容可分为教学行为、思想品德教育行为和交往行为

教学行为是教师的基本教育行为,是完成知识传播、促进学生智力发展等任务的方式,主要表现在教学目标的选择、教学的准备与设计、教学组织、课堂讲授、提问、作业布置与批改、对学生的指导与评价等方面。在学校教育中,由于教学是学校的中心工作,教师的教学行为是教师的基本行为。

思想品德教育行为是指对学生的心灵施加影响,使之养成良好的道德品质、正确的立场、价值观等方面的行为。这类行为的主体是所有教师,但以班主任、少先队辅导员等角色体现得最明显。因此,在教学过程中,有些教师存在着错误认识,从而导致角色行为出现问

题,如认为学生的品德培养、纪律意识的形成等是班主任的事,自己作为任课教师把课教好就可以了,对学生的错误行为视而不见。教学永远具有教育性,作为教学的基本规律每位教师都应有清醒的认识。

交往行为主要是指教师与学生、同事、学生家长等的交往行为,其中教师与学生的交往是基础性交往。师生交往不仅有利于建立良好的师生关系,也有利于提高教育教学效果。交往教学理论更是强调了交往的价值,这一理论认为,教学过程就是交往过程,一种价值的赋予、形成和创造的过程,而不仅仅是一种技术性的活动。但是在教育教学过程中,仍有一部分教师对交往持消极甚至错误看法,不愿与学生交往,不能主动与学生交往等。师生交往行为是发生在教育教学过程之中的,是蕴涵着教育价值的行为,不能认为它是脱离教育教学的单纯行为。

## (二)根据教育行为的合理性、有效性可分为有效行为和无效行为

有效行为是指教师的教育行为中能够起到积极的促进学生发展作用的行为,如教师对学生的关爱行为、赏识行为等。教师是承担教育教学职责的专业人员,教师的所有行为都应该具有教育意义。学生的发展是以教师有效的教育行为为基础的。从理想的角度看,教师有效的教育行为构成了教师教育行为的全部,但是在教育教学实践中,教师的教育行为的有效性大小是不同的,据此可再分为高效的教育行为和低效的教育行为。高效的教育行为是指能对学生的发展起到尽可能大的积极作用的行为;低效的教育行为是指行为本身是有效的,但这种行为有效性是有限的。杨心德的研究说明,教师对优差学生在提问时的行为具有较大差异,当优秀生有问题时,教师通常是耐心地启发诱导学生,使这些学生自己获得问题的解决能力,教师扮演了解决学生问题的协助者的角色;当差生有问题时,教师通常采取的是直接告诉学生答案的做法。可以说,教师对优秀生的做法的有效性是比较高的,而对差生所采取的做法的有效性则较低。

无效行为是指教师的教育行为中对学生的发展没有促进作用甚至阻碍发展的行为。根据教师的角色要求,这类行为是不应该出现的,如果教师的教育行为对学生发展无效,那说明教师的专业素质是缺乏的。但是,在教育教学实践中,无效行为在许多教师身上都存在着,甚至在有些教师身上大量存在着。正确认识并矫正无效的教育行为对于教师提高自身素质,促进学生发展具有重要意义。

无效的教育行为可分为消极的教育行为和错误的教育行为。消极的教育行为是指在教育过程中所表现出来的教育不作为,错误的教育行为是指明显对学生的发展具有阻碍和伤害作用的行为。不作为本是法律术语,是指承担法定的某种责任和义务的人不去履行自己的职责的行为,如一名警察在执行公务过程中对工作的懈怠行为,一名医生眼睁睁看着病人死去而不采取任何救治措施的行为。教师作为法定的履行教书育人职责的人,应该通过自己的努力去促进每个学生德、智、体各方面都得到发展。但是在教育教学实践中,存在着大量的不作为,这些不作为表现在对待学生方面,有对差生的放弃行为和对中等生的漠视行为。对差生的放弃行为是指有些教师对那些认为是不可救药、没有发展前途的学生采取的不管不问、弃之不顾的行为,这种放弃行为很容易使差生形成"破罐子破摔"心理,行为上放任、放纵自己。对中等生的漠视行为是指有些教师认为中等生是比较省事的群体,常常忽视中等生的心理需求,在行为上表现得比较淡漠,如有些教师教了一学期却连中等生的名字也叫不上来。不作为在教育内容方面表现为对与智育有关的知识教学积极作为,而对学生的

品德发展、身心健康发展有关的内容不作为。学生的发展任务是综合的,学生需要在学习过程中获得全面发展,但是由于教育评价制度的影响,教师对那些具有硬性杠杆的指标高度重视,而对相对软性的指标则常常采取放弃的态度。

错误的教育行为是指那些明显与教育目的相悖的行为,甚至法律规定禁止的行为,如教育法明确规定,教师不能采取任何形式对学生进行体罚,不能伤害学生的自尊心、侮辱学生的人格,但是在教育过程中这些行为都是大量存在的,在报纸杂志上不时见到与此有关的报道。著名作家毕淑敏以自己的经历说明了教师不当的行为对学生的伤害有多大。在上小学时,一次合唱训练上,她的音乐老师说:"毕淑敏,我在指挥台上总听到一个人跑调儿,不知是谁。现在总算找出来了,原来就是你!一颗老鼠屎坏了一锅汤!现在,我把你除名了,小小年纪,怎么就长了这么高的个子?你人可以回到队伍里,但要记住,从现在开始,你只能干张嘴,绝不可以发出任何声音!""我听出话中的谴责之意,不由自主就弓了脖子塌了腰。从此,这个姿势贯穿了我整个少年和青年时代。在那以后几十年的岁月中,长辫子老师那竖起的食指,如同一道符咒,锁住了我的咽喉。到了凡是需要用嗓子的时候,我就忐忑不安,逃避退缩。我不但再也没有唱过歌,就连当众发言演讲和出席会议做必要的发言,也是能躲则躲,找出种种理由推脱搪塞。有时在会场上,眼看要轮到自己发言了,我会找借口上洗手间溜出去。有人以为这是我的倨傲和轻慢,甚至是失礼,只有我自己才知道,是内心深处不可言喻的恐惧和哀痛在作祟。"

## 三、教师教育行为存在的问题与原因

教师的教育行为可以从合理性和有效性两个方面分析,凡是具有合理性和有效性的行为统称为得当行为或积极行为,凡是合理性和有效性存在问题的行为统称为失当行为或消极行为。

在教育过程中,有不少教师的教育教学行为存在着问题,属于病态行为,这些病态行为存在于教育的整个过程中。

### (一)教育设计与准备阶段的问题

这是教育过程的起始阶段,该阶段的主要任务是确定教育教学目标,进行教育教学活动的设计,为教育行为的实施做好心理上的准备。在这一过程中,有不少教师明显存在着不足,如教学目标的狭隘化,只关注知识目标,忽视德、体等目标;只关注为学生的考试成绩做准备,忽视了学习是学生的一种生活方式,学生需要在学习过程中获得积极体验,形成积极的学习心态和价值观;缺乏对学生的研究,使教学建立在比较盲目的基础上。

### (二)教育实施过程中的问题

在教育教学中,教师认为,学生年龄小,知识经验欠缺,学习过程是充分发挥教师主导作用的过程,学生是在教师影响下发展的,这种观念导致教师只关注教的一面,忽视了学生学的一面。因此,在教学过程中,教师通常采取大作业量的方式对学生进行强化训练;教师讲得过细,使学生失去探究的可能,思维逐渐形成惰性;经常性的考试和对答案标准化的膜拜,逐渐使学生失去了学习的兴趣,压抑了学生的创造性思维;教师的教育教学行为因袭性成分大,过于理性化,创新性成分少,缺少教育教学的激情;在教育教学评价时,过于重视外在的价值,对于促进学生的整体发展关注较少。

## (三)整个教育过程中,宜人性不足

宜人性指教师的教育行为应具有的可接受性、悦纳性特征。教育过程在本质上是师生的交往过程。教师对学生产生影响的本质在于教师的行为首先要被学生认可和接纳。只有学生愉悦地接受教师,教师的教育行为才是有意义的。但是在教育过程中,许多教师忽视了这一点,只是通过强制与命令,学生被动地接受教师的影响。

## 四、提高教师教育行为有效性的策略

提高教师教育行为的有效性是小学教师发展的重要内容,应采取切实有效的措施逐渐消除病态行为、低效行为。

### (一)不断审视自己的教育理念

教育理念是教育行为的理性支点,要提高教育行为的有效性、得当性,审视教育理论是否存在问题非常必要。有不少教师形成病态教育行为的根源就在于教育理念有问题,如持"不打不成材"的观念,教师就有可能经常采用体罚的教育方式;持"学生的发展是由教师决定的"观点,教师会特别注重自己的课堂表演价值,采取注入式、强迫式的教育教导方式。教师的教育理论犹如"脚手架",如果出现问题,教师行为的失当几乎在所难免。因此,教师要有勇气理智地分析支撑自己教育行为的基础,改变消极、错误的教育观念。

### (二)不断反思自己的教育行为

教师应把自己的教育教学行为当作认知的客体,通过经常性的反思,发现教育行为中的不足,设法去改进。教师如果能对自己的经验进行不断改进,教育行为的有效性、合理性就会得到显著提高,如有教师通过反思日记的形式对自己每天的教育教学活动进行反思,教育教学水平与同龄普通教师相比显著提高。

### (三)提升自己的教育情怀,用积极的心态面对教育工作

教师行为中所蕴含的情感成分是教师行为易被接受的前提,教师行为应体现出人文关怀,使学生心悦诚服地接受。在教育过程中,教师应对教育形成积极的认知,发自内心地热爱自己的职业,在行为上才能表现出宜人性,使行为成为促进学生发展的动力。

**思考题:**
1. 教师具有正确的教育观念的价值体现在哪些方面?
2. 分析教师条件性知识学习的重要性。
3. 教师的教育情怀是什么?如何培养?
4. 教师应怎样提高教育行为的合理性?

随堂练习四

# 第五章　教师专业发展的阶段

> **学习导语**
>
> 　　一辈子做教师，一辈子学做教师，教师职业的复杂性决定了教师职业水平没有最好只有更好，但教师的发展还是有一定规律可以遵循的，不同阶段的教师会有不同的发展水平，了解教师专业发展的阶段，会使我们对教师的发展心中有数，合理规划自己的教师专业生活，通过努力逐步成为好老师，活成我们希望的样子。

**学习目标**

1. 理解各种教师专业发展阶段理论对教师专业发展阶段的划分；
2. 熟悉本书关于教师专业发展阶段的划分，掌握各阶段的具体特点。

**学习内容**

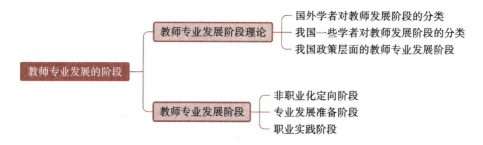

**关键词**：教师；专业发展；专业发展阶段

　　教师职业的稳定性说明教师职业是教师终身需要从事的，教师应该具有终身从教的意愿，既然是需要终身从事的职业，正确认识职业发展的阶段与特点有助于教师在职业生活中不断获得专业发展。专业发展是一个持续社会化和个性化的过程，具有多阶段性的特征。了解教师专业发展的过程，认识教师专业发展的阶段和路径，可以帮助教师明确自己在专业发展过程中可能要经历的阶段，这样既有利于教师根据发展阶段制定自身发展的短期和长期规划，也有利于教师专业发展机构针对教师专业发展的阶段提供促进专业发展的辅助性条件。

# 第一节 教师专业发展阶段理论

鉴于教师在教育过程中的作用,教师应该成为好教师是人们的共识,为了促进教师的发展,中外教师教育研究者对教师的专业发展阶段展开了很多研究,在研究过程中形成了不同的教师专业发展阶段理论。教师专业发展阶段理论对教师的专业发展具有重要意义。它指明了教师专业发展的阶段和路径,帮助教师明确了自己在专业发展的过程中要经历的步骤,既有利于教师根据发展阶段制定自身发展的短期和长期目标,也有利于学校或教师培训机构针对教师专业发展的特点提供促进专业发展的辅助性条件。这些研究从不同的角度阐述了教师的专业成长过程,这些观点和主张对于理解教师的专业发展过程具有借鉴作用。

## 一、国外学者对教师发展阶段的分类

### (一)福勒的"关注"阶段发展论

福勒根据教师的需要和关注的焦点问题,把教师的发展分为四个阶段:任职前的关注阶段、早期关注生存阶段、关注教学情境阶段、关注学生阶段。

**1. 任职前的关注阶段**

此阶段是师资养成时期,师范生仅是想象中的教师,没有教学经验,仅关注自己。

**2. 早期关注生存阶段**

处在这一阶段的一般是新手教师,他们非常关注自己的生存适应性,最担心的问题是,"学生喜欢我吗?""同事们如何看我?""领导是否觉得我干得不错?"等。几乎所有的新手教师都会有这种感觉,对于他们来说,赢得学生、同事、领导的认可是这一时期所关注的焦点问题,为了能够赢得这种认可,在课堂上站得住脚,顺利地担任教师职位,他们在行为上通常注意和学生搞好关系,或者试图去控制学生,而对如何去教学生,促进学生发展则考虑较少。

**3. 关注教学情境阶段**

当一位教师感到自己已经在学校没有生存之虞时,会把关注的目光投到学生的学业成绩方面,尤其是课堂情境方面。处于这一阶段的教师通常比较关注知识的价值,因此对如何有效地把知识传授给学生的技能比较重视。在教学过程中,对各个环节把握得较好。一般来说,熟手教师比新手教师更关注这类问题。

**4. 关注学生阶段**

处于这个阶段的教师,其教学指导思想是以学生发展为中心。如何有效地促进学生更好的发展是关注的焦点问题,这是成熟教师的标志。他们对学生的需要比较敏感,能够主动地分析学生的需要,满足学生的合理需要。但是在教学实践中,有许多教师没有进入这一阶段,如许多老教师也很少自觉关注学生的个别差异,以学生的心理特点为教学的出发点,以学生的发展为教学的最终归宿。

## (二)伯林纳"教学专长"阶段论

美国亚利桑那州州立大学的伯林纳(1988)从教育教学技能的熟练程度,把教师的成长过程分为五个阶段。

### 1. 新手阶段

这主要指教龄 1~2 年的教师,新手阶段的教师,指的是刚进入教学工作岗位的新老师,其任务主要是获取教师角色所需的教学知识和技能,获取一些系统的教学流程与教学知识,学习一些教学情境的应对规则和技巧以及调节自己状态、进入教师角色的一些方法和策略。这个时期他们往往会表现出以下特征:理性化、处理问题缺乏灵活性、刻板、依赖规定。这个阶段教师的主要需求是了解与教学相关的实际情况,熟悉教学情境,积累教学经验。

### 2. 熟练新手阶段

熟练新手阶段也称提高中的新手阶段,一般来说,具有 2~3 年教学经验的教师处于这一阶段。这一阶段的教师在教学实践中不断扩展所学的知识,也在教学活动中积累了一定的经验,能把过去所学的知识与现在所遇到的问题相联系,获得新的处理问题的经验,并且能够觉察到不同教学情境的相似性,能灵活运用一些教学策略来调节和控制自己的行为,教师的角色行为越来越职业化。

总之,新手教师在这一阶段已经积累了一定的知识和经验,逐渐发展成为熟练新手,其特征主要表现如下:整合实践经验与书本知识;处理问题具有一定的灵活性;不能很好地区分教学情境中的信息;缺乏足够的责任感。

### 3. 胜任阶段

新手教师经过 3~4 年(也有地方称 3~5 年)的教学实践和职业培训之后,能够发展成为胜任型教师,这是教师发展的基本目标。胜任阶段的教师能按个人想法处理与解决教学事件,也能依据自己的计划对教学情境做出反应,并对事情承担更多的责任。因此这一阶段的主要特征是教学目的性相对明确,能够选择有效的方法达到教学目标,对教学行为有更强的责任心,但是教学行为还没有达到足够流畅的程度。

### 4. 熟手阶段

熟手阶段也叫熟练阶段,主要指教龄在 5 年及以上的教师。这一阶段的教师对教学情境的变化具有灵敏的反应能力,对学生的需求具有敏锐的直觉力,同时能从不同的教学事件中总结共性、形成模式识别并对自己教学过程进行反思。这种模式识别能力和反省能力,使得熟练水平的教师能根据课堂教学的进程及学生的反馈及时调整教学计划,调节教学进程,调控教学活动。因此,此阶段教师的特征主要有:对教学情境有敏锐的直觉感受力,教师技能达到认知自动化水平,教学行为达到流畅、灵活的程度。

### 5. 专家阶段

专家型教师能自如、流畅地表达专业思考,对教育教学有自己独到的见解,不刻意、不拘泥、自有章法;主要指教龄 8~15 年的教师,当然教龄并不作为衡量专家型教师的唯一指标,一定的教龄长度只是成长为专家型教师的必要条件。而专家阶段是教师发展的最终阶段,只有少部分教师才能达到这个阶段。此阶段的教师在教学方面的主要特征是观察教学情境、处理问题的非理性倾向,教学技能的完全自动化以及教学方法的多样化。

### (三)费斯勒的教师生涯循环论

费斯勒认为,所谓循环,即认为教师的发展轨迹并不是一种直线式的阶段模式,而是一种具有可循环的、可重生的发展系统。教师的发展是个人环境(家庭影响、成长经历、重要事件、个人气质和个体经验等)、组织环境(学校自然环境、人际环境、专业组织机构、管理风格和社会期望等)和生涯环境(职业引导、能力建立、职业热情、生涯挫折等)相互影响和作用的结果。费斯勒将教师专业发展划分为八个阶段。

**1. 职前教育阶段(职前/职前准备阶段)**

这个阶段是教师专业角色的准备阶段,一般指在高等学校(通常是在大学或师范学院)里进行的初始培训阶段,是为了特定的教师角色而准备的,个体对专业教师角色的感知,包括对校园等工作场所的适应,感受到自己是校园工作者之一。此外,也包括在职教师从事新角色或新工作的再培训,无论是在高等教育机构内,还是在任职学校内的在职进修活动,均可涵盖在内。

**2. 引导阶段(入职阶段/实习导入阶段/就职/实习引导阶段/职业初期)**

这是教师任教的头几年,教师在学校系统中的社会化时期,也是教师走向社会、进入学校系统和学习每日例行工作的时期。在此阶段的每一位新任教师适应学校环境,学习教师角色,学做教学日常工作,努力寻求学生、同事、领导(上司)、督导人员的接纳,获得一个可以处理问题、完成任务的安全环境氛围,并设法在处理每日问题和事务时获得信心。

**3. 能力建立阶段(能力养成阶段/形成能力阶段/能力建构期)**

此阶段的主要任务是提高教学技巧和能力,教师渴望提升教学技术和能力,努力增进和充实与教育相关的知识,设法获得新的信息、材料、方法和策略以提高教学效果。此时,教师都想建立一套属于自己的教学体系,经常接受与吸收新的观念,参加研讨会和各种相关的会议,以及继续进修与深造,寻找机会提高自己,将教学视为挑战性的工作,并不断获得突破。

**4. 热心成长阶段(热情与成长期/热情成长/热心和成长阶段)**

教师在此阶段已经具有较高水平的教学能力,但是专业能力有待继续进步,教师会更积极地追求其专业形象的建立,发挥热爱教育的工作热忱,持续发展自我,不断寻找新的方法来丰富其教学活动,以求突破、创新、改进和丰富自己的教学,其工作积极性和满足感较高。可以说,热心成长与高度的工作满足感是这一阶段的核心要素。

**5. 生涯挫折阶段(职业挫折期/挫折阶段/职业受挫阶段)**

处于职业生涯的中期,是教学受挫时期,在此阶段的典型特征是教学遭遇挫折,产生了职业倦怠,职业满足感下降,开始怀疑自己选择教师这份工作是否正确,不断地自问为什么要做教师。教师职业倦怠感一般会出现在本阶段中。

**6. 稳定和停滞阶段(职业稳定期)**

这一阶段的教师教学态度敷衍,不求进取,只求做分内之事,存在着"做一天和尚撞一天钟"的心态。教师不再精益求精,不愿意花更多的精力在职业上,职业生涯发展遇到瓶颈。此阶段的教师不会主动追求教学专业的卓越与成长,不求有功,但求无过,可以说是缺乏进取心、敷衍塞责的阶段。

### 7. 生涯低落阶段（职业衰退/低落阶段/职业消退期）

这是准备离开教育岗位，打算"交棒"的低潮时期，回首往事，有人欣慰，有人黯然。在此阶段，有些教师感到愉悦自由，回想以前的桃李春风，而今终能功成身退，这是一次积极的职业转型或者退休；另外一些教师则会以一种苦涩的心情离开教育岗位，或是因被迫终止工作而感不平，或是因对教育工作的热爱而眷恋，或是迫不及待地去换一种回报更高的职业，这个阶段少则几个星期或者几个月，多则几年。

### 8. 生涯退出阶段（离职/退出职业阶段/职业离岗期/生涯引退阶段）

指退休或者离开教师岗位，这是离开教职生涯后的一段寂寥时期。教师离开工作，可能是因为被迫离职、短期退休、暂时休假、探索其他职业等。具体来说有些人可能会寻找短期的临时工作；有些人可能会含饴弄孙，颐养天年；也有些人可能会齿危鬓秃，"多病故人疏"。总之，是到了生命周期的最后落幕阶段。

费斯勒的教师生涯发展循环论为教师发展的阶段描述提供了一个较为完整的纵贯教师生涯的理论架构。更为突出的是费斯勒借用社会学的研究方法，将教师的发展回归到教师的现实世界中去。总之，费斯勒的教师生涯循环论无论是对于完整的教师生涯进行规划，还是依据教师各个发展阶段为其提供制度性的帮扶，都具有重要的理论参考价值。

## （四）斯腾伯格的教师专业发展阶段论

斯腾伯格根据教师职业发展方向，把教师分为新手教师和专家型教师。专家型教师是一个教师努力的方向。新手教师和专家型教师的区别在以下三个方面。

斯腾伯格等人的研究认为，专家型教师和新手教师的区别主要表现在专业知识、洞察力和解决问题的效率三个方面。

### 1. 专业知识

在专业知识方面，专家与新手之间最基本的差异在于专家将更多的知识运用于专业范围内的问题解决中，并且比新手更有效。专家型教师不仅在知识的量上多于新手教师，而且在知识的记忆组织方式上也优于新手教师。专家型教师拥有的知识以脚本、命题结构和图式的形式出现，比新手教师的知识整合得更完整。

### 2. 洞察力

在洞察力方面，专家和新手都运用知识和分析来解决问题，但专家在解决教学领域里的问题时富有洞察力，能够鉴别出有助于问题解决的信息，并有效地将这些信息联系起来。专家能够通过注意，找出相似性及运用类推重新建构手边问题的表征。通过这些过程，专家型教师能够对教学中的问题进行新颖而恰当的解答。

### 3. 解决问题的效率

在效率上，专家解决问题的效率比新手更高。专家依靠广泛的经验，能迅速完成多项活动。程序化的技能使得他们能将通过自动化而"节约"的大量认知资源集中在教学领域高水平的推理和解决问题上。尤其是在接触问题时，他们具有计划性且善于自我觉察。

## （五）休伯曼的教师专业发展阶段论

美国教育家休伯曼依据教师的生命周期对教师专业发展进行了阶段划分，他认为每一个阶段都有特定的发展主题,但他并没有把发展主题强加给每一位教师,而是依照教师对发展主题不同的认识和理解,区分出以下五个不同的时期。

### 1. 入职期(从教 1～3 年)

这一时期的教师表现出对自己所从事的新职业的复杂感情,一方面是初为人师的积极热情,另一方面是面对新工作的无所适从,却又很想尽快步入正轨而急切地希望获得教学的知识和技能。因此这一时期也可被称为"求生和发现期"。

### 2. 稳定期(从教 4～6 年)

这一时期教师逐渐适应了自己的工作,并且能够比较自如地驾驭课堂教学,初步形成了自己的教学风格,入职时的压力和不适已经消失。教师此时已经能够比较轻松、自信地面对自己的工作,同时要求自己在教学技能方面进行不断的改进与提高。

### 3. 实验和歧变期(从教 7～25 年)

这一时期是教师职业生涯道路上的转变期,教师的转变有两个方向:一是随着知识和阅历的增加,教师开始对自己及学校的各项工作大胆地进行求新和力求改革,关注学校发展,对学校组织和管理中的漏洞进行批评和指正,不断地对职业和自我进行挑战;二是单调乏味的教学轮回使教师对自己的职业产生了倦怠感,对是否继续执教产生动摇,因此开始对目前从事的工作进行新的评估。

### 4. 平静和保守期(从教 25～33 年)

许多教师在经历了怀疑和危机之后逐渐平静下来,能够较为轻松地完成课堂教学,也更有自信心。随着职业预期目标的逐渐实现,教师的志向水平开始下降,对专业的投入也逐渐减小。该阶段的另一个主题是与学生的关系更加疏远,教师对学生行为和作业更加严格;同时,处于该阶段的教师在经历了平静期后变得较为保守,这可能是自我怀疑的进一步发展,也可能是改革失败的结果。多数教师会抱怨学生变得纪律性更差,缺少学习动机,抱怨公众对教育的消极态度,抱怨年轻教师不够认真和投入。

### 5. 退出教职期(从教 34～40 年)

在这一时期,其他专业人员可能会逐渐退缩,为退休做准备;而教师迫于社会压力,其专业行为没有太大转变,只是更加关注自己喜欢的班级,做喜欢的工作。

## 二、我国一些学者对教师发展阶段的分类

我国的一些学者对教师发展阶段也做过研究,提出了教师专业发展阶段理论。福建师范大学的余文森把教师发展分为三种境界:教书匠、能师、人师。教书匠是指灌输型教师;能师是指智慧型教师,特别是术业有专攻,对学术、学业有专门的研究,不仅有学问,而且具有教育智慧,能吃透教学内容,灵活运用教学方法的教师;人师是教师的最高境界,是指不仅具有娴熟的教育教学技巧,而且更重要的是有思想、有独立之人格与精神追求,所培养的是真正的人的教师。

北京教育学院钟祖荣教授等人认为,教师的成长大致要经过准备期、适应期、发展期、创造期四个阶段,每个阶段结束时的教师可以分别称为新任教师、合格教师、骨干教师、专家教师。

华东师范大学叶澜等人在参考国外教师专业发展研究成果的基础上,提出了以教师专

业的自我更新为取向的发展阶段论,具体包括五个阶段。

### (一)"非关注"阶段

该阶段指进入正式教师教育之前的阶段,这一阶段的时间可从一个人进入接受正式教师教育一直追溯到他的孩提时代。这一阶段的经验对今后教师的专业发展的影响不可忽视。在这一阶段所形成的"前科学"的教育教学知识、观念甚至一直迁延到教师正式执教阶段。这个阶段指的是进入师范院校学习之前的那个阶段,主要是指普通中小学阶段,比如上小学的时候,小明就说他的梦想是长大之后做一名伟大的人民教师,这个时候其实就处于非关注阶段了。

### (二)"虚拟关注"阶段

该阶段一般是职前接受教师教育阶段(包括实习期),该阶段专业发展主体的身份是学生,至多只是"准教师"。该阶段是教师集中进行教育理论及教师技能学习和训练的阶段,这一阶段的教师初步有了对自我专业发展反思的萌芽,为正式进入任职阶段打下良好的基础。与此同时,他们所接触的中小学实际和教师生活带有某种虚拟性,所获得的教育教学经验大多是间接性的。他们还没有真真正正地从学校毕业去独自进行实实在在的教育教学工作,就算去学校任教也是"实习期",也是由指导老师传授一些授课技巧,获得的经验大多是间接经验。

### (三)"生存关注"阶段

该阶段指师范院校毕业生适应学校生活的时期,他们面临生活和专业两方面的压力。这一阶段是教师成长的起始阶段,也是教师专业发展的一个关键阶段。他们不仅面临着由教育专业的学生向正式教师角色的转换,也存在所学理论知识和具体教学实践的"磨合期"。这一阶段的新手教师更多的是关注自己的生存适应,关注他人对自我的评价,经常会问这样的问题:"我能行吗?"因此,他们比较关注他人对自己的评价,把自身的大部分精力都集中在搞好人际关系上。

### (四)"任务关注"阶段

这是教师专业结构诸方面稳定、持续发展的时期。这个时期的教师关心的是他们所承担的任务如何完成的问题。在度过了初任期之后,决定留任的教师逐渐步入任务关注阶段:这是教师专业结构诸方面稳定、持续发展的时期。这一阶段的教师随着基本"生存"知识、技能的掌握,自信心日益增强,由关注自我的生存到更多地关注教学工作,由关注"我能行吗"转到关注"我怎样才能行"上来。教师在这个阶段的专业知识、技能等方面都比较稳定,而且持续发展,因此教师关注的焦点在教学任务上,关注学生的学习成绩,自己教得好不好,怎样教学生才能学好,当然教师的自信心也是越来越高涨。

### (五)"自我更新关注"阶段

这个时期的教师的专业发展动力转移到了专业发展自身,而不再受外部评价或职位升迁的牵制,以专业发展为指向。处于该阶段的教师已经具备相当丰富的教育教学经验,可以自觉依照教师发展的一般路线和自己目前的发展状况,有意识地自我规划,以谋求最大限度的自我发展。教师具备了比较丰富的专业知识,就会去思考自己未来的专业发展、职业发展、职业成就感等。

### 三、我国政策层面的教师专业发展阶段

百年大计,教育为本,教育大计,教师为本。党和政府对教师的专业发展非常关注,中共中央、国务院在《关于全面深化新时代教师队伍建设改革的意见》中明确提出:"到2035年,教师综合素质、专业化水平和创新能力大幅提升,培养造就数以百万计的骨干教师、数以十万计的卓越教师、数以万计的教育家型教师。"从中我们可以发现,在教师的专业成长阶段中,包括合格教师、骨干教师、卓越教师和教育家型教师四个阶段。从教师专业标准、师范专业认证中毕业要求的视角,通过职前培养使师范生成为合格教师,进入职场后利用五年左右的时间成为骨干教师,部分教师经过若干年努力成为卓越教师,卓越教师经过努力之后少数成为教育家型教师。合格教师是指掌握教学基本规范,能够胜任教学任务的教师;骨干教师是指能够熟练掌握教育教学技能的教师;卓越教师是指视野比较开阔且具有一定教育思想的教师;教育家型教师是指具有成熟的教育思想且形成自己的教育理论并能进行传播的教师。

综上所述,教师的专业发展是一个持续不断的过程,但从基本的方面来看,教师的专业发展是一个从新手到专家的发展过程。在不同的时期,教师的关注内容是不同的,但作为教师应该牢记,促进学生的发展是教师的天职,也是成熟教师的标志。当然,在发展过程中,也应追求教育教学技能技巧的娴熟,使自己真正成为教育家,而不仅仅是教书匠。

## 第二节 教师专业发展阶段

综合国内外学者的不同理论,根据我国教师执教的不同时期所表现出来的专业发展意识和专业素养水平,本书将教师专业发展划分为三个阶段:非职业化定向阶段、专业发展准备阶段和职业实践阶段。

### 一、非职业化定向阶段

该阶段是指成为师范生前的学生阶段。这个阶段学生对教师的认识来源于"老师是蜡烛,燃烧自己照亮别人;是辛勤的园丁,勤勤恳恳;是太阳底下最光辉的职业"的认知,在学生心目中,教师是像父母一样可亲可敬的人,是可以保护自己的长者;教师也是一本百科全书,无所不知;教师是道德品质高尚的人,是学生崇拜的人。在学生心目中,教师主要扮演着以下几种角色。

#### (一)学习指导者

教师是一本百科全书,是一个有学问的人。此外,教师还必须是一个学习指导者,他能指导学生学习的兴趣,帮助学生掌握知识、获取技能、发展能力,养成在未来生活中不断学习

的习惯。教师既面向全体学生，促进整体学生的学习优化，又因材施教，挖掘每个学生的学习潜能。

### (二)团队领导者

教师是学生团队的组织者、管理者和领导者。无论是班级管理还是课堂教学，都能使学生团体目标明确，凝心聚气，井然有序，意气风发。

### (三)心理辅导者

教师有足够的心理辅导知识和技能，来调节学生的情绪和发展他们的人格，营造一种理解和宽容的氛围，把学生从惧怕权威、缺乏自信中解脱出来，解决学生心理问题，促进学生心理健康发展。

### (四)朋友和知己

教师与学生关系平等，相互信任。教师能赢得学生的喜爱，成为学生困难和问题的重要"倾诉对象"和"求助对象"。

### (五)父母代言人

教师像对待自己的孩子一样去关爱他的学生，学生就把教师当成自己父母的化身，他们对待自己的老师如同对待自己的父母。

### (六)道德模范

教师不仅是学生崇拜和模仿的对象，在学生心目中，教师还必须是极富教养的人，是遵纪守法、道德高尚的楷模。

在这个阶段，学生以非教师职业定向的形式形成了较为稳固的教育信念，具备了一些"直觉式"的"前科学"知识，所获得的语言表达能力、人际交往能力和组织管理能力等为正式成为教师奠定了基础。

## 二、专业发展准备阶段

专业发展准备阶段指为成为教师而努力的阶段，是为从事职业生涯进行必要的准备的阶段。这一阶段多为师范生培养阶段，在这一阶段需要完成职业化定向和形成职业基本素质。学生已经知道自己毕业后多半要从事教师工作，职业指向十分明确。周围的一切环境和活动安排把他们当成师范生看待，在学校期间不仅会系统全面地学习教育学、心理学等基础理论知识，还需要他们对之前直觉性的教育观念进行批判性建构，一个学期的教育实习将为正式入职奠定基础。

从教师专业发展来看，只有教师有自主发展的愿望，才能真正提高其专业素养。教师的职业认同，既决定了教师基本的工作态度，也影响着教师对自我的认识和对职业的感受。教师只有建立了内在的职业认同，才会真正感受到职业带来的幸福感和自我价值感，才会真正实现自身专业发展。

所谓职业认同，也称为专业认同，是指一个人对所从事的职业专业性的认可度，认同感高的教师认为教师职业是高尚的、有意义的，职业幸福感强。教师专业认同是教师专业发展的内驱力，可以从根本上改变教师对职业的态度，从而促进教师专业发展。不同的教师对教师职业的认同感是不一样的，有的把教师职业作为一种谋生的手段，工作是为了获得报酬和荣誉，一旦得不到这些就会产生挫败感和失落感；而如果教师认同教师职业育人发展的内在生命价值，就会在教育中实现自我，深感教育的意义和价值。

学生阶段是人生中最重要的阶段，教师专业发展不仅关系到自己，对学生的一生影响更是深远不可逆，所以尤其需要坚定的专业认同。而职前教师教育阶段是教师专业发展的基础，这一阶段应该成为教师从业者专业情怀孕育、专业认同和专业理想初步形成的重要起点，所以，这一阶段的教育除了培养未来教师应该具备的专业知识和专业技能，有必要将专业认同培养作为关注点。

职业素养是教师从事教育教学工作所必需的素质，在师范教育阶段，职前培养的特殊性决定了这一时期所形成的专业素质具有理想化的色彩，与教育现实存在一定的差距，真正的专业素养的形成是在教育教学事件中形成的。

作为师范生，应该意识到教师职业的价值，教师需要的素质，树立职业理想与信念，积极学习相关的知识，主动积累教育教学经验，为将来成为一名优秀的教师奠定基础。

### 三、职业实践阶段

这个阶段主要是指教师正式入职阶段。国外持行为习得观点的学者把该阶段又划分为三个阶段，即新手阶段、中间阶段和最后阶段。这种划分显得过于简单，对入职后教师专业发展的质和量方面的变化都没有表达清楚。而以德耶弗斯为代表的另外一些学者，通过对专家型教师和新手教师的比较研究，将教师入职后阶段又具体划分为五个阶段，即新手阶段、优秀新手阶段、胜任阶段、熟练阶段和专家阶段。

我们认为，教师正式入职后专业发展阶段可分为初任阶段、胜任阶段、熟练阶段和专家阶段这四个阶段，这也比较符合我国教师专业发展的实际。

### （一）初任阶段

初任阶段是指毕业1~5年的教师。这一阶段一方面是初为人师的积极热情，另一方面是面对新工作的无所适从，却又急切地盼望获得教学知识和技能。研究者常称此阶段为教师的"存活期"，主要关注焦点是"我能行吗？"。

初任教师作为教师专业发展过程中的一个特殊群体，其入职阶段是专业发展过程中的一个关键期，同时也是充满困难和考验的过渡期。这一时期初任教师会面临许多问题，包括在教学工作中和个体社会化发展中遇到的问题，这些问题激起了教师的专业发展忧患意识，但是由于承受的职业压力较大，他们关注的多是专业发展的最低要求，渴望在当前环境求得"生存"。在外界环境的推动下探索"生存"的技能。例如，获得学生和家长的信任，教师会在课堂纪律、激发学生动机、课堂管理、个别差异等问题上寻求实际有效的方法，当然也有部分教师在现实的冲击下表现出一种消极的专业发展意识。

从专业成长的角度看，初任阶段是新手教师必经的阶段，这个阶段的长短因人而异。这就需要新手教师和任职学校的共同努力，要求初任教师了解并正视自己所面临的问题。同时，初任教师在入职阶段更应该作为学习者，主动学习、终身学习，以更好地促进自身专业发展。

从教师专业发展的角度看，由师范生至初任教师的导入阶段对教师至关重要。它不仅决定教师的去留,而且影响他们将成为什么样的教师,因此,入职初期对新手教师至关重要。那么初任教师应该做哪些方面的准备呢?

### 1. 适应角色转变

从校园回到校园,从师范生到新手教师,从学习者到教授者,为人师表,环境变了,角色变了,责任也变了。从站在讲台的那一刻起就应该清楚自己的身份发生了改变,就要扮演好当下的角色,语言、行为甚至服饰都要与教师这个角色相一致,彰显教师角色的外在形象,树立在学生中的威信。

同时,新手教师往往对自己的职业生涯有很高的期望值,但由于教师职业的复杂性,在角色适应中免不了受到角色冲突的心理考验,此时应该坚定信念,调整心态,既不盲目自大也不自我贬低。

### 2. 正确面对挫折

从一个稚嫩的新手教师到能够掌控课堂的引领者是一个长期的反复的过程。在新手教师成长经历中,由于缺乏一定的经验,导致一些做法会令领导和同事失望甚至遭受批评,或者面对困难预估不够,常会出现举棋不定、瞻前顾后等踌躇的心理准备。这些都是很正常的,作为新手教师,要坚定信念,就是"没有爬不过的山,没有趟不过的河,没有战胜不了的困难和挫折"。同时,还要科学地调整自己,积极寻求战胜挫折的方法,当自己实在承受不住的时候,可以找人倾诉,或者做自己喜欢的事情,从而转移情绪,放松心情,摆脱痛苦,千万不要遇到挫折就怨天尤人或者消极苦闷甚至自暴自弃。

### 3. 虚心请教,掌握教育教学规范

我们常说:"要给学生一杯水,我们要有一桶水,甚至是一条小溪泉水。"这就要求新手教师在从教后要不断地学习。新手教师的学习有助于掌握教育教学规范,主动适应由学生到教师的角色转变。

首先,要向有经验的骨干教师多请教,通过听课、上课、请教等方式争取尽快胜任教学工作。其次,随着科学技术和信息技术的迅猛发展,知识更新迅速,获取知识的途径多样化,新手教师应该采取多途径更新知识,完善知识,与时俱进,切不可一劳永逸,不思进取。

初任阶段的教师在教育教学工作中存在着诸多问题,他们在把握教学进度、突破重点难点、教学方法、导入新课、师生关系等方面存在着明显的知识缺陷。因此,从教师专业发展的角度来看,初任阶段的教师必须把理论知识的获得放在重要的位置。这里所说的理论知识专指从事教育教学工作所必备的知识(属于操作层面的知识)。在内容选择上,包括教育改革与师德修养、班主任工作、课程标准与教材分析、教学常规、评课和说课技术、教学研究的途径与方法等。它能使新手教师在理论上有所收获,了解新课程改革的有关知识,熟悉国家的教育法规和政策,具有依法治教的意识和能力;应了解教育科学新知识,掌握素质教育的基本理论和教育科研的基本知识;掌握备课、上课、说课、听课、评课等基本教学常规,同时增强终身学习和自我可持续发展的能力。

处于初任阶段的教师,由于缺乏教育实践经验,也缺少相应的知识储备,很难对所学的理论知识进行自我建构。虽然他们在学习中把理论知识纳入了自己的知识图式,并存储在自己的记忆系统之中,但由于实践不足,这种知识一时还难以转化为实践性知识并用以指导新手教师的教育教学实践。因此,初任阶段教师的知识任务是将理论知识的物质存在形式向心理存在形式转化,知识的表征形式是从文字符号转化为心理图式。只有当初任教师在

以后的教育教学实践中,积累了问题和实践经验,并学会了对所学的知识进行"反刍"的时候,先前所学的理论知识才能转化为实践性知识,并最终指导和改善他们的教育教学实践。

## (二)胜任阶段

在渡过第一阶段后,部分教师可能会选择离开,留下的教师多半已经适应环境并有了基本的专业技能,基本可以胜任自己的工作,能够达到胜任教师的岗位要求。在自我提高层面多表现为积极的专业态度,教师在很大程度上与学生能融为一体,从心理上接纳学生,热爱教育工作并力图有突出表现,主动寻求专业发展的方法和途径,在自身素养提高的同时,教师之间也表现出较大的差异。

这个阶段教师所获知识还是以理论知识(观念层面的知识)为主,知识内容包括师生沟通艺术、教学方法的改革、教师评价体系的构建、学生自主学习的方法指导、教育科学研究方法、学生心理健康问题、信息技术等。教师获得这些知识是为了能够了解我国教育改革与发展的动态,开阔视野,学习教育科学新知识,研究和掌握教育规律;增强学习意识、角色意识、竞争意识和创新意识;改善心智模式,更新教育观念,提高再学习能力、教育教学能力和教研能力。

由于该阶段教师有一定的理论基础,又有比较丰富的教育教学实践经验,因此,本阶段知识获得的目标要求也发生了变化:理论学习不再是本阶段的目的,提高自身的实践能力成为本阶段学习的重要任务,也就是实现从理论知识到实践性知识的转变,最终指导实践。因此,该阶段是生成实践性知识的重要阶段,胜任教师所要完成的知识任务就是要实现理论知识向实践性知识的转型。当然,这种转型并非一次性完成的,知识的存在形式经由多次转化,先从陈述性知识或程序性知识状态转化成策略性知识,再从策略性知识转化为实践性知识,最后指导教师的教育教学实践。

## (三)熟练阶段

此时教师专业水平已趋向成熟,并且有较强的专业发展意识。教师表现出明显的稳定性特征,同时也因其资深的工作经历、较高的教学水平和较为扎实的理论功底,在努力钻研业务和开展教研中,结合自身特点和教育发展要求,逐步发展新的教学技能和教育思想,形成独特的教育教学模式,专业达到了成熟状态,成为领军人物。

熟练教师多数是各个学校的中青年骨干教师,他们在理论知识上的追求主要是延展性的知识,体现出前沿性、创造性、研修性和高素质、高水平、高起点等特点。学习内容包括现代教育理论和教改研究(特别是特级教师的教学风格研究)、素质教育研究、中外教育教学的比较研究、人文与自然科学发展的新知识等;在教育科研方面,要掌握教育科研的一般方法,特别要强调课题研究的选题、研究过程和结题报告等方面的指导;在教学技能方面,强调教学评价和教学测评技术、现代信息技术与学科教学的整合和互联网教育;在学科延展方面,开展艺术理论的学习和学习心理的学习等。通过学习,使自己能够树立科学的教育观和教育发展观,具备一定的创新精神和改革意识;确立素质教育的观念,掌握现代教育理论,具有坚实的科学基本理论、基础知识和基本技能,能不断更新自己的知识结构,及时了解教育发展的最新动态;拓宽自己的人文、社会和科学知识,提高自己的科学素养,具有从事教学研究和教育科学研究的能力,以及主动吸纳、处理信息和促进自我发展、自我完善的能力,具备将现代信息技术应用于学科教学的能力,增强教育教学实践的能力,初步形成具有个性特色的教学风格。作为学校的业务骨干,熟练阶段的教师拥有更多接触名师的机会和外出学习观摩的机会,理论、实践经验都比较丰富,为他们生成实践性知识提供了许多便利的条件。

因此,从知识获得的方面来看,熟练阶段的教师所要完成的知识转型,一是把自己的工作实践提升转化为实践性知识,把工作经验提炼成知识,这是知识发展的重要步骤,可以认为是实现了质的飞跃;二是通过自己的心理加工和改造,把别人的实践性知识定向迁移为自己的实践性知识,并纳入自己的心理图式之中。由于经过了学习者自己的心理加工和改造,所以这种迁移绝非对别人的实践性知识的简单移植或嫁接,而是实现了基因变异。

### (四)专家阶段

由于每位专家型教师都有长时间的教学实践和十分丰富的教学经验,加之他们在教育生涯的整个过程中,经历了各种类型的培训和学习,因此,无论是理论知识还是实践性知识都非常丰富,特别是有着鲜活的教育教学经验。一般说来,这类教师在学科教学、教研、教改方面都有非常丰富的成功经验,并在地方享有广泛的声誉。他们应该而且完全有能力成为研究者和积极反思者,并把自己研究和反思的成果拿出来与人分享,从而实现由知识的消费者向知识的生产者和创造者转变。诚然,从教师专业发展的角度来看,教师个体拥有了大量的实践性知识,就已经达到了目的。但作为专家型教师,还需要进一步扩大他们的实践性知识的影响力,发挥其所拥有的知识的价值。如果他们能够对自己的教育教学经验或案例加以总结和提升,就能把自己大量的处于隐性状态的实践性知识转化成显性状态的易被人认识和接受的理论知识,这无论是对于教师自己,还是对于其他教师都是一笔宝贵的财富。因此,从知识获得的角度出发,专家型教师所要完成的知识任务就是实现实践性知识向理论知识的转化,当然这种转化绝非易事,主要取决于他们有没有生产知识的自觉性。

**思考题:**

1. 整理教师专业发展阶段理论,分析其异同。
2. 教师职前培养阶段应关注培养教师的什么素质?
3. 师范生学习教育理论意义何在?

随堂练习五

# 第六章 教师作为学习者

**学习导语**

《人类简史》中写道:"人类想要不被淘汰只有一条路:一辈子不断学习,不断改变,不断打造全新的自己。这种改变不只是知识,还包括自我认知和性格。"尽管教师闻道在先,术业有专攻,但教师也应该好好学习,天天向上。现代教育告诉我们要终身学习,"腹有诗书气自华"。学习可以使我们的理论水平提高,理解能力增强,工作也更有效。教师的专业成长与个人的学习精神和学习能力呈正相关。像学生一样,把学习当作自己的任务吧!

**学习目标**

1. 识记教师学习的概念,理解教师学习的特点;
2. 掌握教师学习的内容和提升途径。

**学习内容**

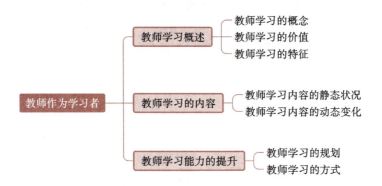

**关键词**:教师学习;学习内容;规划;学习方式

"传道、授业、解惑"作为教师传统的角色,几乎成了教师认识教师职业的代名词,教师就是传道授业解惑,教师是教育者,学习是学生的事。现代教育强调,教师首先是一个学习者。教师专业发展就是一个学习过程,专业发展就意味着教师的学习。所以,教师需要重新定位自己的角色,除了教学之外,教师还是一个学习者,作为学习者的教师就不应该拒绝学习,拒绝学习也就拒绝了成长。

## 第一节 教师学习概述

### 一、教师学习的概念

在日常生活中,学习一般是指学生在学校里学习知识、技能等,而在心理学中,学习不但包括人在学校中的学习,而且也包括在日常生活中的学习。不仅如此,在传统的心理学中,它还包括动物的学习。因此,学习的概念有广义和狭义之分。广义学习是指人和动物在生活中获得个体经验,并由经验引起行为或行为潜能产生较持久的变化过程。第一,学习是一种适应活动。不管人或动物,凡是以个体经验的方式发生的个体适应都是学习。他们经常以个体经验的变化去适应其周围生活环境的不断变化,保持动态的平衡。适应有生理适应与心理适应两种,学习属于心理适应的范畴,是一种以心理变化适应环境变化的过程。第二,学习可以通过相应的行为变化而得以体现,但并非所有的行为变化都是由学习产生的。学习引起的行为变化是相对持久的。有些个体行为的变化,是由个体的疲劳、创伤、药物、感觉适应等引起的,这些由生理机能的变化而导致的行为暂时改变,经过适当休息或调整,就会迅速消失,所以不能说是学习。第三,学习产生于经验,而不是来自成熟。强调学习由经验而生,实质是认为学习是后天习得的,是个体与环境相互作用而产生的,排除了由成熟或先天因素所引起的变化。因为个体的成熟也会使其行为产生持久改变的,但成熟不属于个体的经验,所以由成熟产生的行为改变,不叫做学习。第四,学习的变化可以是外显的行为,也可以是内隐的心理过程。从学习心理学的研究历史来看,不同的流派对学习的理解是不同的。行为主义认为,学习是由经验引起的行为的持久变化,认知心理学家不同意把学习定为"行为变化",他们认为,行为变化只是用来推测学习是否发生的外部指标,并不是所有的学习都是通过行为指标反映出来的,如果人的内在行动潜能发生了变化,也是学习。人和动物都需要学习,但学习对个体生活的重要性,在各种不同物种之间有巨大差异。动物的等级愈高,学习的重要性和学习能力就随之增高,而本能行为的重要性则相应减少。但动物的学习行为毕竟只是个体对外界环境的适应或平衡,它总是受自然的生物学规律的支配。人的学习和动物的学习有着本质的区别,有其独特的社会性。狭义学习是指人的学习。人的学习是在社会生活实践活动中,以语言为中介,经思维活动而自觉积极主动地掌握人类历史的社会知识经验以积累个体经验的过程。学生的学习是人类学习的一种特殊形式,它是指在教师的组织指导下,有目的、有计划地获得知识,形成技能,发展智力、体力和思想品德的过程。

教师学习这一概念最初源自师范教育或教师培训的替代语,而并非教育研究领域的专业术语,教师学习作为专业的术语其主要经历了以下几种形式:师范教育、教师培训、教师教育、教师认知、教师学习。这一演变过程体现了教师地位的逐渐确立和教师主动性的显现。美国著名课程专家古德莱德从教师学习的实践性、问题性和个性需求三个方面阐述了教师学习的定义:教师学习是个动态的实践过程;教师产生学习行为的动机之一就是想满足其个人的自尊需求;教师学习的方式是把新旧知识进行相互融合;尊重教师的学习选择。博科从教师参与的角度出发解释教师学习,他认为教师学习是一个注重参与的过程,即通过学习增加参与的机会,最终走上知识渊博的过程。

教师学习是指教师在自身努力或外部环境的影响下,其专业知识和能力的获得和成长变化。教师学习和所有群体的学习一样,是求知与践行的结合,是认识和实践的统一。但由于教师群体的特殊性,教师学习又具有不同于其他群体的特征。教师学习不仅仅是获取知识信息,更重要的是了解知识存在的时空和方式,并形成知识思想和价值观。这一过程不同于以往将教师教育狭隘地理解为参加培训或组织研讨、在被动的条件下接受教育。以教师主动性为核心的教师学习,是一种经验性学习、一种自我导向的学习、一种同伴互助式的学习、一种职场学习、一种基于问题的学习。

教师学习的目的就是要努力成为学识渊博的人,具有可持续发展的学习能力,即与人沟通、数字应用、信息处理、与人合作、解决问题、自我提高、革新创新和外语应用等八项能力。因此,就其实质而言,教师学习就是要对这八项"通用能力"进行学习、通晓乃至掌握。如果说,过去我们教师可以"以己之一桶水来授学生之一滴水",那么,如今我们教师则无不"以己之长流水来养学生之一滴水",正所谓"流水不腐,户枢不蠹"。如果说过去教师的学习是"为学生发展计",那么,如今教师的学习则无不是"为师生共同发展虑";如果说过去教师发展是"个人之事",那么如今无不是"国家、民族之事";如果说过去教师学习是教师发展的"前提与准备",那么如今无不是教师发展的"精髓与根本";如果说过去教师学习是教师生活的一个不可或缺的有机构成要素,那么如今就是教师的生活方式。

基于以上认识,我们认为,教师的学习就是教师为了适应教师生涯的变化和获得专业成长而进行的学习,是经验的获得和教育教学行为的变化过程。

## 二、教师学习的价值

现代人要学些什么?哪些知识与本领能使人终身受益?雅克·德洛尔代表国际 21 世纪教育委员会,在向联合国教科文组织提交的报告《教育——财富蕴藏其中》提出了"四个学会":学会求知、学会做事、学会共同生活、学会生存。这被认为是终身教育的四个支柱。

学会求知,不仅要掌握正规教育体系中的学科知识,还要掌握足够广泛的普通知识。这一方面有助于人的交往与协作,另一方面,文化知识作为超越时空将各个社会联系起来的纽带,会使受教育者了解到其他领域的知识,有助于充分发挥各学科之间的协同作用,尤其在科学研究领域,某些知识的重大进展就是在各学科的交叉综合中产生的。德洛尔的报告强调,"这种学习更多的是为了掌握认识的手段,而不是获得经过分类的系统化知识,既可将其视为一种人生手段,也可将其视为一种人生目的"。就是说,现代社会的人应该学会学习,以便从终身教育提供的种种机会中受益。

学会做事,现代科学技术的高速发展,使得知识和信息对生产系统的支配作用日趋突出,专业资格的概念变得有些过时,个人能力的概念则被置于首要地位。这种能力包括通过技术和职业培训获得的严格意义上的资格、社会行为、协作能力、首创能力和冒险精神等。因此,它要求从儿童、青少年的各种社会经历范围内学会做事,学会处理各种问题,以便发展各种能力。

学会共同生活,当今世界还存在冲突与暴力,它与人们对人类进步寄予的期望背道而驰,教育应在解决冲突和增进和平的过程中有所作为。由于现代社会的发展,人要更好地适应社会生活,需要不断学习,在学习中增进对他人的了解和对相互依存问题的认识。一个社会要想获得更好的发展,需要其全体社会成员都具有学习的意识和能力,社会应该为每个人的学习提供条件,成为学习的社会。

学会生存,现代科学技术的发展和社会的变迁与发展,使人的生存空间和生存环境发生很大变化,人类想要更好地生存,必须不断学习,掌握与生存有关的本领。如通过学习,更充分地发展自己的人格,并不断增强自主性、判断力。个人作为教师,一方面需要促进学生不断发展,另一方面自身也要获得不断发展。因此,树立积极的学习价值观,不断学习,是教师自我成长与促进学生成长之必需。

教师学习不仅能提高个人教学水平,还对学校、社会的发展具有重要的作用。教师只有不断地学习,吸收新知识、新理念,才能突破职业瓶颈。因此,教师学习显得格外重要,教师的学习不仅可以影响到个人,还能影响到学校乃至社会。

## (一)个人角度

### 1. 教师学习可以开阔视野

师范专业认证中,三级专业认证的标准是以卓越教师培养为目标的,与二级认证标准相比,它更强调学生的国际视野的培养,也就是说,作为教师来说应具有宽阔的视野,形成自己的教育思想,成为有自己教育思想与教育理论的人。我国是个有五千多年文化历史的国家,从古至今,出现了诸多的教育家,孔子、孟子、庄子、韩愈、朱熹等留下了丰富的教育典籍,为教师的学习提供了丰富的素材。还有西方的一些经典著作,比如苏霍姆林斯基的《给教师的一百个建议》、卢梭的《爱弥儿》、杜威的《民本主义与教育》、布鲁纳《教育过程》、裴斯泰洛齐《林哈德与葛笃德》、海伦·凯勒《教育的奇迹》等。教师学习这些教育名著,不仅能够开拓教育视野,还能汲取前人的宝贵经验,与大师形成有效的对话,滋润自己的精神世界,从而体验到遨游精神王国的那种自由与惬意。所谓"读书破万卷,下笔如有神""熟读唐诗三百首,不会作诗也会吟",等等。因此,教师要想获得宝贵的教学财富,就应多读书、多反思。教师只有不断地学习,才能提高教师的整体素质和专业水平,才能达到最终的职业归属感和幸福感。就如马斯洛需求层次理论中提到过,自我实现是人类的最高的需求。因此对于教师来说,教师想要实现自我,唯有通过学习来达到这种目的。学习使人在确定目标时更具理性,实现可能性最大。学习可以改变人的思维方式,提高人的思维能力。

### 2. 教师学习可以提高行为能力

人生目标的实现与个体的行为能力是密切相关的。一个人能力越强,越容易把事情做好。在教育实践中,许多优秀教师成功的经验足以说明这一点,许多优秀教师本身就是孜孜不倦的学习者。如通过教育学、心理学知识的学习,可以使教师的教学具有理性基础,提高行为的合理性,有效性增强。有些教师就是根据自己的教育科学知识不断反思教育实践,研究教育实践中所存在的问题,教学水平有了显著提高,个人的知名度也获得显著提高,获得各种各样的荣誉称号,成了教育教学专家。

## (二)学校角度

学校是教师成长的一个大环境,是教师工作与学习的主要工作场所。教师个人发展离不开学校的有效管理,学校直接影响着教师的学习状况。一个良好的学习氛围将会促进教师的学习;一个不理想的学习环境,将会大大的削弱教师的学习激情。而教师学习氛围浓厚,也会促进学校的发展。因此,要求教师学习和学校两者相互共振发展。教师的学习内容主要包括专业课、通识课、课堂管理、教育热点、课件制作等。这些具体课程的学习的实施与效果,主要通过学校这个平台得到体现。教师学习对学校的影响,从社会效益上来看,一方面,为学校的社会形象建立了良好的口碑;另一方面,教师学习后教师个人教学水平的提升又能带来实际的发展效益。从学校管理上看,教师学习可以完善学校的制度建设。通过教师学习,学校管理更加规范化、制度化。从学校文化建设上看,教师学习体现了教师群体中一种正确的价值观导向和专业的态度。因此,教师学习对于学校的发展,具有重要的作用。

### (三)社会角度

教师在社会生活中扮演着模范公民的角色,教师作为终身学习的领头人,对于社会的全面发展起着不可替代的作用。教育是时代的产物,时代的发展会带来社会的变革。教师学习的目的是建立自信和能力以适应社会化学习,这就是响应时代发展的最有力的反响。20世纪60年代开始的教师专业化运动,最初是要求只有接受过系统化和专业化的运动的学习者才能胜任教学工作,它强调的是一个专业化、职业化的角色。从教师的角色来看,教师既是教育者,也是学习者与研究者,教师只有通过不断学习才能使自己成为一个成熟的专业人员,才能建设富强、民主、文明、和谐的社会,才能推动我国成为教育强国。教师学习,代表的不是教师个体的学习行动,而是教师整个队伍的学习氛围。这种以点带线、以线促面的方式,才能推动整个民族的进步。在构建学习型社会的今天,教师自己理所当然地要成为学习型教师。叶澜教授曾从教师职业的角度提出了教师专业素养,主要包括与时代精神相通的专业理念(教育观、学生观、教育活动观)、多层复合的专业知识(科学与人文的基本知识、一两门学科知识、教育学科知识)以及履行责任和权力的各种能力(理解他人和与他人交往的能力、管理能力、教育研究能力)。由此看来,教师持续不断地学习、积淀,才能促进社会和谐、民主、快乐发展。教师的学习与成长受到社会各方面的关注,该领域的研究对于个人、学校、社会具有重要的意义。教师作为教学的指导者,就包含了学习的职责。

教师对学习要有深刻的认识,将内在的需求转化为外在的行为——学习。教师在学习后,真实地感受到学习效果或教学效率的提高,会极大地维持教师学习的行为。但教师队伍中依然存在学习惰性、学习拖延症、学习应付等问题,如何能将学生时代的学习动机延续到教师,或者说如何将学习的内外因相互作用于教师,这是最为重要的。朱小蔓认为,按照幸福理论来看,一个人是否感到幸福,其主要来源于对生活的主观感受。那么,教师除了作为社会角色之外,还有一个职业角色——教师。教师只有在从事教师这份职业过程中,真实地感受到自己价值了,他才能获得美好的体验(即幸福)。因此,教师学习对个人、学校、社会具有不可替代的作用。

但是,时至今日,教师的学习存在着不容忽视的问题,主要表现为以下两点。第一,缺乏学习的积极性。不少教师除了教材、教学参考书,基本没有或很少阅读其他书籍。某地名师培养活动中,规定每位名师一年至少阅读两本教育理论书籍,但很少有教师完成。华东师范大学周彬教授曾谈到,教师在参加工作后的10年、20年或者30年间不断更新自己学科知识的人数非常少。第二,教师的学习内容存在片面性。教师较为重视学科专业知识和学科教学知识的学习,对教育理论的学习缺乏积极性。周彬教授谈到,不少学科名师认为,自己学科知识的更新主要来自三个方面:一是保持阅读学科教育方面的期刊,从而让自己保持对学科知识更新的敏感度;二是通过与同事间的交流,来深化自己对学科知识的认识,至少让自己的学科知识满足同时代学校教育提出的要求;三是通过与学生间的互动,让自己掌握的学科知识能够与学生所处时代保持同步。

## 三、教师学习的特征

华东师范大学王丽华教授认为，教师学习是呈现多元化的趋势，主要体现出以下特征：教师学习具有建构性，教师学习是一种参与式的学习。从教师学习方式上看，教师学习不是被动获取知识而是主动参与的一种行为方式，教师学习是一种理解性学习。在教师学习的结果上来看，它注重的是教师的理解。孙传远教授认为，教师学习是通过内外环境相互作用，教师主动提升个人素质以追求个人和专业发展为目的活动。

### （一）教师学习是提升自我生命价值的学习

教师学习具有丰富的生命内涵，教育应体现强烈的生命关怀。教师在学习与工作过程中，不只是为了完成外界交给的任务，不仅仅为学生而做出单向度的付出，也应该是为了自身的发展和自己生命价值的体现。教师的工作不仅仅是为社会、为民族做贡献，同时也在建构自己的精神家园。生态取向下的教师学习则能加固教师的精神小屋，开拓教师的精神田园，重建他们失落的职业幸福。教书不再是一种"谋生"的手段，而应是生命存在的一种方式；教师学习不再是为了未来生活做准备，而是使人类和自己都变得幸福的一种生活方式。

教师学习最终的标准不是看其是否通过了考试、是否发表了论文，而是看学习在多大程度上提升了自我生命的价值。教育不是以牺牲教师来造福学生，而是教师不断超越自我的活动。教育是能够导致学习的交流活动，这里的学习不仅是学生的学习，也包括教师的学习；教育是提升生命价值的过程，不仅要促进学生的成长与发展，教师也要成长与发展，并从中体现自己的生命价值，享受其幸福。所谓教师自我生命价值的提升，就是教师的生活因为学习而得以丰富，包括知识的丰富、观察视角的丰富、分析框架的丰富和思维方式的丰富，这样的丰富，使教师的生活进入一种充盈伟大的状态。这应该是教师学习最重要的特征，是滋养教师一生的功效。从教师学习的角度来看，追求的是工作、生活更加得心应手，更加舒适愉快，是为了提高自己工作和生活质量。通过学习让自己上课的感觉更好，让学生学得更有兴趣、更有收获。学生学得更有兴趣本身就能给教师带来更舒适的感觉。教师通过学习提高了自己的教学效率和教学水平，所提升的不仅仅是学生的学习和生命质量，同时也是自己的工作和生命质量。从这个意义上来看，教师的学习及其带来的"学问"，既是为人之学，也是为己之学，既是成人之学，也是成己之学。

### （二）教师学习是自我导向的学习

建构主义认为学习是学习者主动建构内部心理表征的过程，这种建构不可能由其他人代替，强调学习过程中学习者自主性的发挥。哲学与心理学的研究表明，自主性是人之主体性和能动性的实质性内涵，是人格成长的核心要素，每一个人都有追求自主意志和自由意志的欲望，都不愿意被客体和外界所宰制与限定。作为教师，生理心理上已经成熟，有较强的自主意识，能够自我控制、自我管理，自己做出决定，为自己的生活负责，同时也希望别人以同种态度对待自己。一旦他人将其意志强加于教师时，教师会感到愤怒并加以拒绝，这就决定了教师的学习就其实质来说是自我导向。教师学习的目的是学会教学、学以致用，正如彼得·圣吉所反复强调的"学习必须产生新的了解和新的行为"，学习最后应导致行为的改变，体现了教师学习的自我导向性,强加于教师的学习是没有任何意义的,是不能转化为实际的教育教学水平的。由于每位教师的遗传素质、个性特征、认知风格以及所受的教育、知识结构、家庭环境、生活经历、志向抱负等方面都会有不同之处,教师之间必然存在着一定的差异。而且,教师所处的专业发展阶段不同、所处的工作环境不同、所关注的问题不同,这些都会导致教师之间的差异。同时,教师又是一个不断变动与发展的个体,其特点、爱好、兴趣和需要也是不断变化与发展的。这一切必然使教师们在学习与专业发展上表现出很大的不同。只有适合教师个体的风格、特点与需求的学习与发展活动,对教师来说才有意义的。作为成人,教师从事学习时具有强烈的自我指导的心理需求,是内在激发的学习需要,是主动设计学习经验,制订学习计划,依计划进行,并评价学习结果的一种过程。但并不是每个教师一开始就能意识到这点,往往要在经历了多种学习方式之后方能明白。自我导向学习也是有层次的,大致可分为以下三种层次。低度自我导向学习,教师较多依赖别人指导才能学习,教师受兴趣与激励机制的影响,完成目的明确的任务;中度自我导向学习,教师具备一定的知识和学习技巧,把自己视为教育的参与者,发展了批判性思维能力、个体积极性和自我意识,乐意在一个友谊群体中通过温暖的相互作用而学习;高度自我导向学习,教师建立了自己的目标和标准,通过专家、教育机构或其他影响去追求目标,在时间安排、计划制订、目标确立、自我评价、信息收集以及教育资源的利用等方面练习学习技巧。

### (三)教师学习是基于问题的行动学习

教师学习的实践性特征要求教师的学习应该围绕着学生的学习和自己的教学来展开,并以促进或帮助学生的学习、改进或完善自己的教学为目的。因此,这种学习就应该是源于实践又必须回归实践的学习,是工作学习,也是专业学习,更是为人师表的学习。教师的学习是一种基于行动的学习。基于问题的行动学习源于20世纪50年代,是英国学者提出的企业培训概念,它包括三个方面的含义,一是学习的需要直接来源于实践中的问题,二是工作实践成为学习的资源,三是实践的过程就是学习的过程。教师学习的目的主要不是发现新知识和新规律,而是解决自己在教育教学中遇到的问题。教师所具有的知识可划分为理论性知识和实践性知识,前者是阅读或听讲座获得,通常停留在教师的头脑中和口头上,后者是教师内心信奉的并体现在日常生活实践中。实践性知识比理论性知识更重要,因为它影响教师对理论性知识的吸收与运用,它支配着教师的日常教育教学行为。实践性知识回答和解决怎样做和如何改进的问题,它是在使用中不断改进的。教师在运用实践性知识的同时又进行理解和发展,自己的实践性知识刚好与基于问题的行动学习相吻合。教学是一个充满不确定性的复杂的师生互动过程,种种新问题、新情况层出不穷,针对教学实践中的问题进行的行动学习能够很好地解决这一问题,把实践和学习结合了起来,学习成为工作中的一个部分,实践中的诸多题又在学习中得到解决。因此,教师的学习就是基于问题的行动学习。教师的行动学习具体包括三个方面的含义:一是学习的目的直接指向教师的教学行为,学习的需要直接来自教学中的问题;二是教学实践成为学习的资源,教学实践为学习提供了生动的素材,学习不是超越自己的教学实践题的范围之外;三是教学实践的过程成为学习过程的主要载体,学习在教学实践过程中进行,即教学学习化,学习寓于教学过程之中,行动学习基于的问题,往往是学校管理者及教师在日常教育教学工作中遇到的和有待解决的实践性问题,这样的问题往往与学校自身的发展以及教师的专业发展息息相关,现实意义重大。

### (四)教师学习是具有反思性的学习

教师的学习应该围绕着实践中的课程与教学问题来展开。那么,问题是否会自动地从实践中产生出来呢?肯定不会。这里需要教师拥有对实践进行反思的意识和能力。只有通过反思这种机制,教学实践中的各种困惑、无知、偏见、不知道等才有可能转化为学习的问题,成为学习的源泉或动力,这种学习才有可能成为教师成长的契机。不仅如此,在具体的学习过程中,教师也需有反思的意识和能力。对其他人(包括先贤、前辈、专家、同行等)对与我们相同、相似或相近问题的思考或解决也要进行反思性的学习、消化、吸收甚至批判。教学的复杂性也体现在此。因为任何他人的研究都有一个时空、社会、文化、政治甚至习俗等具体的场域或情境,所以,"拿来主义"可能很不适合教师学习,"经验主义"可能也是要不得的(因为经验本身就是繁杂且充满矛盾的诸多单一"感觉"的"堆砌")。因此,教师学习的反思性特征就要求教师的学习应该寻求共识基础上的"一己之得"和"一己之得"上的"共识"。

### (五)教师的学习是整体性学习

教师的学习是工作学习、实践反思,要围绕着教学实践中的课程与教学问题来展开。但就其实质而言,教师的学习过程和结果及其应用都不仅仅是一个工作的问题,它对教师自身的和谐发展、和谐学校的建设、和谐社会的营造等都具有不可估量的作用或影响。当然,对学生的培养更是"身教胜于言教"。能学习的教师(团队)、会学习的学校、善于学习的社会对学生的"潜移默化"的教育价值和教学功能可能是理想的教育或教学之追求,"润物细无声"是教育教学的最高境界。

## 第二节 教师学习的内容

教师需要学习,应该学习是毋庸置疑的。但教师应该学习什么是一个值得研究的问题。教师的学习的内容可以从静态与动态两个层面进行认识。

### 一、教师学习内容的静态状况

静态层面是指教师应具备的素质就是教师学习的内容,有学者将教师学习的内容归结为以下命题:"学会教学、学会反思、学会研究和学会为师",并以此作为教师学习的基本追求。学会教学,就是发展教师的教学知识,通过不断学习使其适应教学各种变化。这些知识包括大量的一般知识和技能、学科专业知识与技能、教育专业知识与技能以及形成教师专业精神等方面知识,除了学习理论知识之外,教学实践知识也是教师必须获得的更加直接有用的知识。反思能力是人们通过自身的深层思考,吸收新知识,培养深刻洞察力,从而构建新行为的有力工具。教师学会反思对改善教学能力、提高教学水平具有积极意义。通过不断的反思,教师教学思维能力得到提高,在反思中教师的教学判断、推理和决策等教学思维得到锻炼,这都是教师解决教学问题的基础。研究能力是教师专业发展的因素之一,教师要学会研究,尤其是对教学实践的研究,有利于促进自身专业发展。教师要学会在教学过程中寻找问题,设计研究方案,运用研究方法在行动中研究,并改进自己的教学。师德是教师素质的重要组成部分,教师的德行时刻影响着教学行为,对学生的影响更是不容小觑。长期以来,教育界以及社会舆论都对教师道德予以很高关注。学会为师作为教师学习的内容,对于增强教师人格魅力、增强班级凝聚力、提高教师影响力意义重大。

从广义的学习角度,所有经验的获得与行为及行为潜能的变化都是学习。但具体到教师的学习,我们可以从学习知识的狭义角度进行分析,主要指知识的学习,包括理论性知识与经验性知识。教师知识是教师专业素质的重要组成部分。教师知识必须能体现教学作为一种专门职业的独特性,即能够说明教师知识在教师专业素养构成中的独特规定性与不可替代性。教师知识不仅是教师从事教学活动所必须具备的智力资源,而且其丰富程度和运作情况也直接决定着教师专业水准的高低。

### (一)理论性知识的学习

《辞海》中给"知识"一词下的定义是:"①人类认识的成果或结晶,包括经验知识和理论知识。②相知、相识,指熟识的人。"释义①是各种教科书中都使用的定义,具有某种程度的"标准性";释义②则在非常特殊的情况下才加以使用,而且在当代汉语中人们已经不再这样使用了。从释义①来看,"知识"属于人类认识的"经验",但又高于人类认识的"经验",因为它是以"成果"或结晶"形式出现的认识"经验",是那些已经得到证明或证实的、有价值的经验。因此,尽管人类的认识经验无比多样,但是并不是任何一种经验都有资格称为"知识"的。只有那些被认定为表征了"人类认识的成果或结晶"的"经验",才能够被看作是"知识"。"知识"是"被选择了的经验"。这类知识通常就是指理论性知识,对于教师来说,掌握理论知识是从事教师工作的基础。理论知识的学习与掌握是教师建立职业信念与信心的前提。依据教师专业标准,教师应学习的理论知识主要包括有关学生身心发展的知识、学科知识、学科教育教学知识和通识性知识。

**1. 学生身心发展知识**

这类知识主要包括:关于学生生存、发展和保护的有关法律法规及政策规定;不同年龄及有特殊需要的学生身心发展特点和规律;保护和促进学生身心健康发展的策略与方法;不同年龄学生学习的特点及学生良好行为习惯养成的知识;对学生进行青春期和性健康教育的知识和方法;学生安全防护的知识,针对学生可能出现的各种侵犯与伤害行为的预防与应对方法等。这类知识的学习能够使教师的教育教学活动建立在扎实的基础上,做到因材施教,同时又有意识地促进学生的身心发展。

**2. 学科知识**

学科知识是教师从事教学的本体性知识,也是教师非常重视的知识。教师所从事的是具有的特定专业的实践工作,只有具备一定学科专业知识水准,教师才有可能进行有效教学。随着科学文化的发展和知识的更新,教师就更有必要了解自己专业的最新成就和发展趋势,并且涉猎一些相邻学科的知识,优化知识结构,满足学生广泛的求知欲。

**3. 学科教育教学知识**

教师不仅要知道"教什么",而且更应懂得"怎样教",怎样才能"教得好"。一线教师都知道,学科知识越深奥,为了让学生学懂弄通,教师需要调动的教育知识也越丰富。也就是说,学科知识和教育知识是相辅相成的。这也是为什么小学老师在让课堂教学变得更生动方面,往往比中学老师做得好,因为小学的学科知识相对简单,教师来运用教育知识丰富课堂的空间也更大。

学科教学知识是指教师在面对特定的主题时,针对学生的不同兴趣与能力,将自己所掌握的学科知识转化成学生易于理解的形式,并进行教学方面的知识,它是教育知识和学科知识融合的产物。学科教学知识是美国教育家舒尔曼提出的一个关于教师教学专业知识的概念,是教师在面对特定的主题、问题、议题上,如何针对学生的不同兴趣与能力,将学科知识组织调整与呈现并进行教学的知识。朱晓民认为,学科教学知识结构上表现为多层复合的特征,主要包括三个层面:第一(最基础)层面是课程与教材知识,课程知识是教师关于"某学科课程是什么"的认识,比如语文是什么,教材知识是教师关于如何处理教材的知识;第二层面是方法知识,即关于教学活动顺序、进程或结构组织与安排方面的知识;第三层面是表征知识,即教师在课堂教学过程中呈现、外显、传达教学内容的方式,主要包括所教学科的基本知识、基本原理与技能,所教学科的知识体系、基本思想与方法,所教学科与其他学科和实践活动的联系。

#### 4. 通识性知识

通识性知识是指教师拥有的有利于开展有效的教育教学工作的普通文化知识。这类知识是教师的文化底蕴,对教师的教育教学时也有重要影响。一般包括:相应的自然科学和人文社会科学知识;中国教育基本情况;相应的艺术欣赏与表现知识;适应教育内容、教学手段和方法现代化的信息技术知识。

### (二)实践性知识的学习

实践性知识是教师在教育教学实践活动中通过经验获得而形成的对教育教学活动的理性认识。教师的经验作为实践性知识在很大程度上影响着教师的教学行为和教学效果。教师的实践知识是一种多义的、活生生的、充满柔性的知识,是凭经验主动地解释、矫正、深化现成的知识而形成的综合性知识。教师实践知识是来自教学实践的智慧。教师的实践知识作为一种缄默知识,也是一种个人化的知识。教师的个人实践知识主要关涉教师在教学情境中如何处理所遇到的困境的知识,是一种体现教师个人特征和教学智慧的知识。它在不同发展阶段的教师身上表现得非常明显,专家型教师的实践性知识比新手教师丰富,而且更具有序列性,在实践中应用更得心应手,效率更高。实践性知识与教学经验密切相关,教师在职业生活中专业能力的提升主要就表现在实践性知识的丰富性上。所以,教师在学习过程中,从经验中学习是学习的重要内容。教师只有参与到实际的教育教学活动中以后,才会有教师实践性知识成长的可能。教师的教学活动在最初阶段只能是教学经验积累的阶段,而这一阶段的经验积累是教师实践性知识形成的重要前提和基础。教学的某一阶段经验在一定时期可能被验证是正确的,但在另一阶段的教学中又可能被证明是错误的。因此,对教学经验本身的反思和遴选就显得很重要了,这一做法才是教师实践性知识积累的开始。实践性知识是个人对教育教学活动形成的一种正确的认识,它既可以是个人的,也可以成为一种外推的知识。与教学经验不同,实践性知识基本上已上升到了理性认识的层面。因此说,教师的教学经验绝不等同于教师的实践性知识,但与教师实践性知识的形成有很大的关系。

现代教育强调教师的教育教学实践能力要与教学变革同步,教师需要建立对教学实践的深刻体认、对教学经验的持续提炼,而这就不仅仅来自教学实践的时间与经历,更需要教师对教育实践的理论把握和深刻解答。所以,教师需要在理论与实践两个方面不断学习。

## 二、教师学习内容的动态变化

动态层面是指从教师专业发展的角度进行认识,教师的专业发展阶段不同,学习的内容应有所不同。也有学者从教师发展的生态学意义上对教师的学习内容进行分析,提出了适应期、发展期、成熟期和创造期,教师学习内容视教师发展的不同阶段而有所不同。

### (一)适应期

刚从学校毕业从事教师职业的教师均处于适应期阶段,处于这一阶段的教师称之为新手教师,也称初任阶段教师。作为教师职业发展过程中的一个特殊群体,新手教师阶段不仅是其教师专业发展的一个关键时期,而且也是一个充满困难和考验的过渡时期。新手教师刚走过学生时代,熟悉学校环境,但现在却需要换一种角度即从教师的视角重新认识学校环境,对课堂教学情境进行分析,在掌握一些教育学、心理学基本原理的基础上,亲自从事教学实践以了解教学的真实情景并获得教学经验。他们在心理上和工作上都处在一个不断适应的时期,经历了踏上工作岗位后的兴奋、工作初期的焦虑、不断拓展变化工作内容后的忙乱。他们除了需要精神上的支持、鼓励与肯定外,更多地需要从各个方面帮助其做好充分的准备,并在日常教育教学工作中给予具体而有效的指导。处于这一层级的教师应树立正确的教育观念,熟悉有关教育法规,掌握教学常规,熟悉教学内容,获取基本教学技能,以适应教育教学工作。这一阶段的教师学习内容包括教师道德规范、教育政策法规、教学常规、课堂技能、新课程实施、教育科研、班主任工作、现代教育技术、心理健康教育等专题。为了达到良好的学习效果,可采用"专题讲座""师徒帮带""观摩-评议"等学习方式。通过这一阶段内容的学习,促使新手教师尽快适应教育教学工作,早日成为一名合格教师。

### (二)发展期

随着教学经验的积累及对教学活动的适应,历经将近五年的学习与历练,大多新手教师已发展成为合格教师,甚至开始在单位某些方面(如教育信息技术)起到挑大梁作用。此时,他们能有意识地选择教学内容,确定教学重点、难点;制订教学计划,知道该采用何种教学方法进行教学;能通过对教学行为的观察,较好地组织课堂教学。这一阶段的教师正处于各方面能力的发展与提高期,此时要创设探讨性学习的环境,引导处于发展期的教师在真实的教学情境中探索教育原理。主要的学习方式有"问题研讨式""案例分析式""反思性教学"等。通过这一层级内容的学习,引导教师将新的教学观念在教学行为中具体落实,提高他们开展教科研活动的主动性和反思意识;培养其教学实践的能力,促使他们向优秀教师迈进:师德良好,具有现代教育思想观念和创新精神,掌握相应的教育理论,能灵活运用现代教育基本知识和现代教育教学技术手段,有较强的教育教学实践和研究能力,在教育教学工作中能起带动作用。

### (三)成熟期

一般情况下,七到八年时间,大多数教师便成为单位的骨干教师甚至更高层面。在这个阶段,教师对教学情境已有直觉感受,通过对教学情境的分析积累了丰富的经验。他们能够在更高的水平上发现教学情境的相似性,并对此加以有效地分析,能够对新的教学情境进行预测,并且预测的明晰性、准确性不断提高。步入成熟期后,他们已能充分认识并肯定自己的能力和角色,有足够的见解去探索更高层次的问题,成为学校的骨干教师和中坚力量。他们在专业发展上有自己高远的目标,需要更多的支持和更大的空间。处于这一阶段的教师的学习内容主要包括两个方面。一方面是提高理论水平。通过集中学习、借鉴与研究新的教育理论和方法,他们能站在学科发展的角度思考问题,培养正确提出改革发展方向和具体目标的教育决策能力。另一方面是科研创新。通过课题研究,在某个方面形成自己的独到见解,总结出自己的教育观点和某方面的理论,发表具有一定分量的教育论著。概言之,处于优秀层级的教师对教育教学实践中需要研究的问题进行探索与研究,在这一过程中不断转变教育观念,创造性地设计和开展各种研究活动,建立多层复合的知识结构,教学与研究能力不断提升,逐渐向研究型教师的目标发展。

### (四)创造期

当教师发展到一定水平之后,有相当数量的教师发展到了平和期,而达到专家阶段的卓越教师为数不多。这些教师在其职业生涯中出现"高原现象",或许出于再晋级的无望心态,或许出于"小富即安"的自足心理,原本应该挑大梁的骨干教师,却逐渐缺乏工作热情和主动性,失去对新的教学理念的敏感与认同,他们不仅未能起到应有的引领与示范作用,反而陷入不求有功、但求无过的平和期。也有教师开始关注自己的教育思想,具有把自己的教育经验形成文字成果的冲动。这一时期的教师学习的内容应聚焦在教师职业的创造方面,使这些教师能够对自己的教育实践进行提炼升华,形成自己的教育思想或教育理论,主要学习内容应该是教育理论方面,特别是新形势下教育的发展所产生的新的教育教学教育理论。这些知识的学习有助于教师对教育教学形成新的理解,突破高原现象,进入创造的活跃期。

## 第三节　教师学习能力的提升

### 一、教师学习的规划

由于教师职业的高度稳定性,教师职业很有可能是教师一生的职业生活,为了职业生活的幸福与快乐,也为了一生的幸福与快乐,每一位教师都应该对自己的职业生活进行规划与设计,从而使职业生活走得更顺利。教师在学习过程中,为了学习的有效性,应首先进行职业生涯规划,这是学习适应职业生活的发展需要。

职业生涯规划是对职业生涯乃至人生进行持续的系统的计划的过程,它包括职业定位、目标设定和通道设计三个要素。职业生涯规划是指针对个人职业选择的主观和客观因素进行分析和测定,确定个人的奋斗目标并努力实现这一目标的过程。换句话说,职业生涯规划要求根据自身的兴趣、特点,将自己定位在一个最能发挥自己长处的位置,选择最适合自己能力的事业。职业定位是决定职业生涯成败的最关键的一步,同时也是职业生涯规划的起点。对于个体来说,职业生涯规划得好坏必将影响整个生命历程。我们常常提到的成功与失败,不过是所设定目标的实现与否,目标是决定成败的关键。职业发展目标在整个目标体系中居于中心位置,这个目标的实现与否,直接引起成就与挫折、愉快与不愉快的不同感受,影响着生命的质量。

对于教师的学习,学习也是起源于实现目标的需要,教师在学习的过程中,如果确定了职业生活的目标并对目标的实现进行了详细的规划,会对学习内容的选择、学习的积极性与坚持性等发挥积极的影响。由于教师的职业幸福的实现与职业生涯目标的实现息息相关,教师应该以成为优秀教师作为自己的目标追求,在学习与实践中不断完善自己。

## 二、教师学习的方式

### (一)教师学习的基本方式

**1. 自主与互动的学习方式**

自主学习是一种自我定向的、自己主宰自己的学习。教师的自主学习,是在强烈的自我发展意识和动机的支配下,以学习为主要方式的有计划的学习。教师的发展绝不可能用强制的、他律的办法来实现。因此教师自我规划的、自我调控的学习就成为教师学习的一种主导方式。教师要根据工作的需要与自己的特点,设计好学习的目标、内容和方法,不断地根据学习的进展进行自我激励、自我修正和自我调节,用坚韧不拔的毅力和锲而不舍的精神去追求学习效益的最大化。自主学习并不排斥合作学习。教师要经常与他人协商、交流切磋和相互砥砺,在互动中增强学习动力,开阔眼界,汲取有益信息,这其实也是一种自主行为。教师应当记住:"藐视团队合作而独自行动,无疑是自杀的最好方式。"

**2. 亲历与替代的学习方式**

美国著名心理学家班杜拉曾提出一种"社会学习理论",他把人的学习方式分为两种,一种是"亲历学习",另一种是"观察学习"或称作"替代学习"。

"亲历学习"是通过亲身经历的一种实践过程获得学习的结果。对教师而言,亲历学习是日常教育教学实践中的学习,教师必须以这种亲身参与的时间为契机,全身心地投入并对其结果进行认真的认知加工,获得真切的经验和体验,实现自我塑造。所谓"观察学习"或"替代学习",是指学习者以旁观者的身份,观察别人的行为表现及其结果而进行的学习,如听课和上各种观摩课等。由于每个人不可能亲历各种活动和实验,所以用别人的经验替代、补充和完善自己亲历的经验,具有重要的意义。事实上,教师的专业发展常常是从别人的实践经验中获得启示和教益,在经过与亲身经历的相互比较、相互影响后实现的。

**3. 定向与随机的学习方式**

教师的学习是以解决工作实践中的问题为目的的学习,是一种目标定向学习。教师能清楚地意识到学习的方向和目标,就可以科学地分配自己的能量,集中精力,做到"有所为而有所不为";就可以围绕特定的方向和目标,汲取学习之源、吸收相关经验、警醒自我研究。这样做,不仅能富有成效地解决当前问题,获得效能和成就感,而且随着一个个问题的解决,就会形成自己知识经验的链条,建构宽厚、扎实的素质基础。当然,教师也不能让自己的学习过分地实用化和狭隘化。教师的工作需要宽厚的知识修养、丰富的信息和充足的生活经验,教师要把学习贯穿和渗透到日常的各种活动中,多看看、多听听、多体味,随机地把点滴的信息注入自己知识与经验的"活水"中去。

**4. 接受与发现的学习方式**

从教育学、心理学分析,学习者获得知识信息无非有两种方式,一种是"接受式",另一种是"发现式"。在接受式学习中,学习的内容以定论的形式呈现给学习者;在发现式学习中,学习的内容是以问题的形式呈现,学习者必须通过自己的发现得出结论,并将发现的结果融入自己的认知结构中。在实际的学习活动中,二者应当是相辅相成、交互作用的关系。教师要迅速而大量地吸收人类长期积累起来的文化和最新的文明成果,就不能不通过最经济、最快捷的方式,如读书、听别人讲授来接收新的东西。但是教师工作是最复杂、最具有创造性的,它必须在各种不同的情境和条件下,通过尝试去探究、去发现一些具体的和独有的直接经验并形成理性认识,而且即使是接受过来的知识信息,也必须在实践中经过再发现去确认、检验、补充和整合,这样才能变为个人的实用理论。教师要善于将接受式学习同发现式学习结合起来,使之相得益彰。

## (二)教师学习的具体方法

### 1. 教师阅读

阅读是教师学习的重要方式。关于教师读书的重要意义,许多专家有过深刻而精辟的论述。苏霍姆林斯基曾指出:"读书,读书,再读书,教师的教育素养的这个方面正是取决于此。要把读书当作第一精神需要,当作饥饿者的食物。"著名教育家朱永新老师说:"教师的读书不仅是学生读书的前提,而且是整个教育的前提。""阅读不能改变人生的长度,但它可以改变人生的宽度;阅读不能改变人生的物象,但它可以改变人生的气象。"在朱永新发起的"新教育实验"中,更是把营造书香校园视为整个实验的支柱,其含义远远不局限于教师读书,但教师读书是营造书香校园的重要内涵。教师应该是"职业读书人"。北京市海淀区培星小学校长朱郁认为,教师专业成长的路径很多,但最持久、最扎实有效的一定是读书。

(1)读书是教师专业发展的基石和源头活水,如果没有教师的阅读,就没有教师真正意义上的成长与发展。李吉林老师具有非凡的学习力,乐于学习、勤于学习、善于学习,学无止境是她鲜明的个性特征。李吉林老师的学历并不高,中师毕业即从事小学教师工作,但她说"我的大学在小学"。她这样描述自己的学习生活:"我们一线教师理论匮乏,是短处。是短处就得补!为了情境教育,我早就开始'啃'理论了,我读到的第一本理论书籍是《小学生的心理特征》,我连夜贪婪地读。那时,借书、抄书、买书、记笔记、做卡片是经常的功课,比做学生时还要用功。心理学、教育学、教学论、美学的书我都尽量找来读,西方教育名家的论述也不放过。但我并不求全,但求化为己有、学以致用,这颇有点实用主义的味道。例如'场论'我没少学,使我懂得人为优化的情境就是一个'心理场'。为了'补短',我向书本学习,向专家学习。"

(2)教师阅读有助于教师保持积极的职业心态。这是教师职业发展的需要,新课改给教师提出了更高的要求,这是时代的发展和社会的进步。上课照本宣科,已经不能吸引学生的眼球了。不读书的教师,他的语言单调,知识面狭窄,教学方法陈旧,以至于课上的枯燥无味,无法激发学生的兴趣,更不要说引导学生认知自己了。所以教师需要丰富自己的学科知识,提高自己的文化修养,特别是对阅读经典的提升。教师不仅要按时按规地完成教学任务,还要使课堂充满活力、充满乐趣、充满互动。教师缺乏阅读易于出现职业倦怠。每一年和新的学生相遇,每一次的相遇针对学生来讲是一个新的开始,但是针对教师基本麻木了。教师在这个过程中有没有始终保持最初的心态,有没有积极地去面对每一个独特的个体,学生们能不能自然地感受到正能量的情绪感染,能不能感受到老师的热情和耐心,教师看待学生的眼光是不是越来越挑剔,遇到困难有没有倾尽全力去解决……林林总总说到底,其实只有阅读才能让教师回归最初的状态,不忘初心,让相遇"只如初见",时刻铭记学生的童年只有一次,别在我们手上搞砸了。阅读使教师重燃热情,充满勇气,渴望与学生一起进步,共同成长。脚踏实地地做好每件事,上好每节课,只有这样教师才能丰富自己、超越自己。

(3)读书的专业价值首先体现在深化本体性知识、丰富条件性知识、强化实践性知识上。本体性知识是教师教学活动展开的基础。简而言之,它是关于教的内容的知识。由于知识更新速度的加快,教师如果仅仅局限于自己学生时代的"老本",必然会落后与淘汰。而一个不能立足于学科前沿知识的教师,对于学科教学的理解必然会肤浅。如果教师没有不断阅读的习惯,本体性知识终究会成为一张过期的支票。教育理论的发展也是日新月异,教育观念需要不断更新,比如,泰勒时代的课程观与后现代课程观,就具有革命性的区别,教师如果不能与时俱进,就不能跟上教育发展的时代步伐。近年来,国外已愈来愈重视教师的条件性知识,并将它作为教师继续教育的一项重要内容。而条件性知识的丰富,首先依赖的就是教师的阅读。有经验的教师,他们面对内在不确定性的复杂的教学情境时能做出快速、准确的解释和决定,能在思考以后采取适宜于各种特殊情景的行为。强化实践性知识的主要渠道是教学反思,没有反思,即使教一辈子书也不会有丰富的实践性知识。而读书是促进反思的前提,通过专业阅读,教师的话语水平提升了,教师的教育理解力提升了,教师的反思力提升了,教师的实践性知识就会得到强化。

(4)阅读让学生爱上课堂。一方面,通过阅读教学技能方面的书,教师常常会发出"原来还可以这样上课呀""我怎么没有想到呢""这个环节如果这样设计孩子们会更感兴趣"的感叹,不仅提高了教师自己的创新能力,更重要的是能够让学生获取舒适的接受方式。而教育理论的书是前辈们在实践中的经验累积,从实践中来,到实践中去,有书本上的教育理论做支撑,在开展教育实践时因时制宜,博学多才的教师不会像以前那样照本宣科,一味地讲解枯燥的知识点,而是通过师生互动的方式理论联系实际进行拓展。这就要求教师不仅要有丰富的知识储备,还要求教师多读书,知识面广,才能在课堂上松弛有度、游刃有余。另一方面,教师阅读能给学生带来正能量的帮助,教师的阅读能够为学生树立良好的榜样,使学生喜欢阅读,也能够为学生的阅读提供指导,在阅读中师生共同成长。

基于教师阅读的重要性,教师应养成良好的学习习惯,持之以恒地进行阅读,在阅读中获得成长。

### 2. 观摩学习

"观摩"一词源出《礼记·学记》中的"相观而善之谓摩",观摩指互相切磋,互相学习交流的意思。观摩学习是教师学习的一种重要方式。教师的观摩学习就是通过观摩其他教师的课堂教学或综合育人活动对自己的教育教学起到启发作用的学习,包括听评课、观摩优秀教师的教学活动等形式。学校一般会组织教学观摩,观摩教学一般有三种类型。

(1)由经验丰富的教师上示范课。主要目的是学习先进的教学思想和方法,或研究教师的教学特点。

(2)教学专题研究课。一般是在各科教师学习和讨论某一专题的基础上,由一位教师设计教案,再进行试验性的观摩教学。

(3)青年教师汇报课。目的是为逐步提高青年教师的水平。由任课的青年教师经过独立钻研,设计教案,并由有经验的教师指导他修订教案之后开展观摩教学。为了提高观摩教学的有效性,通常观摩教学要有明确的研究目的和计划,观摩后要进行评议研究,从主讲教师的教学过程中学习和吸取教学经验及教学技巧。一般说来,教学观摩后,需要听课教师做一份教学观摩记录,总结主讲教师的授课内容和特色,并进行反思与感悟。对于教师个体而言,在观摩学习中,一是要具有积极的观摩学习心态,学习他人之长补己之短;二是要掌握观摩学习的方法,目的明确,详细记录,主动反思,尝试设计与实施。

### 3. 同行交流

同行交流就是同行之间进行的以经验传播提升水平为目的活动。对于教师而言,教师的劳动的群体性与个体性特点决定了教师在教育活动中只有形成群体合力才能形成对学生的积极影响,个体的水平因经验的交流而提升。教师的同行交流有本单位的同行交流,也应有跨单位的交流,既应有同质性交流,也应有异质性交流。总的来说,同行交流一是可以增进教师之间相互了解,增强团队的凝聚力,保障团队目标实现;二是可以获得更多的专业发展信息,能够快速解决问题。特别是异质性的交流,一般选择与比自己水平高的教师进行交流,对个体的促进作用会更大。在教师培训中,同行交流比较明显,教师应积极参加教师培训。

**思考题:**

1. 教师为什么需要学习?
2. 教师学习的内容有哪些?
3. 教师学习的方式有哪些?

随堂练习六

# 第七章 教师作为实践性反思者

> **学习导语**
>
> 成长＝经验＋反思。教师要善于从经验中进行学习，学习的基本方式就是反思。反思是人的理性的表现，是对以往经历的回顾与思考，只有把反思作为习惯，才能不断领悟，不断获得进步。学习如此，教学如此，生活亦如此。

**学习目标**

1. 正确认识教师教学反思的含义、价值，形成反思意识；
2. 了解教师教学反思的阶段；
3. 理解教师教学反思的内容；
4. 掌握教师教学反思的方式，提高反思能力。

**学习内容**

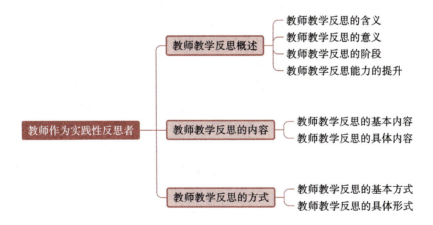

**关键词**：反思性实践者；反思；反思内容；反思方式

教师是实践者，实践智慧的形成要求教师把实践活动作为学习的场所，在实践中学会如何成为一名优秀教师，在实践中的学习就是教师的反思行为，教师应该成为反思者是教师专业发展的客观要求，也是教师职业的应有之义，在反思中感悟，在反思中发展。清华大学附中校长王殿军认为，教师只有不断反思，才能从实践中不断总结经验，再反过来促进教学水平的提升,让自己的职业生涯形成螺旋式上升结构,也只有不断反思、提炼,才能形成自己的风格,成长为名师。

# 第一节 教师教学反思概述

## 一、教师教学反思的含义

反思自省一直是我国传统文化所强调的为人处世的原则。《论语·学而》中"吾日三省吾身"的说法历来被人们所推崇,强调通过反省来促进自身的发展。而最先把反思引进教学过程的是美国哲学家、教育家杜威,他在名著《我们怎样思维》中认为,反思是"对任何信念或假定的知识形式,根据支持它的基础和它趋于达到的进一步结论而进行积极的、坚持不懈的考虑"。我国学者熊川武教授认为:"反思性教学是教学主体借助行动研究,不断探究与解决自身和教学目的,以及教学工具等方面的问题,将'学会教学'与'学会学习'结合起来,努力提升教学实践合理性,使自己成为学者型教师的过程。"舍恩基于教学过程的复杂性和不确定性,强调教师不可能总是套用先前的知识和经验来解决当前的现实问题。因此,教师要想在教学实践中做出明智的决策,就必须首先立足于自身的实践,坚持行动中学习、行动中思考和行动后反思。舒尔曼认为,在教学活动中最重要的因素是判断,即教育机智,这种判断是需要教师在实际的课堂情境中、在集体的实践活动中通过领悟和内省获得的。科尔伯基于经验学习的视角认为,学习是转化经验生成知识的持续互动过程,反思是经验学习的前提,发挥着至关重要的作用。实践经验是教师学习、成长与专业发展的起点、支架和生长点,对其系统持续的反思则是实现教师学习、成长与专业发展的前提条件、重要基础和必由之路。美国心理学家波斯纳认为:没有反思的经验是狭隘的经验,至多只能是肤浅的知识。他提出了教师成长的公式:成长=经验+反思,特别强调了反思在教师成长中的重要作用。

教师教学反思就是教师以自己的职业活动为思考对象,对自己在职业中所做出的行为以及由此产生的结果进行审视和分析的过程,就是教师自觉地把自己的课堂教学实践,作为认识对象而进行全面而深入的冷静思考和总结,从而进入更优化的教学状态,使学生得到更充分的发展。教师教学反思是一种有益的思维活动和再学习活动,是教师通过对其教学活动进行的理性观察与矫正,从而提高其教学能力的活动,是取得实际教学效果并使教师的教学参与更为主动、专业发展更为积极的一种手段和工具。教师教学反思是分析教学技能的一种技术,是对教学活动的深入思考,这种深思使教师能够有意识地、经常地将研究结果和教育理论应用于实践,它的目的是指导控制教学实践。经常性的教学反思可使教师从经验型教学走向研究型教学,是一种用来提高自身的业务,改进教学实践的学习方式,不断对自己的教育实践深入反思,积极探索与解决教育实践中的一系列问题,能进一步充实自己,优化教学。

教师教学反思是"分析教学技能的一种技术,是对教学活动本身,尤其是教学技能、教学方法的深入思考,这种深思使得教师能够有意识地、谨慎地、经常地将研究结果和教育理论应用于教学实践"。教学反思是教师以自己的教学活动过程为参考对象,对自己所做出的教学行为以及由此所产生的结果进行审视和分析的过程。

教师教学反思不是一般意义上的"回顾",而是反省、思考、探索和解决教育教学过程中各个方面存在的问题,它具有研究性质,是校本教研最基本的力量和最普遍的形式。这种反思与通常所说的静坐冥想式反思不同,它往往不是一个人独处放松和回忆漫想,而是一种需要认真思索乃至极大努力的过程,而且常常需要教师合作进行。另外,反思不是简单的教学经验总结,它是伴随整个教学过程的检视、分析和解决问题的活动。教学反思的本质是一种理解与实践之间的对话,是这两者之间的相互沟通的桥梁,又是理想自我与现实自我的心灵上的沟通。因此,教学反思被认为是"教师专业发展和自我成长的核心因素"。

## 二、教师教学反思的意义

舍恩提出教师应改成实践性反思者,我国在教师教育政策中也提出教师应成为实践性反思者,教师作为反思者意义重大。叶澜教授曾指出:"一个教师写一辈子教案不一定成为名师,如果一个教师坚持写三年反思有可能成为名师。"可见,教师的专业成长离不开反思。

### (一)提升教师的实践智慧

教师的教学水平,主要是通过教学实践来提高的。但这并不意味着有了教学实践就一定能提高教学水平。有的人教了一辈子书,水平还是老样子。原因就在于缺少教学研究分析,缺少反思总结。教师只有对自己在课堂上的行为进行研究、反思,才能够了解自己在课堂上的教学行为有什么意义,体现了什么样的教育教学理念,对学生的学习和发展有何影响。同样,教师只有通过对自己的学生进行深入细致的观察和探寻,才有可能了解学生到底在做什么、想什么,他们到底学到了什么,这种学习对他们的发展有什么作用。

教师教学反思有两大目的:学会教学和学会学习。学会教学要求教师把教学过程作为"学习教学"的过程,向自己的经历学习,逐步成为学者型教师。学会教学是反思教学的直接目的,学会学习是终极目的,要求教师从学生学会学习的角度去思考,最终实现两个"学会"的统一。教学反思可以检查是否达到教学目标;分析教学中的不足;记录教学中的困惑;发现某种教育教学行为是否对学生有伤害;可以发现自己的教育教学方法是否适合学生等。

教师教学反思是一种有益的思维活动和再学习方式,每一位优秀教师的成长都离不开教学反思。如果教师仅仅满足于获得经验而不对经验进行深入的思考,那么,即使是有"20年的教学经验,也许只是一年工作的20次重复;除非善于从经验反思中吸取教训,否则就不可能有什么改进",他可能永远只能停留在一个新手教师的水准上。在知识的获得过程中,教师不是仅仅学习停留在书本上的静态的概念和原理,而是将前人总结出来的、普遍适用的"原理"和"规律"同当前的教学情景和个人的认知状态有机结合起来,知识不仅仅是从别人那里得到的过程,在很大程度上它反映着教师的经验和知行能力,进而成为教师的实践智慧。

### (二)加速教师的专业化进程

在教师的成长历程中,教师的教育教学观念与能力是发展的前提和基础,而反思是其发展的助推器,教育教学实践是教师专业发展的基本载体。反思不仅是批判性的思考,而且是教师以自己的教学实践为思考对象,对自己在教学实践做出的行为以及所产生的结果进行审视和分析的过程。教学有其延续性,教过了不是了结,不能边教边丢。我们不妨回过头来看看整个教学过程,追问一下:"我的教学有效果吗?""有没有比这更有效的教学?"正如有的教师所说,通过反思,在学生的"错误"中求发展,在教师的"失败"中寻发展,在教材的"局限"上寻发展。反思是教师全面发展的过程,教师只有全面深入地反思自己的教学行为,他才能从教学的各个环节中审视、修正原始经验,经验在强化、否定的思维加工中得到提炼与升华,从而转变为一种目标明确并有先进理念支撑的实践行为,让自己从一名"教书匠"转变为"科研型"教师,甚至"学者型教师"。

### (三)提高课堂教学实效性

作为教师,理论知识和专业水平固然重要,但驾驭课堂教学的能力更是必不可少的。如果缺乏对日常课堂教学中出现的问题进行反思和不断积累的意识,教师很难掌握驾驭课堂教学的能力。只有通过反思,教师才会不断地剖析自己在课堂教学中的优缺点,细致地、冷静地加以推理总结,具体地对某一个问题的对策、某一教学环节中学生的质疑,甚至某一个辩论回合展开思考。在反思中,已有的经验得以积累,成为下一步教学的能力,日积月累,这种驾驭课堂教学的能力将日益形成。所以只有通过教学反思,教师的有效经验才能上升到一定的理论高度,才会对后续的教学行为产生积极的影响。

### (四)凝练教师的教学特色和风格

所谓教学风格,是指教师在长期教学实践中逐步形成的一种稳定的教学心理品质,它体现了教师对教学技能、技巧和教学理念的一种理解和运用状态,反映了教师一贯的教学观点、教学作风,以及对教学语言、教学方法、教学风度、教学机智等方面把握的稳定特性。教学风格是教师成为专家型教师的标志。

教学风格产生和形成需要有一个相对漫长的过程。教师从开始教学,到逐渐成熟,最后形成独特的教学风格,是一个艰苦而长期的教学艺术实践过程。这个发展过程又可分为模仿性教学阶段、独立性教学阶段、创造性教学阶段和有风格的教学阶段。这些阶段各有其特点,从一个阶段发展到下一个阶段,都需有必要的主客观条件。在这种顺序的发展过程中,教学的模仿性因素越来越少,而独创性因素越来越多,有独创性因素的一定量的积累,才可能引起质变,从一个阶段发展到另一个阶段,最后形成自己的教学风格。

教师的教学特色和教学风格属于典型的个人知识,而教师"个人知识"的形成主要靠对经验的反思,教师需要在教学实践中更好地理解一般的教育规律,逐渐形成自己对教育教学规律的理解和把握,进而形成自己的"个人知识"。为此,在教师的教学风格形成过程中,必须回答如下问题:

- 我的教学语言特点属于哪一类?
- 我的板书设计更接近哪一类风格?
- 我所理解和执行的师生关系属于哪一种?
- 我的教学设计属于周密型还是豪放型?
- 我的课堂氛围属于哪一类风格?

……

对这些问题的回答和思考过程,正是教师凝练自己教学风格的过程。课堂教学的设计、反思、实践和再研究,不仅是提升课堂教学效益、凝练教学特色和风格的有效工具,更是提升教学水平、加速教师专业发展的有效形式。为此,可以对比预设教案与生成实况看新的学生观。特别需要从以往"以教促学——教师如何教,学生就该怎样学"的传统观念,到"以学定教——学生怎样学得方便,教学就应该怎样进行"的转变,这也是教师从内心世界中真正转变的心路。

总之,教学反思是一种有益的思维活动和再学习活动,也是回顾教学—分析成败—查找原因—寻求对策—以利后行的过程。优秀教师的成长过程应该是一个不断总结教学经验、反思教学实践的过程,是一个成长的必要环节。教学反思可以进一步地激发教师终身学习的自觉冲动,不断的反思会不断地发现困惑,"教然后而知困",从而促使自己拜师求教,提升自身的教学水平。

## 三、教师教学反思的阶段

按照教学的进程,教师的教学反思分为教学前反思、教学中反思、教学后反思三个阶段。

### (一)教学前反思

思之不慎,行而失当。作为备课(教学设计)后期工作的一个环节,课前的教学反思,其重要性是不言而喻的,课前教学反思能够进一步明确教学目标,确定教学起点,检验预设方案。首先,反思教案的编写与学生实际水平的吻合程度,是课前教学反思的首要内容。其目的一方面在于进一步明确教学目标,对自己的教案进行查缺补漏、吸收、内化,重新审视这个教案的利弊得失;另一方面的目的则在于,关注学生的需求,准确把握学生的最近发展区,使教案更加符合学生现实。其次,反思教案的重要工作还在于检验预设方案的可行性,有意识地增添必要的备用方案。最后,课前教学反思还可以促进同伴互助开展学习,这就需要教师主动与同行沟通、有针对性开展专题讨论,听取他人的"高见",即在课前,利用教研活动时间,围绕自己备课中的某一问题,进行聚焦式研讨,取长补短。无论是反思预设方案与学生实际、教学实际的吻合程度,还是有针对性地开展反思性的专题研究,其核心都在于检验预设方案,进一步明确教学目标,确定教学的起点。精彩的课堂生成,来自课前的精心预设。

教师在课前应思考如何组织教材以呈现给学生,课堂中应重视教学的内容、作业针对性等。这种反思具有前瞻性,能使教学成为一种自觉的实践,并有效地提高教师的教学预测和分析能力。教师在进行教学之前,结合以往的教学经验,对教学内容再次梳理,理清需要教给学生哪些关键概念、结论和事实,教学重点难点的确定是否准确,教学内容的深度和范围对学生是否适度,所设计的活动哪些有助于达到教学目标,教学内容的呈现方式是否符合学生的年龄和心理特征,哪些学生需要特别关注,哪些条件会影响课的效果……自己过去的教学中曾遇到过哪些问题、采取什么策略和方法去解决的、其效果如何等,教师在课前做这样的反思对备课很有帮助。另外,根据目前所教班级学生的学习状况,在学习中可能出现哪些新问题、准备采取哪些策略和方法,也要进行课前的反思。在反思的基础上设计出新的教学方案,既可以增强教学设计的针对性,又可以养成教师良好的反思习惯。

教学前反思的内容包含反思确定内容、阶段及具体实施方法对学生的需要的满足程度与具体目标,以及达到这些目标所需要的动机、教学模式和教学策略,还要对本学科、本册教材、本单元、本课时的教学计划列出反思的关键项目。例如:第一,需要教给学生哪些关键概念、结论和事实;第二,教学重点难点的确定是否准确;第三,教学内容的深度和范围对学生是否适度;第四,所设计的活动哪些有助于达到教学目标;第五,教学内容的呈现方式是否符合学生的年龄和心理特征;第六,哪些学生需要特别关注;第七,教学前反思哪些条件会影响课的效果,即在课堂教学实施之前对教学行为的一种前置性反思。

## (二)教学中反思

教学中反思即在教学过程中对出现的问题进行及时、自动的反思,这种反思具有监控性,能使课堂教学高效优质进行,提高教师的调控和应变能力。它也是教师在教学过程中,对发生的不可预料的情况进行的反思,以及教师在和学生互动过程中,根据学生的学习效果反馈,对教学计划进行的调整。不可预料情况发生时,教师要善于抓住有利于教学计划实施的因素,因势利导,不可让学生牵着鼻子走。根据学生反馈对教学计划的修改和调整要适当,不可大修大改。

教学中反思要求教师全身心地投入到教学活动中,调动各种感官捕捉反馈信息,快速、灵活地做出调整和反应。教学中反思时,教师可运用录音和录像技术,与观察手段一起为以后的教学后反思提供信息。

## (三)教学后反思

教学后反思即指有批判性地在行动结束后进行反思。这种反思具有批判性,能使教学经验理论化,并有助于提高教师的教学总结能力和评价能力。

围绕教学目标、教学过程、教学策略进行,具体分为以下三个方面。

### 1. 教学目标方面

①确定教学内容与教学目标的适用性;②针对目标所采取的教学策略做出判断。

### 2. 教学过程方面

①回忆教学是怎样进行的;②对教学目标的反思,即是否达到预期的教学效果;③对教学理论的反思,即是否符合教与学的基本规律;④对学生的评价与反思,即各类学生是否达到了预定目标;⑤对执行教学计划情况的反思,即改变计划的原因、方法是否有效,采用其他的活动和方法是否更有效;⑥对改进措施的反思,即教学计划怎样修改会更有效等。

### 3. 教学策略方面

①感知环节,教师要意识到教学中存在问题与自己密切相关;②理解环节,教师要对自己的教学活动与倡导的理论,行为结果与期望进行比较,明确问题根源;③重组环节,教师要重审教学思想,寻求新策略;④验证环节,检验新思想、新策略、新方案是否更有效,形成新感知,发现新问题,开始新循环。

## 四、教师教学反思能力的提升

### (一)确立自主专业发展的意识,提高对教学反思的认识

如果教师每天都得过且过,从没想过如何进步,仅满足于"不被学生赶下讲台",那就根本没有反思的动机,成长和进步也就无从谈起了。因此,教师要努力把工作做得更好,有成为优秀教师、名师的愿望,有追求卓越的渴望,有不断前进的目标,这样才能在反思中不断成长。

促进教师专业发展的原动力是自主的专业发展意识,没有"自我更新"的自主专业发展意识,教师外部的努力就会失去着力点。"自我更新"的自主专业发展意识要求教师把提高自我反思能力作为促进自身专业成长的重要措施,只有在有效反思中,理想教师专业结构的要求才能成为教师自觉构建的目标,也只有在持续有效的实践与自我反思的互动中,教师专业发展的方向才不会偏离。教师的自主发展过程中,提升反思重要性的认识会成为教师反思的动机,推动教师产生积极的反思行为。

### (二)加强理论学习,促进理论提升

教育理论是对教育实践的总结提炼与升华,对教育实践具有解释、引导、审视、评价作用。教师的理论水平是行为理性的基础,在教师的反思中,理论发挥着重要作用。理论的学习有助于增强教师的学习能力,主动探究教学的奥秘,寻找教育真谛的意识与能力。试想如果对教育教学改革没有深刻的理解、领会、悟性和内省,没有从根本上认识到传统教育存在的弊端,没有对新理论和方法发自内心深处的认同和迫切需要,教师就很难适应现代教育发展的需要。

### (三)参与教育科研,促进反思的超越

教育科研能力是根植于教育实践而又有所升华和超越的创新能力,是现代教育的一种体现。教师参与教育科研有助于提高自己对教育教学规律的认识,提高运用新的教育理论指导自己教学实践的能力;有助于教师把已有的教学经验理论化、系统化,提升对教学的理性认识;有助于在教学中发现新问题、新现象,并主动去探讨,形成自己独特的教学风格。因此,教师必须依托科研,加强教育理论的创新,才能适应时代的发展,逐渐成为反思型教师。

只有通过教学反思才能提高教师的教学水平,才能把教师潜意识的活动纳入教师有意识的活动之中,才能提高教师的教育科研能力,从而使教学水平迈向更高而有效的境界。

### (四)积极参加教师教育培训

培训和学习是中小学教师在教学生涯中快速发展的重要途径,培训的内容和渠道随着社会的发展变得越来越多元化。教师的专业发展离不开对教师的培养和教育,不仅要在思想、理念上强调终身教育的必要性,而且要在具体方法和措施上加以落实,要加强对教师专业发展的理论研究,将研究的重点深入到如何有意识地促进和影响教师专业发展上,要解决在教师专业成长过程中遇到的各种问题,教师应该了解在什么样的情况下会遇到什么问题,需要通过什么样的途径得到帮助,提高教师培训的针对性和实效性。

### (五)形成反思习惯

从一定程度上讲,反思就是"自我揭短",这对一般人来讲是痛苦的行为。缺乏毅力者即使反思技能再强,反思也难以顺利进行。教学反思需要教师具有批评与自我批评、勇于进取的勇气。提高教师教学反思的能力,将教学活动本身作为意识的对象,不断地对自己及其教学进行积极、主动的计划、检查、评价、反馈、控制和调节。教师反思能力的大小取决于其自身素养的高低。所以,教师需要把反思行为培养成一种习惯,在不断的反思和改进中逐步形成正确的教育观念,养成高效的教学行为方式。

养成反思习惯,提高反思能力,保证对自我专业发展反思的经常化、系统化,要求教师安排固定的自我反思时间,使反思变得程式化。在反思的内容上,教师应该以优秀教师为榜样,多向模范教师学习,找出自身不足,了解做一名优秀的教师应该具备哪些能力,并付诸实践,一步一步地走向成功,对于很难完成的目标应该做出一个长期的规划去实现。中小学教师在平时中要保持正确的信仰,尽量远离不正确的思想观念,杜绝一切不利于教师发展的观念。此外,注重教师间相互学习、交流。教师要保持开放的心态,随时随地准备接受好的、新的教育观念,要不断更新自己的教育信念和专业技能。为此,教师要充分挖掘、利用各种有助于自我专业发展的资源,打破互相隔离,主动加强教师间的交流、合作,寻求与同事的合作与帮助。

## 第二节 教师教学反思的内容

### 一、教师教学反思的基本内容

#### (一)对教育观念与教育行为的反思

观念与行为是教师教学的内外两种因素,观念是行为的灵魂,指导着行为。行为是观念的体现,是直接对学生发挥影响的因素。基础教育课程改革对教师的教学行为提出了新的挑战,在新课程标准下,要树立新意识,转变角色,确认自己新的教学身份。教师不仅仅是知识的传授者,更要成为学生学习活动的组织者、引导者、合作者。

**1. 反思教学行为中教师是课堂的主宰者还是学生学习的组织者**

学生才是学习的主人,教师的一个重要任务就是为学生提供学习合作交流的空间与时间,这是学生重要的学习资源环境。在教学中,教师可以采用个别学习、同桌交流、小组合作、组际交流、全班交流等多种课堂教学组织形式,这些形式为学生创造了合作交流的空间,同时教师还必须给学生提供充足的时间自主学习,让他们有一个宽松、和谐的学习环境。如一位教师在"七巧板"一节中,让学生自己设计一副七巧板,并拼凑图形,学生对动手操作很感兴趣,不少同学设计出别出心裁的"七巧板",并拼出了许多意义丰富的图形,其构思之巧妙、想象之丰富,使人耳目一新。那一刻,同学们体会到了自己交流而取得成功的乐趣。

**2. 反思教学行为中教师是学生获取知识的引导者还是知识传递的支配者**

传统教法认为课堂上教师的任务就是想方设法把知识传授给学生,使学生完全处于被动地位,思维活动完全受教师的支配,这种教学方法不能发掘学生的潜能,阻碍了学生的发展。教师的任务不仅是教会学生的知识,更应该成为学生自主探索并获取知识的引导者,引导的内容不仅包括方法和思维,同时也包括做人的价值,引导可以表现为一种启迪、一种激励,在学生迷路时引导其辨明方向,在学生遇到困难时激励其勇于战胜困难。

**3. 反思教学行为中教师是权威者还是学生学习的合作者**

在课堂教学中,教师的作用是不能忽视的。在以往的教学中,师生之间的距离无法缩短,师生之间无法进行感情交流,良好的师生关系、民主的课堂气氛无法形成。要改变这种形式,教师应该主动由"站在讲台上"变为"走到学生中去",使自己成为学生中的一员,与学生共同探讨学习中的问题,以交流、合作、商讨的口气与学生交流心得、体会。这样学生会亲其师,信其道,遇到什么问题都愿意与教师讲,互相交流。

### (二)对教学过程要素的反思

#### 1. 关于对教育对象的反思

从学生的角度来反思自己的教学行为及其结果是教师教学的重要保证。了解学生的所思所想和需要,是教学成功的必要条件。教师通过观察学生的行为和自己的行为,不时地进行自我评价和反思。教师在课堂上观察学生的行为,并根据学生表现出来的理解程度来度量教学目标的完成情况。许多优秀教师正是通过学生的反应和学习效果来调控自己的教学进程和教学行为,并把学生的学习效果作为自己教学成效的日常反思尺度。因此,来自学生方面的反思无疑会增进教师更理性化的教育行为。

#### 2. 关于对教材教法的反思

教师在教育过程中无疑会用到各种知识,而且教师本身也无法描述和预测具体哪些知识。教师既要知道"教什么",掌握所教学科及其相关的内容,又要知道"怎么教",掌握教育教学的方法,二者缺一不可。"教什么"的知识与"怎么教"的知识在性质上还有所不同。"教什么"的知识在于掌握,在于知道"它是什么",可以通过传递的方式而掌握。"怎么教的知识"不是教师被传授的"应该怎么教的理论",而是教师体会、理解和实际拥有的经验和信念,是教师个人的实践知识,是基于教师日常不断地反思实践而获得的,包含着自己的教育信念,又体现在日常的教育教学行为中。教学反思应把握反思的广度和深度。反思的广度就是能够全面地看待教育中的种种问题,不仅要善于抓住问题的基本框架,而且不会遗漏其中的重要细节和主要因素。反思的深度是指能够深入教育事物的内部,把握住问题的本质及核心,抓住问题的关键所在,揭露引发事件的根本原因(包括事件的近因和远因),并且善于预见事件的发展进程和结果。

#### 3. 关于对教育过程的反思

教师的反思不仅可以针对某一个具体的教育事件、教育行为,还可以在一个教学阶段结束后对教学质量进行全面的分析、评判。这也是一种反思,是对一个持续实践过程的反思。教学是教师每天所从事的日常工作,在日复一日的活动中,我们往往容易疏于思考,使鲜活的教育过程变得机械化、程式化。对日常的教学过程进行全方位考察,就是要打破原来近乎沉寂的平静,将所有理所当然的理念悬置起来,以怀疑、批判的态度重新审视它,以积极的心态分析过程与结果的教育意义与价值,反观自己的教学理念与教学行为。

#### 4. 关于对教学事件的反思

教育事件是教育教学事实真相的表达,它能超越时间和概念体系,说明教育实际中的真实情况。教育事件虽然没有直接的真理或理论价值,但具有人的生命意义与精神的占据,具有实践的生机活力,是教育教学的血肉之躯。事件是突发的、不规则的、个性化的、未经设计的,同时事件也是具体的、流动的、历史的、清晰的。教育就是这样一系列教育事件的组合。每个学生都生存或生活于各种各样的教育事件之中,每个事件都是个性化的独特境遇,都是师生间或学生间点对点的教育关系。教育事件是最为生动、最为稳定、最为常见、最为重要的境遇。所以教师的教育反思往往关注学生在教育事件的境遇中生长,侧重于境遇的独特性。事件的中心词是"事",事的主体是人。对教育中的事件的研究旨在通过让学生发现问题、形成能力、学会做事,生成态度情感价值观,并确认自己的存在,促进人不断地成长与生成。

## 二、教师教学反思的具体内容

教学实践是一个由多阶段、多要素构成的复杂过程,在这一过程中,有许多内容值得反思。

### (一)教学特色

教学特色是指教学过程中表现出来的独特风格。独具特色的教学,给人的感受是别样的,给人的回味是无穷的。它蕴含于诸多要素之中:在教学理念上,看主体地位的突出、教学层次的呈现、实践活动的安排;在教学方式上,看学生参与的程度、知识获取的过程;在教学效果上,看教学目标的落实、创新意识的培养。

### (二)成功之举

反思教学成功之处及精彩片段。"精彩"在哪里?精彩的教学片段依附于教学过程的方方面面,如引人入胜的新课导入、别有风味的氛围营造、得心应手的教具应用、新颖别致的难点突破、别具一格的智能开发、出神入化的学法指导、画龙点睛的诱导评价、留有悬念的课尾总结等。

不论哪一节课,总是会有自己满意或成功之处,更有教学过程中的亮点及精彩,诸如:教学过程中产生的各种灵感顿悟;自己对教法、教材、学生等要素的创造性理解;教学某一阶段师生创新思维火花的迸溅、情感的水乳交融、师生关系的和谐融洽;教学中恰当的应变措施、双边活动的有效开展使学生的思维始终处于兴奋活跃之中;哪些问题促进了学生的自主学习及创新意识的激发和培养;学生在教师的引领下,循序渐进,获取新知,提高了能力。又如:课堂上有静有动、动静结合,较好地调动了学生参与教学的积极性,合作学习富有实效;好的课堂结构;学生有创意的问答等。这些都可作为我们反思和研究的材料,更可以当作教学案例,结合教育教学理论加以剖析,对进一步提高专业水平、发挥长处及优势、形成自己的教学风格,大有裨益。

要记录下教学过程中的优点,例如:教学中突出重点、分散难点的方法;到达预期的教育教学目标,引起教与学共振效应的途径;设计合理、条理分明的板书;课堂教学中临时出现的问题以及处理得当的具体措施;先进的教学理念在课堂中的渗透与应用;教育学、心理学原理在课堂中应用的感悟;教学方法的革新;学法指导的技巧等。只有详尽地记录这些优点,才能在今后的教学中借鉴使用,并不断总结、改善,推旧出新,教学才能近于完美。

### (三)"败笔"之处

写教学中不足、失败之处。"缺失"在何处?上完一节课后,教师总会感慨课堂上有这样或那样的缺失。哪些内容处理不当;哪个环节安排不合理;哪一重点突出不明显;哪一问题设计不科学;哪一合作落实不到位;哪一交流时间不充分;哪一语言评价不得体;没有关注学生情感、态度、价值观的生成;教学活动的组织形式不利于学生自主探究;问题的提出、情景的创设没有很好地考虑到学生已有的知识和生活经验,没有遵循学生的认知规律;备了教材,但忽视了备学生;重"复制"却忽视了"创意";忠实地执行着既定的程序,却忽视了课堂中的动态因素,学生的学习兴趣没有很好地激发调动起来;教师跟在学生后面走或教师牵着学生走……课后,对以上问题回顾、整理并通过与其他教师交流研讨来反思自己的教学行为,使自己清醒地意识到潜藏在教学行为背后的教学理念,提出一些扬长避短的改进措施,使之成为自己今后教学时应吸取、借鉴的教训,从而不断强化有效教学的意识,提高教学水平,提高课堂教学效率。即使是一位教学经验非常丰富,课堂教学近乎完美的教师,在一节课上的某些环节也难免有疏漏失误之处,有这样或那样的不足和败笔之处。能认真冷静地对整个教学过程加以剖析,回顾探究寻找到解决问题的方略,为今后的教学积累深层次经验,无疑会锦上添花。

### (四)教学机智

课堂教学中,随着教学内容的展开,师生的思维发展及情感交流的融洽,往往会因为一些偶发事件而产生瞬间灵感,要及时记录,利用课后深刻反思,否则就会不了了之,教学思路得不到拓展。"偶得"还有教学过程的意外收获。意外收获往往来自对课堂意外事件的处理:面对学生异想天开的"发问",教师如何应付;面对学生的歪答,教师如何引导等。意外的收获往往来自学生"创新的"火花捕捉:学生发生问题的独特渠道;提出问题的独特途径;分析问题的独特思路;解决问题的独特见解,等等。这些难能可贵的见解也是对课堂教学的补充与完善,可拓宽教师的教学思路,提高教学水平。因此,将其记录下来,可以作为以后丰富教学的材料养分。

### (五)教学效果

每一节课后,应认真反思教学预案的实施情况:通过本节课教学,教学的目标是否达成,教学的效果是否良好,教学的组织是否科学,活动的安排是否合理。这样可以做到扬长避短、精益求精,为今后再教学这一内容提供借鉴,把自己的教学水平提高到一个新的境界和高度。

### (六)学生的行为

反思学生行为,优化教学设计。教育的根本是为了每一位学生的发展,课堂教学也不例外。在课堂教学过程中,学生是学习的主体,他们总会有"创新的火花"在闪烁,教师应当充分肯定学生在课堂上提出的一些独到的见解,这样不仅使学生的好方法、好思路得以推广,而且对他们也是一种赞赏和激励。同时,记录整理学生的创新思维,可以丰富今后的教学材料,提高教师的业务水平。

### (七)再教设计

一节课下来,静心沉思,想想自己探索出了哪些教学规律,教法、学法上有何创新,启发学生思维有何新招,重点及难点的突破与分散是否得当,课堂训练设置是否有层次感、有梯度,教学是否面向全体学生,知识点是否通过迁移训练得到强化等。再次梳理之后进行必要的分类与取舍,考虑一下再教本节内容时应该如何去做,写出"再教设计"。这样可以做到扬长避短、精益求精,把自己的教学水平上升到一个新的境界与高度。

# 第三节 教师教学反思的方式

## 一、教师教学反思的基本方式

教师教学反思是教师对自己教学实践的反思,教师是反思的主体,但教师在反思过程中,既可以以个体的方式进行,也可以以群体合作的方式进行。依据反思的主体可以把反思分为自我反思与合作反思。

### (一)自我反思

自我反思是指教师自己通过收集来自不同方面的信息资料,对一个特定的问题进行反思。它通过反思教学日记、录音录像资料、他人(包括学生)对自己教学的感受、他人的教学经验等方式进行,通常采用的研究方法有行动研究、叙事研究、案例研究等。

**1. 行动研究式**

行动研究式的反思要求教师立足于学校教育教学实际,从问题出发,从自身的需求出发,做到教学和研究合二为一,变解决教育教学问题的过程为教育教学研究的过程。行动研究是一个开放的系统,是一个不断循环渐进的过程,即教师发现教学实践中的问题,制定解决问题的方法、策略和步骤,采取有效的行动;行动结束后对实际效果进行评价和反思,进而又发现新的问题,制订新的行动研究计划……教师就在这样一个循环渐进的过程中得到锻炼和成长。

**2. 叙事研究式**

教师的反思离不开教育实践,正是在教育实践中对教育世界的不断追问、对所怀抱理想的不断思考、对所从事教育意义的不断追寻,才有了教师的成长。传统教育理论将许多教育问题从教育实践中抽拔出来而概念化抽象化,产生了教育理论与教育实践的隔离。教师专业发展实际上就是把这些教育问题的学术研究放回到鲜活的现实中,使理论研究返回思想的故里,使教育研究融入实践的滋养。这就离不开叙事研究。

**3. 案例研究式**

案例研究式教学反思就是运用一个教学案例来说明蕴涵其中的教育教学原理。编写案例要注意以下四点。第一,培养自身的洞察力。要从分析教学任务的目标出发,多方面地获取有关信息,做教学的有心人。第二,交代教学背景。因为任何一个教学案例都有它特定的时空背景。第三,分析案例的价值。每个教学案例都充满了决策时的理念与困惑以及为此所做出的多种诠释或理论阐述。第四,发挥案例的作用。除了自己编写案例外,还要注意研究他人编写的案例。开展教研活动时,各位教师拿出各自的案例,展开交互式讨论和开放式探究,以提高自己分析问题和解决问题的能力。另外,通过编写和研究案例可以促使教师反思自己的教学,同时还可以分享同伴的经验。案例是理论和实践的桥梁,众多的案例为教育学、心理学和课程论提供了佐证。案例是解决具体教学问题的一把钥匙,是教师业务进修的一架梯子,是教师学习理论和研究理论的一块沃土。

### (二)合作性反思

合作性反思则是指教师通过与他人(管理者、教师、科研人员、学生等)就共同关心的问题进行的对话和研讨,如教研活动、教学观摩、师生座谈等。通常采用的方式有对比式、参与互动式、观摩式等。

#### 1. 对比式

在进行有对比的反思活动中,就同一教学内容可以借鉴两位或更多位教师来进行对比,先通过听课或集体备课对每节课进行深入观察、比较和分析,改进方法,再通过课后的反思来提高自己的教育教学水平。

#### 2. 参与互动式

参与互动式的反思,是指参与式教学与互动式研讨相结合。在这种模式下,教师既可以与专题主讲人或公开教学的当事人直接对话,也可以与其他教师相互切磋,有意识地让自己在活动中进行反思,在交流中学习他人的长处,生成新的教学理念,达到新的认识高度,从而实现自我提高。也可以通过向学校骨干教师(也可以是专业研究人员)咨询,了解教育教学中的问题,并请专家加以诊断;也可以请其他教师同行听课,集体会诊,发现自己教学中的问题,并找出解决问题的最佳途径。

#### 3. 观摩式

观摩式通常指教师依据一定的教学理论上示范课,其他教师观摩,课后与其他教师共同切磋和进行反思,最后由教研员(或专业研究人员)归纳点评。由于新的教学理念变成了教学实例,转化成了教师的教学行为,加之授课教师与听课者面对面的交流和沟通,新理念下的教学行为容易得到大家的认同和理解,教师不仅知道怎样做,还知道为什么这样做。除现场观摩外,教师还可以观看有关示范课的录像,观看时可采用微格回放的方式,就上课的精彩片段或"败笔"进行回放,让观摩者认真研讨,剖析教学中的成功经验和存在的不足。在观看录像的过程中,专业研究人员和教师一起边看、边评、边议。观摩课能促使教师多听、多想、多问和多做,通过反思、感悟和行动来增进对新课程理念的把握,提高实施新课程的能力和水平。

## 二、教师教学反思的具体形式

根据反思的具体形式,可分为教后记、反思性日记、听课、学生反馈、专题反思等形式。

### (一)教后记

"教后记"又称"教学后记",它是教师在一节课后对教学设计和实施情况进行总结,将经验和教训记录在教案上的文字。"教后记"是进行教学管理和教师进行教学控制的重要一环,也是教师组织课堂教学的重要组成部分;是教师改善教学系统的运行状态,对教学系统中存在的问题进行认真的查找,以求发现和纠正教学系统及系统目标偏差,通过调整教学行为,提高教学工作质量来优化学生学习效果的重要方法。教师可以在备课笔记的最后留出空处撰写"教后记",可以只言片语,可以洋洋洒洒,视这节课的情况而定。在第二轮该知识重新备课时,教师便掌握了第一手资料和经验。一个比较完整、规范的教学过程是既应有课堂设计,又应有教学后记的。

### (二)反思性日记

教师的反思性日记主要是将自己教育教学行为之后的所思所想记录下来。它可以记录任何形式教育活动：与同行老师的交流、与学生的某次谈话、与家长的一次沟通、对一次公开课或讲座的点评和体会等，涉及面广，形式多样，区别于单纯的"教后记"。教师养成撰写反思性日记的习惯有利于教师积累教育教学的经验教训，并为教师经常性的反思提供丰富的思想素材。如果教师将反思性日记进行经常性的集体交流与分享，将更有助于教师个体教育观念的形成与教师的成长。

### （三）听课

听课是一种比较常用的反思策略。"他山之石，可以攻玉。"通过听课，教师之间可以互相学习，取长补短。年轻教师要多听年长教师的课，从中吸取上课的一些宝贵经验，包括课堂管理、教学方法等。资深或者年纪大一点的教师也应放下架子，主动去听年轻教师的课，并将此与自己的教学做比较，通过这种反思来冲破传统教学观念的束缚。作为反思型教师，还应主动邀请别的教师来听自己的课，让他人来评估自己的课堂教学，课后互相交流，反思一些教学细节，探讨改进措施。

### （四）学生反馈

学生反馈策略是指导教师应定期从学生那里取得反馈信息，从中反思自己的教育教学。学生的反馈是多样化的，有对教师上课的看法，有自己学习的总结，也有向教师倾诉自己最近不悦的事情、征求建议等。教师可根据这些信息，反观自身的教育教学，了解学生的思想动态，有的放矢地开展教育教学活动。当然，教师要想从学生那里得到如实反馈，平时须与学生坦诚相待，互相尊重，建立民主融洽的教学环境。

### （五）专题反思

围绕教师个体对一个阶段（学期或学年）的教学行为进行科学的、深刻的反思，这有利于教师从较高的层面对教学行为及其远距离的效果做冷静的分析，进而概括出教学行为表现的背景原因，并从宏观的角度对今后的教学实践进行指导。结合自身教学实践，对一种教学手段或教学方法的运用情况进行深入细致的反思，这是教师开展教学专题探讨或研究的一种有效方式，也是教师不断提高理论素养、加强教育理论指导教学实践的最佳途径。如果说每节课后的"教后记"、每一阶段的"反思性日记"零星地、真实地记录了教师在鲜活的教学实践中微观和琐碎的教学心得的话，那么"专题反思"这一行动研究就是有明确主题的教学反思，由于它联系的是更长周期的教学理论与实践整合之路，因而它更容易从宏观着眼，从单一的问题线索入手，对教师的教学行为进行提炼、概括，并就某一方面提出今后教学中问题解决的最佳方案。

**思考题：**
1. 教师为什么需要反思？
2. 教师反思的具体内容是什么？
3. 教师反思的具体形式有哪些？

随堂练习七

# 第八章 教师作为研究者

**学习导语**

本章讲述教师专业发展的途径之教师作为研究者。在教育教学中经常会面临各种问题,研究是我们认识并解决问题的途径。通过研究,教师的专业水平会不断提高,教师也在研究成功中体验职业的幸福与快乐,因而教师成为研究者已是一种趋势。在今后的职业生活中,要增强研究的意识,努力培养研究的能力,争取早日成为一名优秀的教师。

**学习目标**

1. 阐释教师研究的概念、作用及意义;
2. 掌握教师研究的一般流程;
3. 理解并恰当地选择教师研究的方法。

**学习内容**

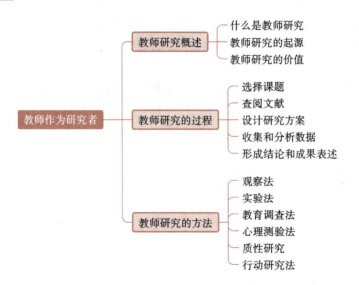

**关键词**:教师研究;研究流程;研究方法

教师进行教育研究有助于加强对教育教学活动的理解,树立正确的、先进的教育观念,提高教育教学能力,促使教师由新手转化为能手,进而成长为专家型教师。"教师应该成为研究者"已成为当今教师教育的一个重要价值取向,做研究型教师也成为许多教师追求的目标。"教师成为研究者"在国际上也已成为一项颇具影响的教育改革运动,它不仅对教师角色的转变有重要的意义,也是促进教师专业发展的有效途径。

## 第一节 教师研究概述

### 一、什么是教师研究

#### (一)什么是研究

从研究的字面意义来看,"研"指审查、细磨,"究"是指穷尽、追根求底。而英文的"research"是由"re"和"search"组成,意味着反反复复寻找的意思。因此,"研究"是指人对事物真相、性质、规律等进行的无穷尽的积极探索,由不知变为知,由知少变为知多。简单地说,研究就是一个认真地提出问题并以系统的方法寻找答案的过程。

#### (二)什么是教育研究

由于教育活动的复杂性,教育研究的对象非常多。教育研究是以教育现象为对象,以科学方法为手段,遵循一定的研究程序,以获得教育科学规律性知识为目标的一整套系统研究过程。它既是一种认识过程,解释、预测发现、发展一定的教育理论,又是一种实践过程,研究教育现象的目的在于利用研究所揭示的规律、方法提高教育教学效果。

叶澜教授认为具有科研意识、知识和能力是所有专业人员的共同特征。教师的研究能力不仅表现为对自己教育实践和周围发生的教育现象的反思能力,不断地改进自己的工作并形成理性的认识。教育研究就是教师作为专业人员的一种专业生活方式,教师还可以运用多方面的经验和知识,综合地创造性地形成解决问题方案,这使教师的工作更富有创造性和内在魅力。

### 二、教师研究的起源

教师研究不是在教师的配合下进行的研究,也不是与教师一起进行的研究或是有教师参与的联合体的研究,而是教师自在、自主、自为地开展教育教学探究活动的过程。

1926年,英国教育家贝克汉姆在其《教师的研究》一书中提出,教师从事研究既能发展教学技术,还可以增强教师职业自尊心。这种思想为教师开启了教师研究的新思路,提供了教师成为研究者的理论基础,对理解教师具备科研素质和教师成为研究者有了更深的认识。

教师要成为研究者,首先要有反思精神。杜威在《我们如何思维》中对反思做了阐释。他认为,反思是对于信念或假设性知识的一种主动、持续、周密的,遵循一定基础和结论的思考。反思性行为源于教师在教学实践中遇到的困难和疑惑,然后不断地对自身的教学观念和教学实践进行探索、研究和改进的过程。杜威强调了反思对教师成为研究者的重要作用,为教师角色的转变带来了新的思路。

20世纪60年代末,英国课程论专家斯滕豪斯正式提出教师成为研究者的理念,并提出教师要具备科研素质。埃利奥特在此基础上提出"教师成为行动研究者",提倡研究与行动合二为一,把行动注入研究中,将研究用于解决实际问题上来。凯米斯又在此基础上提出"教师成为解放性行动研究者"。他强调了专家的作用,并提出专家引领下的研究共同体,并由教师和专家这一共同体引导教师进行自我反思,改进教育实践。

著名教育家陶西平先生曾经说过:"教育家都是在发现问题、研究问题、解决问题的过程中克服重重困难和阻力,经受次次失败与挫折,最终寻找到解决一个或者多个问题的途径,从而引导教育的改革与发展的。"

## 三、教师研究的价值

林崇德教授指出,中小学教师参加教育科研是促进教师自身成长的一条重要途径。在肯定教师研究价值的前提下,关于教师应该成为研究者,一些专家认为教师应该成为行动研究者,而有些专家却认为教师应该成为解放性行为研究者。教师研究的主要出发点是对教育教学中存在问题的研究,善于去发现和去解决问题。实际上教师研究者的角色意识与实践也有助培养学生的研究素质,使学生受到科学研究思维的熏陶。

教师研究的最终目的是通过反思,探究教育中潜在的或出现的问题,寻求解决问题的办法和建构理想教育的策略。对于作为教育实践者的教师而言,理解科学研究的价值对于开展教育科研的自觉性具有积极意义。从宏观的层面讲,教师成为研究者可以缩小教育理论与实践的鸿沟,提高教师专业技能和专业素养,帮助教师获得话语权和自主权,促进专业发展;从微观层面讲,教师成为研究者可以让教师发现教育教学实践的乐趣和意义,回到教育之中解决实际的问题,提高教学质量。从研究的基本要素分析,学校有着天然的研究场域,教育问题即研究课题,研究对象具有可控性、可操作性,研究课题可以重复验证,研究具有价值。进行教育研究,成为研究者有助于改善教师在教育改革中的地位。

### (一)有助于唤起教师内在的职业价值感和尊严

教师研究本身具有一种解放、自主的特质,它能使教师质疑、检视平常认为理所当然的做法和现象,透过系统的观察、探究、反思,增强教师对学校教室的生活世界及教学现象的认知,让教师在进行评估与反思教育实践时,从伦理及教育层面激发自我意识的觉醒,使得教师愿意为自己的教育实践进行改进和提升,成为具有反思探究能力的专业人员,从而逐步建立起教师个人的专业自信,自主促进教育教学的改新。

真正热衷于教育研究的教师,都是具有职业坚定信念和执着追求的人,自愿投入到其中,将教育研究视为教师职业素养的一部分,在研究中丰富职业生活,在研究中收获成长。

### (二)有助于教师工作任务的有效完成

教育活动是人类社会中一种特殊的实践活动,它具有以下特点:教育对象的复杂性与独特性、教育目标的全面性、教育内容的丰富性、教育手段的多样性和先进性、教育情境的多变性。教师的成长离不开自己从事的职业活动,离不开工作任务的有效完成。换言之,教师是在不断有效地履行自己的角色义务的过程获得自我发展、自我实现的。

学生发展具有规律性和动态变化性,教师在学生的发展过程中承担着重要的作用。教师可以准确把握学生发展规律,尊重学生特点,观察并激发学生发展潜能,从而对学生发展起着推动作用。随着当今时代经济、科技和教育的迅速发展,在一些家长的过度保护和苛求的影响下,一部分学生表现出自我意识强、好奇心强、独立意识差等特点。如何把握这些特点,并根据学生特点制定相应的教育对策,指导学生适应社会、形成积极健康的价值观念,需要教师进行不断的思考和研究。

### (三)有助于教师进一步丰富教育科研理论和加深对新课改理念的理解

基础教育课程改革正在进行,这对中国的教育事业来说既是机遇也是挑战。对教育研究相关问题的剖析旨在认识和发现教师教育研究的特点及一般规律,使教师对教育研究有更加深刻的理解和明确的认识,进而提高其参与教育、科学研究的积极性,实现教育、科研活动的科学性。作为课改实践者的教师,如果自觉提升自身的教育、科研素养,就会更加透彻和清晰地认识和理解新课改的理念,从而更好地践行和保证新课改的顺利实施。通过提升教育、科研素养,在新课改理念实施中始终保持问题发现和研究意识,不断探索和把握课程发展规律,抓住机遇迎接挑战。

### (四)有助于培养教师的反思意识,推动教师自身专业化成长

教育、科研能够更好地引导教师进行教学反思,强化教师对自己职业的认可度,克服职业倦怠对自身发展的消极影响,更加积极主动地投身到新课改中,更加有效地践行新课改,从而实现专业化发展。以科研促进教学,以科研带动学习,改变过去教师单一的教学行为,形成教学、科研、学习一体化的新的教学行为,实现教师角色的转型,提升教师的教育智慧。

美国心理学家波斯纳提出教师成长的公式:成长＝经验＋反思。他还指出,没有反思的经验是狭隘的经验,至多只能形成肤浅的知识。如果教师仅满足于获得经验而不深入思考经验,那么教师发展将大受限制。教学反思被认为是教师专业发展和自我成长的核心要素,它要求教师细致观察并发现问题,通过系统的、客观的、科学的分析和研究,对课堂教学进行新的实践,从而提高教育质量和自身理论水平。反思是一种能力,也是一种态度和习惯。大部分优秀教师就是通过对教育教学基本问题的不断反思,形成了对教育完整的看法和正确认识,从而实现自身专业成长。以李吉林老师为例,她就是一位普普通通的小学教师。一名普通小学教师能够成长为一名中国本土的并且率先走向世界的著名教育家,得益于她所开展的教育研究——情境教学实验。李吉林老师开始情境教学实验,就是因为在小学语文教学实践中发现了问题——课堂上没有形象、没有情感、没有生气。她带领孩子们走出教室,到大自然宽广的怀抱中去,开放的语文教学让孩子们写出了一篇篇颇有灵性的日记。语文教学从封闭走向开放的新格局,让她顺其自然地创造了观察情境说话、观察情境作文、想象性作文等崭新的儿童习作范式。她真切地体会到,创新就是寻求解决教育现实问题的路径。从情境作文到情境阅读,从情境教学到情境教育体系的整体建构,李吉林老师都脚踏实地,立足于教育改革实践,同时又能从理论和实践结合的角度去探索中国基础教育改革与发展的道路。

### (五)有助于提升教师的职业幸福感

教师分为技能型和研究型两种类型。由于技能型教师缺少正确的教育理念缓解疲惫,因而容易产生职业倦怠。而研究型的教师不仅有专业知识,而且有专业追求,同时也是自我更新和终身学习理念的践行者,因而研究型教师很少能感到职业倦怠。研究型教师通过研

究亲身体验的教育教学实践活动来明确教育的意义,从教育事业中获得了巨大的心理满足和成就需要,由衷地体验到教师职业的满足感与成就感。

教师参与教学科研活动,可以改变教师的生命状态,使教师由"教得辛苦"变为"教得幸福",从而提升教师的职业幸福感。苏霍姆林斯基在其《给教师的一百条建议》一书中写道:"如果你想让教师的劳动能够给教师带来乐趣,使天天上课不至于变成一种单调乏味的义务,那你就应当引导每一位教师走上从事研究这条幸福的道路上来。"

## 第二节　教师研究的过程

教师教育研究有几个重要的问题要解决:为什么研究、研究什么以及怎么研究。对于中小学教师来说,教育研究从本质上说是一种行动研究,是基于教育问题、改进教育现状、提高教育效率的研究。

研究问题虽然各式各样,但研究过程却是有一定共同的程序的。教育研究通常包括以下步骤:选择课题;查阅文献;设计研究方案;收集和分析数据;形成结论和表述成果。

### 一、选择课题

选择课题是课题研究的第一步,选题可以使研究的目的具体化,使研究活动指向特定的对象和内容范畴。选题具有指向性、概括性和理念性等特点。因此,教育科研课题的选择,对于整个研究过程、组织管理和课题方案的制定都具有十分重要的意义。

#### (一)选择一个要探究的问题

选择课题需要遵循以下基本原则:一是创新性原则,课题要具有新意,需要把握起点低、立意高、问题小、思路阔的原则。二是科学性原则,课题须符合教育科学理论及规律,具有明确的指导思想和科学根据。三是可行性原则,课题须符合实际,要有现实意义,以改进教育教学面临的实际问题为指向。课题应该来源于日常工作中遇到的、亟待解决的实际问题,如学生上课时不专心听讲问题,而不是宏观层面的一般问题,而且对问题的充分关注会变成一种研究动力。

值得强调的是,教育过程中要解决的问题层出不穷,但并非所有的问题都可以作为研究课题,就问题本身而言,有大小、主次、轻重、缓急之分,因此研究什么问题应是有选择的。而且,问题不等于就有了课题,只有那些经过反复的思考、概括和提炼的问题,才有可能成为研究课题。

#### (二)课题界定和表述

课题界定是对课题题目的阐释,即对课题含义、研究内容、研究范围、研究对象、研究方法的详细解释。课题界定可以使该课题研究在确定的范围内开展,使课题思路明确清晰,具有可操作性,也便于他人按照研究者规定的范围来理解和评价研究的合理性。课题界定可以采用归纳和演绎的方法,引用教育理论、整合文献知识等,以分段或标题陈述的形式确定概念及其内涵与外延,采用"分—总"的方式,对课题中的研究对象、范畴、方法,抽取出本质属性分别给予概括,最终形成对整个研究课题名称的科学界定。

简而言之,课题界定和表述就是将所关注的问题理清头绪,将所涉及的概念用更明晰的语言描述出来,并且明确选题意义及研究价值。

### (三)明确所要解决的问题

明确问题即把课题内容分析成具体问题。有了明确的问题以后,研究任务就是对每一个问题都要给出答案。课题研究问题是课题的核心和靶子,是课题要解决的主要问题。因此,研究问题一定要准确、具体、可行。此外,明确问题需要化繁就简,要抓住课题研究所要解决的重点问题,可以回避或舍弃对课题研究影响不大的问题,使课题研究的内容和问题更加简单明确。

### (四)优秀课题的标准

#### 1. 有实际或理论价值

教师教育研究课题反映着现有教育实践和认识的广度和深度,同时也反映出向未知教育研究领域探索的广度和深度。爱因斯坦说过,提出一个问题往往比解决一个问题更重要。他认为解决问题也许仅是数学或实验操作的技能而已,而提出新问题却需要有创造性的想象力,而且标志着科学的真正进步。教师教育科研的目的是要解决教育实践存在的各种问题。这些问题由于对教育的影响不同,在教育活动中所处的地位和作用不同,因而其价值体现也就不同。因此,优秀课题应该具有十分重要的理论或实践价值,可以推动教育实践和教育科学的发展。

#### 2. 研究问题清晰明确

研究问题是指教育研究所要回答的具体问题,是一个可以通过研究来进行回答的问题。研究问题的确定是研究活动的起点,决定了研究活动的目标和方向,还体现出研究的水平。一个优秀课题的研究问题必须清晰明确、主题突出、逻辑顺畅,能体现出研究人员丰厚扎实的专业理论知识和研究方法知识,以及开阔的视野、敏锐的洞察力、较强的判断力和丰富的教育经验。

#### 3. 可操作性强

教育课题研究人员必须具备完成该课题的主客观条件,研究理论假设合理,目标内容清晰,阶段实施过程明确,实施的可操作性较强,从而为研究课题的可行性提供充分保障。在充分考虑学校的人文环境、师资水平、实验基础、教学设备、教研经费等条件基础之上,从研究者本身研究水平和能力实际出发,如果拥有丰富的教育实践经验,可以在理论领域做些研究;如果是实验研究的新手,可研究一些具体的课题,着重掌握教育实验方法。在诸多研究类型里,行动研究和小规模实验研究是中小学教师比较容易开展的两种研究活动。

#### 4. 具有时代前瞻性

教育是一项面向未来的事业,因此教育研究课题应充分反映、适应社会变化和教育变革的趋势。教育研究的前瞻性主要体现在两个方面:一是对教育现状的改善;二是对未来教育的策划(前景分析、预测和实践)。具有预见性和前瞻性的课题更能凸显和强化面向未来的意识。对于正在发展中的一些教育问题，需要运用更多的前瞻性思维和系统性思维，经过认真思考、理性分析，提出应对的策略。

## 二、查阅文献

### (一)查阅文献的含义

查阅文献是指搜集与课题研究或与自己所研究的问题有关的已有研究资料并进行整理的过程。查阅资料贯穿于研究的全过程。查阅文献包括两个部分：查找文献和阅读、整理文献。文献的获取来源包括图书杂志（教科书、专著、期刊、综述性文章、政策法规文件汇编等）以及电子资源。在搜集文献阶段，一般应选择具有关联性、权威性、时效性强的文献；整理文献是指对文献的个体加工过程，对文献分门别类进行梳理，理清相关研究的脉络，找出已有研究的不足，预测本研究的发展趋势等。

### (二)查阅文献的价值

牛顿说过，"我之所以看得更远，是因为我站在巨人的肩膀上"，查阅文献是在研究过程中站得更高的关键环节，知道同行做过什么研究，达到什么样的水平，还存在哪些问题，使自己在研究时能少走弯路，起点更高。

**1. 有助于研究者对相关领域的研究情况有一个系统、全面的认识和了解**

研究者可以通过查阅文献对所要研究的问题做出系统的评判性的分析，了解他人的主要研究成果、研究水平、研究重点、研究方法、经验和存在不足等，进一步明确自己的研究课题的科研价值，找准自己研究的真正起点。

**2. 有助于研究者选择研究课题、形成研究假设**

找准研究的起点之后，研究者需要从非常详细的文献资料中，通过筛选和比较，进一步缩小研究范围，找出比同类研究更集中的变量范围，形成更凝练、更准确的研究假设。

**3. 提供一些可能对当前研究有帮助的研究思路和方法**

文献资料反映了国内外研究学术思想和最新成就，查阅文献是了解科研前沿动向并获得最新情报的有效途径。为更科学地论证自己的观点，提供有说服力的、丰富的事实和数据资料，使研究结论建立在可靠的材料基础上，查阅文献有助于研究者做好研究设计、解释研究结果、撰写研究报告或论文。

## 三、设计研究方案

### (一)设计研究方案的含义与价值

设计研究方案是指课题或项目研究行动的设计，是行动之前预先拟定的具体内容和步骤，它是研究工作的全盘计划和方略，研究方案设计是研究前期准备阶段的重要内容。有经验的研究者都用较多的时间做这项工作，并把研究方案作为研究成果的内容之一。设计研究方案主要是对研究过程进行规划和选择研究方法的过程，这是任何一项教育研究都要进行的研究内容之一,也是研究的前提。

研究方案主要回答研究什么和怎么进行研究,一般包括研究目的、研究问题、研究重点、研究方法、研究分工、研究步骤、研究周期及其阶段研究任务、研究成本核算以及预期研究成果等方面的内容。设计研究方案使研究者对研究过程有一个清晰的认识,在研究的前期工作中,需要做到准确把握所要研究的问题和所采用的方法。研究方案主要解决三个问题:①研究什么问题;②怎样开展研究;③预期的成果是什么。方案设计得越好,研究过程的进展将会越顺利。研究方案反映了研究者的研究思路和设计策略,实际上也映射出研究者的研究能力和水平。尤其对群体研究和周期较长的课题研究来说,研究方案更具意义。

### (二)研究方案的结构与要点

(1)课题题目。要体现出研究的目的、研究的问题、研究的方法和研究的类型。

(2)问题提出(研究的新意)。从综述前人的研究成果,指出前人尚未解决的问题,显露该领域的空白,从而提出本课题所要研究和解决的问题。

(3)文献综述(研究的基础)。文献综述包括三点:一是该问题研究的主要观点(发表何处)、研究者是谁、研究的进展和发展趋势;二是说明该问题尚未解决的问题以及解决这些问题的意义;三是对已有的研究做出价值评价。

(4)研究目的与意义(研究价值)。一是说明这项研究有什么用;二是从理论和实践两个方面说明研究的意义。

(5)研究的内容(研究什么)。研究的内容是对课题题目的具体分解,形成研究问题。只有把研究的问题弄清楚了,研究才能开始。对研究问题的分解越细致,研究起来就越轻松,越顺利。

(6)研究的重点(研究什么)。一项课题或项目要研究的问题有许多,但是要有重点,分主次,要抓住问题的本质和主要矛盾,这样才有望取得预期的成果。

(7)研究假设(研究什么)。任何假设以及后果的考虑,必须在研究之前就形成。假设可分为两类,一类是描述性假设,描述原因和可能性结果;另一类是解释性假设,解释由某种原因导致的可能性结果以及说明必然产生这些结果的条件。描述性假设不具有预见性,而解释性假设则具有预见性,教育研究就是要对假设进行证实或证伪。

(8)研究方法(怎么研究)。研究方法的确定,取决于研究的类型。理论研究有理论研究的方法,应用研究有应用研究的方法,技术研究有技术研究的方法。理论研究一般采用文献研究方法和思辨方法等;应用研究一般采用实验方法或试验方法等;技术研究采用试验方法等。任何研究往往不是只采用一种方法,而是综合运用几种方法。

(9)研究步骤(怎么研究)。研究过程一般分为三个阶段,即准备阶段、研究阶段和总结阶段。研究步骤要按照这三个阶段进行设计,每一阶段要做什么、怎么做,大体上什么时间做,什么时间做出什么,要有明确的设计,这样才能使研究工作一环紧扣一环。准备阶段是论证问题和制订方案的过程;研究阶段是解决问题的过程;总结阶段是回答问题的过程。每个阶段的内容不同、任务不同,所采用的方法也不同。

(10)研究结果(研究出什么)。一般来说,一个课题要解决几个问题,就应当得出几条结果。结果是研究的心脏,结果是依据所研究的问题确定的。预计要解决哪些问题,怎样表述研究结果,这是预先就应做出设计的。

(11)预期成果(研究出什么)。一项课题最终的研究成果,在研究之前应预先有一个考虑,设计出成果的形式、成果的数量、成果的应用,以及成果应用的对象、范围等。

## 四、收集和分析数据

数据的收集与分析是教育研究中的核心工作,数据是研究过程中所形成的材料,研究成果的获得是基于数据分析而来的,缺乏数据支撑是无法获得研究成果的,及时推论出成果也很难使人信服。收集和分析数据的过程随研究的内容和方法而定,收集数据的方法主要有观察法、调查法和实验法三种。除此之外,教育研究还可以通过测验、查看教学档案、召开座谈会、分析教材等取得研究素材。收集数据应注意全面性、准确性、关联性。

观察法、实验法和调查法各有其特定的技术和要求。教育研究观察可以直接用肉眼,或利用照相机、录像机、摄像机等工具,有时还需要测量。探究实验的一般过程是提出问题、做出假设、制订计划、实施计划、得出结论、表达和交流。实验法以观察法为基础,它们的本质区别在于是否对研究对象施加有影响的因素。调查法实施的过程一般为明确调查目的和调查对象、制订合理的调查方案、如实记录、进行数据整理和分析、进行统计。

分析数据的方法分为定性分析和定量分析。定性分析是对自然情境下的现象的研究,主要以描述性资料为主,对结果和过程进行归纳的一种分析方式。常用的定性分析方法包括因果分析法、比较分析法、归纳和演绎法、分析和综合法以及扎根理论。定量分析是应用数理统计的一般原理和方法,对研究过程中所收集来的数据资料进行整理、分析,并以此为依据,进行科学推断,从而揭示蕴含其中的客观规律的一种研究方法。

比如,在收集小学生听课效率研究的相关数据时,应集中了解学生的举手率、发言情况、注意力和情绪状况,了解教师的教学策略和教学安排。收集了以上观察信息后,可进行定性加定量的分析,如计算出学生集中注意力的时间,对比成绩好和成绩差的学生在注意力稳定性上的差别。另外,还须定性分析造成学生注意力不集中的原因。

## 五、形成结论和成果表述

在分析数据的基础上概括研究结果,提出对教学的建议。在结论的获得上,应以数据资料为基础,不能主观随意化,尤其是不能隐匿对结论不利的数据资料。同时,每一个结论都应有资料作为佐证。

教师在完成对某一个教育问题的研究之后,就要对整个研究过程进行全面的回顾与总结。在此基础上,提供概括反映研究全过程和所获得知识的书面材料,以便向他人提供必要信息,达到相互交流、促进发展的目的,将研究过程和结果形成文字就是对教育研究成果的表述。

教育研究成果的表述形式是多种多样的,研究的任务不同,研究成果的表述形式也不一样,但大多还是以书面语言的形式来表达的,这样既有利于成果之间的相互交流和讨论,更有利于成果的保存与继承。一般来说,教育研究成果的表述形式有两大类:一类是教育科学研究报告,另一类是学术论文。

教育科学研究报告是描述教育研究工作的结果或进展的文件,是情况报告、新发现和新成果的文献,是教育工作者经常使用的一种文体,其突出特点是用事实和数据来说明和解释问题。它是教育研究者广泛使用的一种文体。根据教育研究的内容与方法不同,研究报告也有不同,可以有教育观察报告、教育调查报告、教育实验研究报告、行动研究报告、经验总结报告、个案研究报告等多种形式。学术论文是教育研究者运用一定的研究方法对特定的教育问题、现象、文献或理论进行系统的、专门的研究和探讨,得出新结论、提出新观点、做出新解释、进行新论证的一种理论性文章。它以阐述对某一事物、问题的理论性认识为主要内容,要求能提出新的观点或新的理论体系,并做出解释和论证。

教育研究成果表述是教师从事教育研究应具备的基本功,也是证明教师教育科研能力的尺度。它既是教育科研的反思过程,也是教师提高教育科研能力和为自己积累评职晋级资本的过程。

## 第三节 教师研究的方法

教师研究方式多种多样,在教育研究活动中,教师需要根据研究目的与研究对象选择不同的教育研究方法,一般而言,教师在教育研究中经常采用的方法有以下几种。

### 一、观察法

观察法是指根据一定的研究目的,在自然条件下通过对教育现象的了解,并做出准确、具体和详尽的记录,间接地认识教育教学特点及规律的做法,是教育研究中的基本方式。观察法不限于肉眼观察、耳听手记,还可以利用视听工具,如录音机、录像机、电影机等作为手段。观察法的步骤如下。

#### (一)观察准备

事先做好充分的准备,制订观察计划。先对观察的现象作一般的了解,然后根据研究的任务和研究对象的特点,确定观察的目的、内容和重点。如果情况复杂或内容多,可采取小组分工观察。最后制订整个观察计划,并考虑如何保持被观察对象的常态等。

#### (二)观察过程

按计划进行实际观察。在进行过程中,既要严格按照计划进行,必要时也可随机应变。要选择最适宜的观察位置,集中注意力,记下重点,不被无关现象扰乱,观察时可借助仪器及时做记录,不要事后回忆。

#### (三)观察材料的整理及结论的获得

全面记录与整理观察材料,对大量分散材料利用统计技术进行汇总加工,删去一切错误材料,然后对典型材料进行分析。如有遗漏,及时纠正,对反映特殊情况的材料另做处理。在对观察材料进行整理分析时,以材料为依据进行客观的分析,结论应有材料的支持。

### 二、实验法

实验法是研究者有意创设或改变条件以引起研究对象的变化,探索教学规律的方法。

实验法的主要特点是严格控制条件,主动引起需要研究的现象,对结果作数量分析,可反复验证。换而言之,实验法是在人工控制教育现象的情况下,有目的有计划地观察教育现象的变化和结果。它能使观察、记录更为精密,便于弄清每一个条件所产生的影响,保证研究工作的准确进行。在学生心理的相关研究中,实验法被认为是最为规范、科学性最好的研究方法。在探索心理活动与其他条件的因果关系时,最常采用这种方法。

实验法可分为实验室实验法和自然实验法。实验室实验法基本上在人工设置的环境下进行,可采取各种复杂的仪器和现代技术。自然实验法在日常教育工作的正常条件下进行。教育实验大多采用自然实验法,但对某些问题的研究也需要应用实验室实验法。不论采用哪种实验法,都要保证受试者处在正常的状态中。

## 三、教育调查法

教育调查法是通过当事人的口头报告、其他人的介绍、追述以及周围的事物材料来间接了解教育现象的方法。调查法一般是在自然的过程中进行的,包括面谈、家访、访问教师与学生、了解档案、作品、问卷调查等形式,其中最常采用的是问卷调查。调查法的步骤如下。

### (一)准备

选定调查对象,确定调查范围,了解调查对象的基本情况;研究有关理论和资料,拟订调查计划、表格、问卷、谈话提纲等,规划调查的程序和方法,以及各种必要的安排。

### (二)调查过程

按计划进行调查活动。通过各种手段搜集材料,必要时可根据实际情况的变化,对计划做相应的调整,以保证调查工作的正常开展。

### (三)整理材料

该步骤包括分类、统计、分析、综合,以及写出调查研究报告。

## 四、心理测验法

心理测验法是运用标准化的心理量表对被试者的某些心理品质进行测定来研究心理的方法。常用的心理测验有能力测验、品格测验、智力测验、个体测验、团体测验等。心理测验法在设计时需要考虑信度与效度,信度保证其测量的准确性,效度保证测量的可靠性和稳定性,因此结果更加准确。这种方法因其有效性和快捷性,在小学教育研究中使用越来越多,一般做基础性测验和结果证实性或验证性测验。

## 五、质性研究

质性研究是在自然情境下,研究者与被研究者直接接触,通过面对面的交往,实地考察被研究者的日常生活状态和过程,了解被研究者所处的环境以及环境对其产生的影响,其目的是从被研究者的角度来了解他们的行为及其意义的解释。简单说来,质性研究就是一种"情境中"的研究。

确切地说,质性研究方法是一种研究范式,是同类性质的研究方法的统称。质性教育研究全面反思了教育实验研究的科学化倾向,开始强调参与者的内在价值和意义,强调对教育情境的整体理解。

## 六、行动研究法

行动研究最早由美国心理学家库尔特·勒温于1946年提出,是指由教育情境的参与者为提高对所从事的教育实践的理性认识,为加深对教育实践活动及其所依赖的背景的理解所进行的反思研究。行动研究是以教师为研究者,以教学的相关活动为研究题材,以日常的教学情境为研究情境,以教学活动的改进为目的的研究。行动研究与前几种方法不同,它更多的是教师对自己工作方法的研究,对教师的专业成长影响更大。另外,它不是一种单一的方法,而是可以在行动研究中综合运用前述的研究方法。

行动研究是研究者按照"计划—行动—观察—反思—再计划……"的操作程序与方法,不断地完成自我反思的螺旋上升。行动研究在提出之后,迅速得到中小学教师的青睐。对于中小学教师而言,行动研究比其他研究方式更随意、自由,使他们远离文献分析和统计测量等规范研究方式的困扰,教师只要"思考"自己的教育实践,就是"研究",研究变得轻松,教师也就乐于投入研究中。行动研究不仅是一种研究方法,更是一种新的研究范式,教师可以把行动研究当作自己研究的方法论,将行动和研究结合起来,将理论和实践结合起来,灵活地进行研究。

教师行动研究的途径包括三种:问题解决、合作研究和叙事研究。在行动研究中,提问者必须讲述自己遭遇了一个什么教育事件,这个事件是如何发生的,它是如何处理的,处理之后遇到了什么困惑。处理某个教育事件之后剩下的困惑就是"提问";合作研究主要指校外研究者与中小学教师一起组成合作研究小组,共同观察、讨论某些特定的教育现象,目的在于唤醒教师的提问意识和"解题"意识,由此捕捉那些值得研究的问题,并以合理的方式解决相关的教育问题;叙事研究的目的是将整个教育问题的提出与解决过程完整地叙述出来,组成行动研究的一份研究报告。

教师研究方法没有好坏、科学与否之分,如果抛开研究问题本身而去论证哪种研究方法更好更科学是没有意义的。一线教师研究者常常存在这样的误区:问卷调查法和访谈法等定量研究法比文本分析法、教育叙事等定性研究法更加科学。从根本上说,研究方法是为了获取研究所需的数据、证据和资料,定量研究法和定性研究法都有其自身的优势,但也存在一定的局限,没有哪种研究方法是万能和完美的。所以在教师研究中,教师应结合使用不同的研究方法,在定性研究的基础上多加以定量的分析及实证研究手法,使研究的结论更具客观性、规范性和说服力。

思考题:
1.教师为什么应成为研究者?
2.教师研究的选题的要求有哪些?
3.教师应怎样开展研究?

随堂练习八

# 附　　录

## 附录 A　教育部关于印发《幼儿园教师专业标准(试行)》《小学教师专业标准(试行)》和《中学教师专业标准(试行)》的通知

(教师〔2012〕1 号)

各省、自治区、直辖市教育厅(教委),新疆生产建设兵团教育局,部属师范大学:

　　为贯彻党的十七届六中全会精神,落实教育规划纲要,构建教师专业标准体系,建设高素质专业化教师队伍,教育部研究制定了《幼儿园教师专业标准(试行)》《小学教师专业标准(试行)》和《中学教师专业标准(试行)》(以下简称《专业标准》),现印发给你们,请结合实际认真贯彻执行。并就有关事项通知如下:

　　《专业标准》是国家对幼儿园、小学和中学合格教师专业素质的基本要求,是教师实施教育教学行为的基本规范,是引领教师专业发展的基本准则,是教师培养、准入、培训、考核等工作的重要依据。当前和今后一个时期,各地教育行政部门、开展教师教育的院校、中小学校和幼儿园要把贯彻落实《专业标准》作为加强教师队伍建设的重要任务和举措,认真制订工作方案,精心组织实施,务求取得实效。

　　各地、各校要采取宣讲、讨论、座谈、培训等多种形式,组织开展《专业标准》专题学习活动。充分利用报刊、电视、网络等各类媒体,广泛宣传《专业标准》的重要意义和主要内容,进一步提高全社会对教师专业特性的认识。通过学习宣传,帮助广大中小学、幼儿园教师和师范生准确理解《专业标准》的基本理念,全面把握《专业标准》的内容要求,切实增强专业发展的自觉性,把《专业标准》作为开展教育教学实践、提升专业发展水平的行为准则。

　　各地、各校要紧密结合实际,抓紧制订贯彻落实《专业标准》的具体措施。要依据《专业标准》调整教师培养方案,编写教育教学类课程教材,作为教师教育类课程的重要内容。将《专业标准》作为"国培计划"和"省培计划"等各级培训的重要内容,依据《专业标准》制定教师培训课程指南。将《专业标准》作为中小学和幼儿园教师考核的重要依据,进一步细化考核的内容和指标。教育部将组织编写《专业标准》解读,组织有关专家赴部分师范院校进行宣讲,并结合教师资格考试改革试点工作,适时修改完善教师资格考试标准和考试大纲。

　　各地、各部属师范大学学习宣传和贯彻落实《专业标准》情况要及时报送教育部。

中华人民共和国教育部<br>
二〇一二年二月十日

附件1：

# 幼儿园教师专业标准（试行）

为促进幼儿园教师专业发展，建设高素质幼儿园教师队伍，根据《中华人民共和国教师法》，特制定《幼儿园教师专业标准（试行）》（以下简称《专业标准》）。

幼儿园教师是履行幼儿园教育教学工作职责的专业人员，需要经过严格的培养与培训，具有良好的职业道德，掌握系统的专业知识和专业技能。《专业标准》是国家对合格幼儿园教师专业素质的基本要求，是幼儿园教师实施保教行为的基本规范，是引领幼儿园教师专业发展的基本准则，是幼儿园教师培养、准入、培训、考核等工作的重要依据。

## 一、基本理念

### （一）师德为先

热爱学前教育事业，具有职业理想，践行社会主义核心价值体系，履行教师职业道德规范，依法执教。关爱幼儿，尊重幼儿人格，富有爱心、责任心、耐心和细心；为人师表，教书育人，自尊自律，做幼儿健康成长的启蒙者和引路人。

### （二）幼儿为本

尊重幼儿权益，以幼儿为主体，充分调动和发挥幼儿的主动性；遵循幼儿身心发展特点和保教活动规律，提供适合的教育，保障幼儿快乐健康成长。

### （三）能力为重

把学前教育理论与保教实践相结合，突出保教实践能力；研究幼儿，遵循幼儿成长规律，提升保教工作专业化水平；坚持实践、反思、再实践、再反思，不断提高专业能力。

### （四）终身学习

学习先进学前教育理论，了解国内外学前教育改革与发展的经验和做法；优化知识结构，提高文化素养；具有终身学习与持续发展的意识和能力，做终身学习的典范。

## 二、基本内容

| 维度 | 领域 | 基本要求 |
| --- | --- | --- |
| 专业理念与师德 | （一）职业理解与认识 | 1. 贯彻党和国家教育方针政策，遵守教育法律法规。<br>2. 理解幼儿保教工作的意义，热爱学前教育事业，具有职业理想和敬业精神。<br>3. 认同幼儿园教师的专业性和独特性，注重自身专业发展。<br>4. 具有良好职业道德修养，为人师表。<br>5. 具有团队合作精神，积极开展协作与交流。 |
| | （二）对幼儿的态度与行为 | 6. 关爱幼儿，重视幼儿身心健康，将保护幼儿生命安全放在首位。<br>7. 尊重幼儿人格，维护幼儿合法权益，平等对待每一位幼儿。不讽刺、挖苦、歧视幼儿，不体罚或变相体罚幼儿。<br>8. 信任幼儿，尊重个体差异，主动了解和满足有益于幼儿身心发展的不同需求。<br>9. 重视生活对幼儿健康成长的重要价值，积极创造条件，让幼儿拥有快乐的幼儿园生活。 |

续表

| 维度 | 领域 | 基本要求 |
|---|---|---|
| 专业理念与师德 | （三）幼儿保育和教育的态度与行为 | 10.注重保教结合，培育幼儿良好的意志品质，帮助幼儿养成良好的行为习惯。<br>11.注重保护幼儿的好奇心，培养幼儿的想象力，发掘幼儿的兴趣爱好。<br>12.重视环境和游戏对幼儿发展的独特作用，创设富有教育意义的环境氛围，将游戏作为幼儿的主要活动。<br>13.重视丰富幼儿多方面的直接经验，将探索、交往等实践活动作为幼儿最重要的学习方式。<br>14.重视自身日常态度言行对幼儿发展的重要影响与作用。<br>15.重视幼儿园、家庭和社区的合作，综合利用各种资源。 |
| | （四）个人修养与行为 | 16.富有爱心、责任心、耐心和细心。<br>17.乐观向上，热情开朗，有亲和力。<br>18.善于自我调节情绪，保持平和心态。<br>19.勤于学习，不断进取。<br>20.衣着整洁得体，语言规范健康，举止文明礼貌。 |
| 专业知识 | （五）幼儿发展知识 | 21.了解关于幼儿生存、发展和保护的有关法律法规及政策规定。<br>22.掌握不同年龄幼儿身心发展特点、规律和促进幼儿全面发展的策略与方法。<br>23.了解幼儿在发展水平、速度与优势领域等方面的个体差异，掌握对应的策略与方法。<br>24.了解幼儿发展中容易出现的问题与适宜的对策。<br>25.了解有特殊需要幼儿的身心发展特点及教育策略与方法。 |
| | （六）幼儿保育和教育知识 | 26.熟悉幼儿园教育的目标、任务、内容、要求和基本原则。<br>27.掌握幼儿园各领域教育的学科特点与基本知识。<br>28.掌握幼儿园环境创设、一日生活安排、游戏与教育活动、保育和班级管理的知识与方法。<br>29.熟知幼儿园的安全应急预案，掌握意外事故和危险情况下幼儿安全防护与救助的基本方法。<br>30.掌握观察、谈话、记录等了解幼儿的基本方法和教育心理学的基本原理和方法。<br>31.了解0-3岁婴幼儿保教和幼小衔接的有关知识与基本方法。 |
| | （七）通识性知识 | 32.具有一定的自然科学和人文社会科学知识。<br>33.了解中国教育基本情况。<br>34.具有相应的艺术欣赏与表现知识。<br>35.具有一定的现代信息技术知识。 |

续表

| 维度 | 领域 | 基本要求 |
|---|---|---|
| 专业能力 | (八)环境的创设与利用 | 36.建立良好的师幼关系,帮助幼儿建立良好的同伴关系,让幼儿感到温暖和愉悦。<br>37.建立班级秩序与规则,营造良好的班级氛围,让幼儿感受到安全、舒适。<br>38.创设有助于促进幼儿成长、学习、游戏的教育环境。<br>39.合理利用资源,为幼儿提供和制作适合的玩教具和学习材料,引发和支持幼儿的主动活动。 |
| | (九)一日生活的组织与保育 | 40.合理安排和组织一日生活的各个环节,将教育灵活地渗透到一日生活中。<br>41.科学照料幼儿日常生活,指导和协助保育员做好班级常规保育和卫生工作。<br>42.充分利用各种教育契机,对幼儿进行随机教育。<br>43.有效保护幼儿,及时处理幼儿的常见事故,危险情况优先救护幼儿。 |
| | (十)游戏活动的支持与引导 | 44.提供符合幼儿兴趣需要、年龄特点和发展目标的游戏条件。<br>45.充分利用与合理设计游戏活动空间,提供丰富、适宜的游戏材料,支持、引发和促进幼儿的游戏。<br>46.鼓励幼儿自主选择游戏内容、伙伴和材料,支持幼儿主动地、创造性地开展游戏,充分体验游戏的快乐和满足。<br>47.引导幼儿在游戏活动中获得身体、认知、语言和社会性等多方面的发展。 |
| | (十一)教育活动的计划与实施 | 48.制定阶段性的教育活动计划和具体活动方案。<br>49.在教育活动中观察幼儿,根据幼儿的表现和需要,调整活动,给予适宜的指导。<br>50.在教育活动的设计和实施中体现趣味性、综合性和生活化,灵活运用各种组织形式和适宜的教育方式。<br>51.提供更多的操作探索、交流合作、表达表现的机会,支持和促进幼儿主动学习。 |
| | (十二)激励与评价 | 52.关注幼儿日常表现,及时发现和赏识每个幼儿的点滴进步,注重激发和保护幼儿的积极性、自信心。<br>53.有效运用观察、谈话、家园联系、作品分析等多种方法,客观地、全面地了解和评价幼儿。<br>54.有效运用评价结果,指导下一步教育活动的开展。 |
| | (十三)沟通与合作 | 55.使用符合幼儿年龄特点的语言进行保教工作。<br>56.善于倾听,和蔼可亲,与幼儿进行有效沟通。<br>57.与同事合作交流,分享经验和资源,共同发展。<br>58.与家长进行有效沟通合作,共同促进幼儿发展。<br>59.协助幼儿园与社区建立合作互助的良好关系。 |

续表

| 维度 | 领域 | 基本要求 |
|---|---|---|
| 专业能力 | (十四)反思与发展 | 60.主动收集分析相关信息,不断进行反思,改进保教工作。<br>61.针对保教工作中的现实需要与问题,进行探索和研究。<br>62.制定专业发展规划,积极参加专业培训,不断提高自身专业素质。 |

### 三、实施建议

(一)各级教育行政部门要将《专业标准》作为幼儿园教师队伍建设的基本依据。根据学前教育改革发展的需要,充分发挥《专业标准》引领和导向作用,深化教师教育改革,建立教师教育质量保障体系,不断提高幼儿园教师培养培训质量。制定幼儿园教师准入标准,严把幼儿园教师入口关;制定幼儿园教师聘任(聘用)、考核、退出等管理制度,保障教师合法权益,形成科学有效的幼儿园教师队伍管理和督导机制。

(二)开展幼儿园教师教育的院校要将《专业标准》作为幼儿园教师培养培训的主要依据。重视幼儿园教师职业特点,加强学前教育学科和专业建设。完善幼儿园教师培养培训方案,科学设置教师教育课程,改革教育教学方式;重视幼儿园教师职业道德教育,重视社会实践和教育实习;加强从事幼儿园教师教育的师资队伍建设,建立科学的质量评价制度。

(三)幼儿园要将《专业标准》作为教师管理的重要依据。制定幼儿园教师专业发展规划,注重教师职业理想与职业道德教育,增强教师育人的责任感与使命感;开展园本研修,促进教师专业发展;完善教师岗位职责和考核评价制度,健全幼儿园教师绩效管理机制。

(四)幼儿园教师要将《专业标准》作为自身专业发展的基本依据。制定自我专业发展规划,爱岗敬业,增强专业发展自觉性;大胆开展保教实践,不断创新;积极进行自我评价,主动参加教师培训和自主研修,逐步提升专业发展水平。

附件2:

# 小学教师专业标准(试行)

为促进小学教师专业发展,建设高素质小学教师队伍,根据《中华人民共和国教师法》和《中华人民共和国义务教育法》,特制定《小学教师专业标准(试行)》(以下简称《专业标准》)。

小学教师是履行小学教育教学工作职责的专业人员,需要经过严格的培养与培训,具有良好的职业道德,掌握系统的专业知识和专业技能。《专业标准》是国家对合格小学教师专业素质的基本要求,是小学教师实施教育教学行为的基本规范,是引领小学教师专业发展的基本准则,是小学教师培养、准入、培训、考核等工作的重要依据。

### 一、基本理念

**(一)师德为先**

热爱小学教育事业,具有职业理想,践行社会主义核心价值体系,履行教师职业道德规范,依法执教。关爱小学生,尊重小学生人格,富有爱心、责任心、耐心和细心;为人师表,教书育人,自尊自律,做小学生健康成长的指导者和引路人。

**(二)学生为本**

尊重小学生权益,以小学生为主体,充分调动和发挥小学生的主动性;遵循小学生身心发展特点和教育教学规律,提供适合的教育,促进小学生生动活泼学习、健康快乐成长。

### (三)能力为重

把学科知识、教育理论与教育实践有机结合,突出教书育人实践能力;研究小学生,遵循小学生成长规律,提升教育教学专业化水平;坚持实践、反思、再实践、再反思,不断提高专业能力。

### (四)终身学习

学习先进小学教育理论,了解国内外小学教育改革与发展的经验和做法;优化知识结构,提高文化素养;具有终身学习与持续发展的意识和能力,做终身学习的典范。

## 二、基本内容

| 维度 | 领域 | 基本要求 |
| --- | --- | --- |
| 专业理念与师德 | (一)职业理解与认识 | 1. 贯彻党和国家教育方针政策,遵守教育法律法规。<br>2. 理解小学教育工作的意义,热爱小学教育事业,具有职业理想和敬业精神。<br>3. 认同小学教师的专业性和独特性,注重自身专业发展。<br>4. 具有良好职业道德修养,为人师表。<br>5. 具有团队合作精神,积极开展协作与交流。 |
|  | (二)对小学生的态度与行为 | 6. 关爱小学生,重视小学生身心健康,将保护小学生生命安全放在首位。<br>7. 尊重小学生独立人格,维护小学生合法权益,平等对待每一位小学生。不讽刺、挖苦、歧视小学生,不体罚或变相体罚小学生。<br>8. 信任小学生,尊重个体差异,主动了解和满足有益于小学生身心发展的不同需求。<br>9. 积极创造条件,让小学生拥有快乐的学校生活。 |
|  | (三)教育教学的态度与行为 | 10. 树立育人为本、德育为先的理念,将小学生的知识学习、能力发展与品德养成相结合,重视小学生全面发展。<br>11. 尊重教育规律和小学生身心发展规律,为每一个小学生提供适合的教育。<br>12. 引导小学生体验学习乐趣,保护小学生的求知欲和好奇心,培养小学生的广泛兴趣、动手能力和探究精神。<br>13. 引导小学生学会学习,养成良好学习习惯。<br>14. 尊重和发挥好少先队组织的教育引导作用。 |
|  | (四)个人修养与行为 | 15. 富有爱心、责任心、耐心和细心。<br>16. 乐观向上、热情开朗、有亲和力。<br>17. 善于自我调节情绪,保持平和心态。<br>18. 勤于学习,不断进取。<br>19. 衣着整洁得体,语言规范健康,举止文明礼貌。 |

续表

| 维度 | 领域 | 基本要求 |
|---|---|---|
| 专业知识 | （五）小学生发展知识 | 20. 了解关于小学生生存、发展和保护的有关法律法规及政策规定。<br>21. 了解不同年龄及有特殊需要的小学生身心发展特点和规律，掌握保护和促进小学生身心健康发展的策略与方法。<br>22. 了解不同年龄小学生学习的特点，掌握小学生良好行为习惯养成的知识。<br>23. 了解幼小和小初衔接阶段小学生的心理特点，掌握帮助小学生顺利过渡的方法。<br>24. 了解对小学生进行青春期和性健康教育的知识和方法。<br>25. 了解小学生安全防护的知识，掌握针对小学生可能出现的各种侵犯与伤害行为的预防与应对方法。 |
| | （六）学科知识 | 26. 适应小学综合性教学的要求，了解多学科知识。<br>27. 掌握所教学科知识体系、基本思想与方法。<br>28. 了解所教学科与社会实践、少先队活动的联系，了解与其他学科的联系。 |
| | （七）教育教学知识 | 29. 掌握小学教育教学基本理论。<br>30. 掌握小学生品行养成的特点和规律。<br>31. 掌握不同年龄小学生的认知规律和教育心理学的基本原理和方法。<br>32. 掌握所教学科的课程标准和教学知识。 |
| | （八）通识性知识 | 33. 具有相应的自然科学和人文社会科学知识。<br>34. 了解中国教育基本情况。<br>35. 具有相应的艺术欣赏与表现知识。<br>36. 具有适应教育内容、教学手段和方法现代化的信息技术知识。 |
| 专业能力 | （九）教育教学设计 | 37. 合理制定小学生个体与集体的教育教学计划。<br>38. 合理利用教学资源，科学编写教学方案。<br>39. 合理设计主题鲜明、丰富多彩的班级和少先队活动。 |
| | （十）组织与实施 | 40. 建立良好的师生关系，帮助小学生建立良好的同伴关系。<br>41. 创设适宜的教学情境，根据小学生的反应及时调整教学活动。<br>42. 调动小学生学习积极性，结合小学生已有的知识和经验激发学习兴趣。<br>43. 发挥小学生主体性，灵活运用启发式、探究式、讨论式、参与式等教学方式。<br>44. 发挥好少先队组织生活、集体活动、信息传播等教育功能。<br>45. 将现代教育技术手段整合应用到教学中。<br>46. 较好使用口头语言、肢体语言与书面语言，使用普通话教学，规范书写钢笔字、粉笔字、毛笔字。<br>47. 妥善应对突发事件。<br>48. 鉴别小学生行为和思想动向，用科学的方法防止和有效矫正不良行为。 |

续表

| 维度 | 领域 | 基本要求 |
|---|---|---|
| 专业能力 | (十一)激励与评价 | 49.对小学生日常表现进行观察与判断,发现和赏识每一位小学生的点滴进步。<br>50.灵活使用多元评价方式,给予小学生恰当的评价和指导。<br>51.引导小学生进行积极的自我评价。<br>52.利用评价结果不断改进教育教学工作。 |
| | (十二)沟通与合作 | 53.使用符合小学生特点的语言进行教育教学工作。<br>54.善于倾听,和蔼可亲,与小学生进行有效沟通。<br>55.与同事合作交流,分享经验和资源,共同发展。<br>56.与家长进行有效沟通合作,共同促进小学生发展。<br>57.协助小学与社区建立合作互助的良好关系。 |
| | (十三)反思与发展 | 58.主动收集分析相关信息,不断进行反思,改进教育教学工作。<br>59.针对教育教学工作中的现实需要与问题,进行探索和研究。<br>60.制定专业发展规划,积极参加专业培训,不断提高自身专业素质。 |

### 三、实施建议

(一)各级教育行政部门要将《专业标准》作为小学教师队伍建设的基本依据。根据小学教育改革发展的需要,充分发挥《专业标准》引领和导向作用,深化教师教育改革,建立教师教育质量保障体系,不断提高小学教师培养培训质量。制定小学教师准入标准,严把小学教师入口关;制定小学教师聘任(聘用)、考核、退出等管理制度,保障教师合法权益,形成科学有效的小学教师队伍管理和督导机制。

(二)开展小学教师教育的院校要将《专业标准》作为小学教师培养培训的主要依据。重视小学教师职业特点,加强小学教育学科和专业建设。完善小学教师培养培训方案,科学设置教师教育课程,改革教育教学方式;重视小学教师职业道德教育,重视社会实践和教育实习;加强从事小学教师教育的师资队伍建设,建立科学的质量评价制度。

(三)小学要将《专业标准》作为教师管理的重要依据。制定小学教师专业发展规划,注重教师职业理想与职业道德教育,增强教师育人的责任感与使命感;开展校本研修,促进教师专业发展;完善教师岗位职责和考核评价制度,健全小学教师绩效管理机制。

(四)小学教师要将《专业标准》作为自身专业发展的基本依据。制定自我专业发展规划,爱岗敬业,增强专业发展自觉性;大胆开展教育教学实践,不断创新;积极进行自我评价,主动参加教师培训和自主研修,逐步提升专业发展水平。

附件3:

# 中学教师专业标准(试行)

为促进中学教师专业发展,建设高素质中学教师队伍,根据《中华人民共和国教师法》和《中华人民共和国义务教育法》,特制定《中学教师专业标准(试行)》(以下简称《专业标准》)。

中学教师是履行中学教育教学工作职责的专业人员,需要经过严格的培养与培训,具有良好的职业道德,掌握系统的专业知识和专业技能。《专业标准》是国家对合格中学教师的基本专业要求,是中学教师实施教育教学行为的基本规范,是引领中学教师专业发展的基本准则,是中学教师培养、准入、培训、考核等工作的重要依据。

## 一、基本理念

### (一)师德为先

热爱中学教育事业,具有职业理想,践行社会主义核心价值体系,履行教师职业道德规范,依法执教。关爱中学生,尊重中学生人格,富有爱心、责任心、耐心和细心;为人师表,教书育人,自尊自律,以人格魅力和学识魅力教育感染中学生,做中学生健康成长的指导者和引路人。

### (二)学生为本

尊重中学生权益,以中学生为主体,充分调动和发挥中学生的主动性;遵循中学生身心发展特点和教育教学规律,提供适合的教育,促进中学生生动活泼学习、健康快乐成长,全面而有个性地发展。

### (三)能力为重

把学科知识、教育理论与教育实践有机结合,突出教书育人实践能力;研究中学生,遵循中学生成长规律,提升教育教学专业化水平;坚持实践、反思、再实践、再反思,不断提高专业能力。

### (四)终身学习

学习先进中学教育理论,了解国内外中学教育改革与发展的经验和做法;优化知识结构,提高文化素养;具有终身学习与持续发展的意识和能力,做终身学习的典范。

## 二、基本内容

| 维度 | 领域 | 基本要求 |
| --- | --- | --- |
| 专业理念与师德 | (一)职业理解与认识 | 1.贯彻党和国家教育方针政策,遵守教育法律法规。<br>2.理解中学教育工作的意义,热爱中学教育事业,具有职业理想和敬业精神。<br>3.认同中学教师的专业性和独特性,注重自身专业发展。<br>4.具有良好职业道德修养,为人师表。<br>5.具有团队合作精神,积极开展协作与交流。 |
| | (二)对学生的态度与行为 | 6.关爱中学生,重视中学生身心健康发展,保护中学生生命安全。<br>7.尊重中学生独立人格,维护中学生合法权益,平等对待每一位中学生。不讽刺、挖苦、歧视中学生,不体罚或变相体罚中学生。<br>8.尊重个体差异,主动了解和满足中学生的不同需要。<br>9.信任中学生,积极创造条件,促进中学生的自主发展。 |
| | (三)教育教学的态度与行为 | 10.树立育人为本、德育为先的理念,将中学生的知识学习、能力发展与品德养成相结合,重视中学生的全面发展。<br>11.尊重教育规律和中学生身心发展规律,为每一位中学生提供适合的教育。<br>12.激发中学生的求知欲和好奇心,培养中学生学习兴趣和爱好,营造自由探索、勇于创新的氛围。<br>13.引导中学生自主学习、自强自立,培养良好的思维习惯和适应社会的能力。<br>14.尊重和发挥好共青团、少先队组织的教育引导作用。 |

续表

| 维度 | 领域 | 基本要求 |
|---|---|---|
| 专业理念与师德 | (四)个人修养与行为 | 15.富有爱心、责任心、耐心和细心。<br>16.乐观向上、热情开朗、有亲和力。<br>17.善于自我调节情绪,保持平和心态。<br>18.勤于学习,不断进取。<br>19.衣着整洁得体,语言规范健康,举止文明礼貌。 |
| 专业知识 | (五)教育知识 | 20.掌握中学教育的基本原理和主要方法。<br>21.掌握班级、共青团、少先队建设与管理的原则与方法。<br>22.掌握教育心理学的基本原理和方法,了解中学生身心发展的一般规律与特点。<br>23.了解中学生世界观、人生观、价值观形成的过程及其教育方法。<br>24.了解中学生思维能力、创新能力和实践能力发展的过程与特点。<br>25.了解中学生群体文化特点与行为方式。 |
| 专业知识 | (六)学科知识 | 26.理解所教学科的知识体系、基本思想与方法。<br>27.掌握所教学科内容的基本知识、基本原理与技能。<br>28.了解所教学科与其他学科的联系。<br>29.了解所教学科与社会实践及共青团、少先队活动的联系。 |
| 专业知识 | (七)学科教学知识 | 30.掌握所教学科课程标准。<br>31.掌握所教学科课程资源开发与校本课程开发的主要方法与策略。<br>32.了解中学生在学习具体学科内容时的认知特点。<br>33.掌握针对具体学科内容进行教学和研究性学习的方法与策略。 |
| 专业知识 | (八)通识性知识 | 34.具有相应的自然科学和人文社会科学知识。<br>35.了解中国教育基本情况。<br>36.具有相应的艺术欣赏与表现知识。<br>37.具有适应教育内容、教学手段和方法现代化的信息技术知识。 |
| 专业能力 | (九)教学设计 | 38.科学设计教学目标和教学计划。<br>39.合理利用教学资源和方法设计教学过程。<br>40.引导和帮助中学生设计个性化的学习计划。 |
| 专业能力 | (十)教学实施 | 41.营造良好的学习环境与氛围,激发与保护中学生的学习兴趣。<br>42.通过启发式、探究式、讨论式、参与式等多种方式,有效实施教学。<br>43.有效调控教学过程,合理处理课堂偶发事件。<br>44.引发中学生独立思考和主动探究,发展学生创新能力。<br>45.发挥好共青团、少先队组织生活、集体活动、信息传播等教育功能。<br>46.将现代教育技术手段整合应用到教学中。 |

续表

| 维度 | 领域 | 基本要求 |
|---|---|---|
| 专业能力 | （十一）班级管理与教育活动 | 47.建立良好的师生关系，帮助中学生建立良好的同伴关系。<br>48.注重结合学科教学进行育人活动。<br>49.根据中学生世界观、人生观、价值观形成的特点，有针对性地组织开展德育活动。<br>50.针对中学生青春期生理和心理发展特点，有针对性地组织开展有益身心健康发展的教育活动。<br>51.指导学生理想、心理、学业等多方面发展。<br>52.有效管理和开展班级、共青团、少先队活动。<br>53.妥善应对突发事件。 |
| | （十二）教育教学评价 | 54.利用评价工具，掌握多元评价方法，多视角、全过程评价学生发展。<br>55.引导学生进行自我评价。<br>56.自我评价教育教学效果，及时调整和改进教育教学工作。 |
| | （十三）沟通与合作 | 57.了解中学生，平等地与中学生进行沟通交流。<br>58.与同事合作交流，分享经验和资源，共同发展。<br>59.与家长进行有效沟通合作，共同促进中学生发展。<br>60.协助中学与社区建立合作互助的良好关系。 |
| | （十四）反思与发展 | 61.主动收集分析相关信息，不断进行反思，改进教育教学工作。<br>62.针对教育教学工作中的现实需要与问题，进行探索和研究。<br>63.制定专业发展规划，积极参加专业培训，不断提高自身专业素质。 |

## 三、实施建议

（一）各级教育行政部门要将《专业标准》作为中学教师队伍建设的基本依据。根据中学教育改革发展的需要，充分发挥《专业标准》引领和导向作用，深化教师教育改革，建立教师教育质量保障体系，不断提高中学教师培养培训质量。制定中学教师准入标准，严把中学教师入口关；制定中学教师聘任（聘用）、考核、退出等管理制度，保障教师合法权益，形成科学有效的中学教师队伍管理和督导机制。

（二）开展中学教师教育的院校要将《专业标准》作为中学教师培养培训的主要依据。重视中学教师职业特点，加强中学教育学科和专业建设。完善中学教师培养培训方案，科学设置教师教育课程，改革教育教学方式；重视中学教师职业道德教育，重视社会实践和教育实习；加强从事中学教师教育的师资队伍建设，建立科学的质量评价制度。

（三）中学要将《专业标准》作为教师管理的重要依据。制定中学教师专业发展规划，注重教师职业理想与职业道德教育，增强教师育人的责任感与使命感；开展校本研修，促进教师专业发展；完善教师岗位职责和考核评价制度，健全中学教师绩效管理机制。中等职业学校教师参照执行。

（四）中学教师要将《专业标准》作为自身专业发展的基本依据。制定自我专业发展规划，爱岗敬业，增强专业发展自觉性；大胆开展教育教学实践，不断创新；积极进行自我评价，主动参加教师培训和自主研修，逐步提升专业发展水平。

# 附录 B  教育部办公厅关于印发《中学教育专业师范生教师职业能力标准(试行)》等五个文件的通知

教师厅〔2021〕2 号

各省、自治区、直辖市教育厅(教委),新疆生产建设兵团教育局,有关单位:

为贯彻落实党的十九届五中全会精神和《中共中央 国务院关于全面深化新时代教师队伍建设改革的意见》,推进师范生免试认定中小学教师资格改革,建立师范生教育教学能力考核制度,教育部研究制定了《中学教育专业师范生教师职业能力标准(试行)》《小学教育专业师范生教师职业能力标准(试行)》《学前教育专业师范生教师职业能力标准(试行)》《中等职业教育专业师范生教师职业能力标准(试行)》《特殊教育专业师范生教师职业能力标准(试行)》等五个文件,现印发给你们,请结合实际认真贯彻执行。

附件:1.《中学教育专业师范生教师职业能力标准(试行)》
2.《小学教育专业师范生教师职业能力标准(试行)》
3.《学前教育专业师范生教师职业能力标准(试行)》
4.《中等职业教育专业师范生教师职业能力标准(试行)》
5.《特殊教育专业师范生教师职业能力标准(试行)》

教育部办公厅
2021 年 4 月 2 日

附件 1:

## 中学教育专业师范生教师职业能力标准(试行)

### 一、师德践行能力

**1.1 遵守师德规范**

1.1.1 【理想信念】

学习贯彻习近平新时代中国特色社会主义思想,深入学习习近平总书记关于教育的重要论述,以及党史、新中国史、改革开放史和社会主义发展史内容,形成对中国特色社会主义的思想认同、政治认同、理论认同和情感认同,能够在教书育人实践中自觉践行社会主义核心价值观。

树立职业理想,立志成为有理想信念、有道德情操、有扎实学识、有仁爱之心的好老师。

1.1.2 【立德树人】

理解立德树人的内涵,形成立德树人的理念,掌握立德树人途径与方法,能够在教育实践中实施素质教育,依据德智体美劳全面发展的教育方针开展教育教学,培育发展学生的核心素养。

1.1.3 【师德准则】

具有依法执教意识,遵守宪法、民法典、教育法、教师法、未成年人保护法等法律法规,在教育实践中能履行应尽义务,自觉维护学生与自身的合法权益。

理解教师职业道德规范内涵与要求,在教育实践中遵守《新时代中小学教师职业行为十项准则》,能分析解决教育教学实践中的相关道德规范问题。

### 1.2 涵养教育情怀

1.2.1 【职业认同】

具有家国情怀,乐于从教,热爱教育事业。认同教师工作的价值在于传播知识、传播思想、传播真理、塑造灵魂、塑造生命、塑造新人;了解中学教师的职业特征,理解教师是学生学习的促进者与学生成长的引路人,创造条件帮助学生自主发展。

领会中学教育对学生发展的价值和意义,认同促进学生全面而有个性地发展的理念。

1.2.2 【关爱学生】

做学生锤炼品格、学习知识、创新思维、奉献祖国的引路人,公正平等地对待每一名学生,关注学生成长,保护学生安全,促进学生身心健康发展。

尊重学生的人格和学习发展的权利,保护学生的学习自主性、独立性和选择性,关注个体差异,相信每名学生都有发展的潜力,乐于为学生创造发展的条件和机会。

1.2.3 【用心从教】

树立爱岗敬业精神,在教育实践中能够认真履行教育教学职责与班主任工作职责,积极钻研,富有爱心、责任心,工作细心、耐心。

1.2.4 【自身修养】

具有健全的人格和积极向上的精神,有较强的情绪调节与自控能力,能积极应变,比较合理地处理问题。

掌握一定的自然和人文社会科学知识,传承中华优秀传统文化,具有人文底蕴、科学精神和审美能力。

仪表整洁,语言规范健康,举止文明礼貌,符合教师礼仪要求和教育教学场景要求。

## 二、教学实践能力

### 2.1 掌握专业知识

2.1.1 【教育基础】

掌握教育理论的基本知识,能够遵循中学教育规律,结合中学生认知发展特点,运用教育原理和方法,分析和解决教育教学实践中的问题。

2.1.2 【学科素养】

了解拟任教学科发展的历史、现状和趋势,掌握学科的基础知识、基本理论、体系结构与思想方法,能分析其对学生素养发展的重要价值,理解拟任教学科的核心素养的内涵。

2.1.3 【信息素养】

了解信息时代对人才培养的新要求。掌握信息化教学设备、软件、平台及其他新技术的常用操作,了解其对教育教学的支持作用。具有安全、合法与负责任地使用信息与技术,主动适应信息化、人工智能等新技术变革积极有效开展教育教学的意识。

2.1.4 【知识整合】

了解拟任教学科与其他学科的联系,了解学习科学相关知识,掌握学科教学知识与策略,能够结合社会生活实践,有效开展学科教学活动。

了解融合教育的意义和作用,掌握随班就读的基本知识及相关政策,基本具备指导随班就读的教育教学能力。

## 2.2 学会教学设计

### 2.2.1 【熟悉课标】

熟悉拟任教学科的课程标准和教材,理解教材的编写逻辑和体系结构,能够正确处理课标与教材的关系,具有依据课标进行教学的意识和习惯。

### 2.2.2 【掌握技能】

具备钢笔字、毛笔字、粉笔字、普通话与相关学科实验操作等教学基本功,通过微格训练学习,系统掌握导入、讲解、提问、演示、板书、结束等课堂教学基本技能操作要领与应用策略。能依据单元内容进行整体设计,科学合理地依据教学目标及内容设计作业,并实施教学。

### 2.2.3 【分析学情】

了解分析中学生学习需求的基本方法,能根据学生已有的知识水平、学习经验和兴趣特点,分析教学内容与学生已有知识经验的联系,预判学生学习的疑难处。

### 2.2.4 【设计教案】

准确把握教学内容,理解本课(单元)在教材中的地位以及与其他课(单元)的关系,能根据课程标准要求和学情分析确定恰当的学习目标和学习重点,设计学习活动,选择适当的学习资源和教学方法,合理安排教学过程和环节,科学设计评价内容与方式,形成教案与学案。

## 2.3 实施课程教学

### 2.3.1 【情境创设】

能够创设教学情境,建立学习内容与生活经验之间的联系,激发学习兴趣,引导学生积极参与学习活动。

### 2.3.2 【教学组织】

基本掌握教学组织与课堂管理的形式和策略,能够科学准确地呈现和表达教学内容,控制教学时间和教学节奏,合理设置提问与讨论,引导学生的主动学习和探究学习,达成学习目标。

### 2.3.3 【学习指导】

能够依据学科特点、中学生认知特征和个体差异,指导学生开展自主、合作、探究性学习,注重差异化教学和个别化指导,帮助学生针对学习重点与难点进行有效学习。

知道不同类型的信息技术资源在为学生提供学习机会和学习体验方面的作用,合理选择与整合信息技术资源,为学生提供丰富的学习机会和个性化学习体验。

能够运用课堂结束技能,引导学生对学习内容进行归纳、总结,合理布置作业。

### 2.3.4 【教学评价】

树立促进学生学习的评价理念,理解教育评价原理,掌握试题命制的方法与技术。能够在教学实践中结合作业反馈等实施过程评价,初步运用增值评价,合理选取和运用评价工具,评价学习活动和学习成果。

能够利用技术工具收集学生学习反馈,跟踪、分析教学与学生学习过程中存在的问题与不足,形成基于学生学习情况诊断和改进教学的意识。

# 三、综合育人能力

## 3.1 开展班级指导

### 3.1.1 【育德意识】

树立德育为先理念,了解中学德育原理与方法,以及中学生思想品德发展的规律和个性特征,能有意识、有针对性地开展德育工作。

3.1.2 【班级管理】

基本掌握班集体建设、班级教育活动组织的方法。熟悉教育教学、中学生成长生活等相关法律制度规定,能够合理分析解决教学与管理实践相关问题。

基本掌握学生发展指导、综合素质评价的方法。能够利用技术手段收集学生成长过程的关键信息,建立学生成长电子档案。能够初步运用信息技术辅助开展班级指导活动。

熟悉校园安全、应急管理相关规定,了解中学生日常卫生保健、传染病预防、意外伤害事故处理等相关知识,掌握面临特殊事件发生时保护学生的基本方法。

3.1.3 【心理辅导】

关注学生心理健康,了解中学生身体、情感发展的特性和差异性,基本掌握心理辅导方法,能够参与心理健康教育等活动。

3.1.4 【家校沟通】

掌握人际沟通的基本方法,能够运用信息技术拓宽师生、家校沟通交流的渠道和途径,积极主动与学生、家长、社区等进行有效交流。

## 3.2 实施课程育人

3.2.1 【育人理念】

具有教书育人意识。理解拟任教学科课程独特的育人功能,注重课程教学的思想性,有机融入社会主义核心价值观、中华优秀传统文化、革命文化和社会主义先进文化教育,培养学生适应终身发展和社会发展所需的正确价值观、必备品格和关键能力。

3.2.2 【育人实践】

理解学科核心素养,掌握课程育人方法和策略。能够在教育实践中,结合课程特点,挖掘课程思想政治教育资源,将知识学习、能力发展与品德养成相结合,合理设计育人目标、主题和内容,有机开展养成教育,进行综合素质评价,体现教书与育人的统一。

## 3.3 组织活动育人

3.3.1 【课外活动】

了解课外活动的组织和管理知识,掌握相关技能与方法,能组织中学生开展丰富多彩的课外活动。

3.3.2 【主题教育】

了解学校文化和教育活动的育人内涵和方法,学会组织主题教育和社团活动,对中学生进行教育和引导。

# 四、自主发展能力

## 4.1 注重专业成长

4.1.1 【发展规划】

了解教师专业发展的要求,具有终身学习与自主发展的意识。根据基础教育课程改革的动态和发展情况,制定教师职业生涯发展规划。

4.1.2 【反思改进】

具有反思意识和批判性思维素养,初步掌握教育教学反思的基本方法和策略,能够对教育教学实践活动进行有效的自我诊断,提出改进思路。

4.1.3 【学会研究】

初步掌握学科研究与教育科学研究的基本方法,能用以分析、研究教育教学实践问题,并尝试提出解决问题的思路与方法,具有撰写教育教学研究论文的基本能力。

掌握专业发展所需的信息技术手段和方法,能在信息技术环境下开展自主学习。

### 4.2 主动交流合作

#### 4.2.1 【沟通技能】

具有阅读理解能力、语言与文字表达能力、交流沟通能力、信息获取和处理能力。

掌握基本沟通合作技能与方法,能够在教育实践、社会实践中与同事、同行、专家等进行有效沟通交流。

#### 4.2.2 【共同学习】

理解学习共同体的作用,掌握团队协作的基本策略,了解中学教育的团队协作类型和方法,具有小组互助、合作学习能力。

附件2:

# 小学教育专业师范生教师职业能力标准(试行)

## 一、师德践行能力

### 1.1 遵守师德规范

#### 1.1.1 【理想信念】

学习贯彻习近平新时代中国特色社会主义思想,深入学习习近平总书记关于教育的重要论述,以及党史、新中国史、改革开放史和社会主义发展史内容,形成对中国特色社会主义的思想认同、政治认同、理论认同和情感认同,能够在教书育人实践中自觉践行社会主义核心价值观。

树立职业理想,立志成为有理想信念、有道德情操、有扎实学识、有仁爱之心的好老师。

#### 1.1.2 【立德树人】

理解立德树人的内涵,形成立德树人的理念,掌握立德树人途径与方法,能够在教育实践中实施素质教育,依据德智体美劳全面发展的教育方针开展教育教学,培育发展学生的核心素养。

#### 1.1.3 【师德准则】

具有依法执教意识,遵守宪法、民法典、教育法、教师法、未成年人保护法等法律法规,在教育实践中能履行应尽义务,自觉维护学生与自身的合法权益。

理解教师职业道德规范内涵与要求,在教育实践中遵守《新时代中小学教师职业行为十项准则》,能分析解决教育教学实践中的相关道德规范问题。

### 1.2 涵养教育情怀

#### 1.2.1 【职业认同】

具有家国情怀,乐于从教,热爱教育事业。认同教师工作的价值在于传播知识、传播思想、传播真理,塑造灵魂、塑造生命、塑造新人;了解小学教师的职业特征,理解教师是学生学习的促进者与学生成长的引路人,创造条件帮助学生自主发展。

领会小学教育对学生发展的价值和意义,认同促进学生全面而有个性地发展的理念。

#### 1.2.2 【关爱学生】

做学生锤炼品格、学习知识、创新思维、奉献祖国的引路人,公正平等地对待每一名学生,关注学生成长,保护学生安全,促进学生身心健康发展。

尊重学生的人格和学习发展的权利,保护学生的学习自主性、独立性和选择性,关注个体差异,相信每名学生都有发展的潜力,乐于为学生创造发展的条件和机会。

1.2.3 【用心从教】

树立爱岗敬业精神,在教育实践中能够认真履行教育教学职责与班主任工作职责,积极钻研,富有爱心、责任心,工作细心、耐心。

1.2.4 【自身修养】

具有健全的人格和积极向上的精神,有较强的情绪调节与自控能力,能积极应变,比较合理地处理问题。

掌握一定的自然和人文社会科学知识,传承中华优秀传统文化,具有人文底蕴、科学精神和审美能力。

仪表整洁,语言规范健康,举止文明礼貌,符合教师礼仪要求和教育教学场景要求。

## 二、教学实践能力

### 2.1 掌握专业知识

2.1.1 【教育基础】

掌握教育理论的基本知识,能够遵循小学教育规律,结合小学生认知发展特点,运用教育原理和方法,分析和解决教育教学实践中的问题。

2.1.2 【学科素养】

掌握主教学科的基本知识、基本原理和基本技能,理解学科知识体系的基本思想和方法。了解兼教学科的基本知识、基本原理和基本技能,并具有一定的综合运用学科知识的能力。

熟悉常见的儿童科普读物和文学作品,具有一定的阅读理解能力、语言和肢体语言表达能力。

2.1.3 【信息素养】

了解信息时代对人才培养的新要求。掌握信息化教学设备、软件、平台及其他新技术的常用操作,了解其对教育教学的支持作用。具有安全、合法与负责任地使用信息与技术,主动适应信息化、人工智能等新技术变革积极有效开展教育教学的意识。

2.1.4 【知识整合】

了解学科整合在小学教育中的价值,了解学习科学相关知识,以及所教学科与其他学科、与小学生生活实践的联系。具有一定的跨学科知识,能指导综合性学科教学活动。

了解融合教育的意义和作用,掌握随班就读的基本知识及相关政策,基本具备指导随班就读的教育教学能力。

### 2.2 学会教学设计

2.2.1 【熟悉课标】

熟悉拟任教学科的课程标准和教材,理解教材的编写逻辑和体系结构,合理掌握不同学段目标与内容的递进关系,具有依据课标进行教学的意识和习惯。

2.2.2 【掌握技能】

具备钢笔字、毛笔字、粉笔字、简笔画、普通话与相关学科实验操作等教学基本功,通过微格训练学习,系统掌握导入、讲解、提问、演示、板书、结束等课堂教学基本技能操作要领与应用策略。能依据单元内容进行整体设计,科学合理地依据教学目标及内容设计作业,并实施教学。

2.2.3 【分析学情】

了解分析小学生学习需求的基本方法,能根据小学生已有的知识水平、学习经验和兴趣特点,分析教学内容与学生已学知识的联系,预判学生学习的疑难处。

2.2.4 【设计教案】

准确把握教学内容,理解本课(单元)在教材中的地位以及与其他课(单元)的关系,能根据课程标准要求和学情分析确定恰当的学习目标和学习重点,设计学习活动,选择适当的学习资源和教学方法,合理安排教学过程和环节,科学设计评价内容与方式,形成教案与学案。

了解小学综合课程和综合实践活动的基本知识,能根据教学要求和学生兴趣进行教学设计。

**2.3 实施课程教学**

2.3.1 【情境创设】

能够创设教学情境,建立学习内容与生活经验之间的联系,激发学习兴趣,引导学生积极参与学习活动。

2.3.2 【教学组织】

基本掌握教学组织与课堂管理的形式和策略,能够科学准确地呈现和表达教学内容,根据小学生课堂反应及时调整教学活动,控制教学时间和教学节奏,合理设置提问与讨论,引发小学生的主动学习和探究学习,达成学习目标。

2.3.3 【学习指导】

依据小学生认知特点、学习心理发展规律和个体差异,指导学生开展自主、合作、探究性学习,注重差异化教学和个别化指导,引导小学生体验学习的乐趣,保护小学生的求知欲和好奇心,培养小学生的广泛兴趣、动手能力和探究精神。

知道不同类型的信息技术资源在为学生提供学习机会和学习体验方面的作用,合理选择与整合信息技术资源,为学生提供丰富的学习机会和个性化学习体验。

能够运用课堂结束技能,引导学生对学习内容进行归纳、总结,合理布置作业。

2.3.4 【教学评价】

树立促进学生学习的评价理念,理解教育评价原理,掌握试题命制的方法与技术。能够在教学实践中结合作业反馈等实施过程评价,初步运用增值评价,合理选取和运用评价工具,评价学习活动和学习成果。

能够利用技术工具收集学生学习反馈,跟踪、分析教学与学生学习过程中存在的问题与不足,形成基于学生学习情况诊断和改进教学的意识。

## 三、综合育人能力

**3.1 开展班级指导**

3.1.1 【育德意识】

树立德育为先理念,了解小学德育原理与方法,掌握小学生品行养成的特点和规律,能有意识、有针对性地开展德育工作,帮助学生养成良好行为习惯。

3.1.2 【班级管理】

基本掌握班集体建设、班级教育活动组织的方法。熟悉教育教学、小学生成长生活等相关法律制度规定,能够合理分析解决教学与管理实践相关问题。

基本掌握学生发展指导、综合素质评价的方法。能够利用技术手段收集学生成长过程中的关键信息,建立学生成长电子档案。能够初步运用信息技术辅助开展班级指导活动。

熟悉校园安全、应急管理相关规定，了解小学生日常卫生保健、传染病预防、意外伤害事故处理等相关知识，掌握面临特殊事件发生时保护学生的基本方法。

3.1.3 【心理辅导】

关注学生心理健康，了解小学生身体、情感发展的特性和差异性，基本掌握心理辅导方法，能够参与心理健康教育等活动。

3.1.4 【家校沟通】

掌握人际沟通的基本方法，能够运用信息技术拓宽师生、家校沟通交流的渠道和途径，积极主动与学生、家长、社区等进行有效交流。

### 3.2 实施课程育人

3.2.1 【育人理念】

具有教书育人意识。理解拟任教学科课程独特的育人功能，注重课程教学的思想性，有机融入社会主义核心价值观、中华优秀传统文化、革命文化和社会主义先进文化教育，培养学生适应终身发展和社会发展所需的正确价值观、必备品格和关键能力。

3.2.2 【育人实践】

理解学科核心素养，掌握课程育人方法和策略。能够在教育实践中，结合课程特点，挖掘课程思想政治教育资源，将知识学习、能力发展与品德养成相结合，合理设计育人目标、主题和内容，有机开展养成教育，进行综合素质评价，体现教书与育人的统一。

### 3.3 组织活动育人

3.3.1 【课外活动】

了解课外活动的组织和管理知识，掌握相关技能与方法，能组织小学生开展丰富多彩的课外活动。

3.3.2 【主题教育】

了解学校文化和教育活动的育人内涵和方法，学会组织主题教育、少先队、社团活动，对小学生进行教育和引导。

## 四、自主发展能力

### 4.1 注重专业成长

4.1.1 【发展规划】

了解教师专业发展的要求，具有终身学习与自主发展的意识。根据基础教育课程改革的动态和发展情况，制定教师职业生涯发展规划。

4.1.2 【反思改进】

具有反思意识和批判性思维素养，初步掌握教育教学反思的基本方法和策略，能够对教育教学实践活动进行有效的自我诊断，提出改进思路。

4.1.3 【学会研究】

初步掌握教育教学科研的基本方法，能用以分析、研究小学教育教学实践问题，并尝试提出解决问题的思路与方法，具有撰写教育教学研究论文的基本能力。

掌握专业发展所需的信息技术手段和方法，能在信息技术环境下开展自主学习。

### 4.2 主动交流合作

4.2.1 【沟通技能】

具有阅读理解能力、语言与文字表达能力、交流沟通能力、信息获取和处理能力。

掌握基本沟通合作技能与方法，能够在教育实践、社会实践中与同事、同行、专家等进行有效沟通交流。

4.2.2 【共同学习】

理解学习共同体的作用,掌握团队协作的基本策略,了解小学教育的团队协作类型和方法,具有小组互助、合作学习能力。

附件3:

# 学前教育专业师范生教师职业能力标准(试行)

## 一、师德践行能力

**1.1 遵守师德规范**

1.1.1 【理想信念】

学习贯彻习近平新时代中国特色社会主义思想,深入学习习近平总书记关于教育的重要论述,以及党史、新中国史、改革开放史和社会主义发展史内容,形成对中国特色社会主义的思想认同、政治认同、理论认同和情感认同,能够在教书育人实践中自觉践行社会主义核心价值观。

树立职业理想,立志成为有理想信念、有道德情操、有扎实学识、有仁爱之心的好老师。

1.1.2 【立德树人】

理解立德树人的内涵,形成立德树人的理念,掌握立德树人途径与方法,能够在教育实践中实施素质教育,依据德智体美劳全面发展的教育方针开展教育教学。

1.1.3 【师德准则】

具有依法执教意识,遵守宪法、民法典、教育法、教师法、未成年人保护法等法律法规,在教育实践中能履行应尽义务,自觉维护幼儿与自身的合法权益。

理解教师职业道德规范内涵与要求,在教育实践中遵守《新时代幼儿园教师职业行为十项准则》,能分析解决教育教学实践中的相关道德规范问题。

**1.2 涵养教育情怀**

1.2.1 【职业认同】

具有家国情怀,乐于从教,热爱教育事业。认同教师工作的价值在于传播知识、传播思想、传播真理,塑造灵魂、塑造生命、塑造新人;了解幼儿教师的职业特征,理解教师是幼儿学习与发展的支持者、合作者、引导者,创造条件激发幼儿好奇心、求知欲,积极引领幼儿行为,帮助幼儿自主发展。

领会学前教育对幼儿发展的价值和意义,认同促进幼儿全面而有个性地发展的理念。

1.2.2 【关爱幼儿】

做幼儿健康成长的启蒙者和引路人,公正平等地对待每一名幼儿,关注幼儿成长,保护幼儿安全,促进幼儿身心健康发展。

尊重幼儿的人格和权利,保护幼儿游戏的自主性、独立性和选择性,关注个体差异,相信每名幼儿都有发展的潜力,乐于为幼儿创造发展的条件和机会。

1.2.3 【用心从教】

树立爱岗敬业精神,在教育实践中能够认真履行工作职责,积极钻研,富有爱心、责任心,工作细心、耐心。

1.2.4 【自身修养】

具有健全的人格和积极向上的精神,有较强的情绪调节与自控能力,能积极应变,比较合理地处理问题。

掌握一定的自然和人文社会科学知识,传承中华优秀传统文化,具有人文底蕴、科学精神和审美能力。

仪表整洁,语言规范健康,举止文明礼貌,符合教师礼仪要求和教育教学场景要求。

## 二、保育和教育实践能力

### 2.1 掌握专业知识与技能

#### 2.1.1 【保育教育基础】

掌握科学照料幼儿日常生活的基本方法,了解幼儿日常卫生保健、传染病预防和意外伤害事故处理的相关知识,掌握面临特殊事件发生时保护幼儿的基本方法。

掌握教育理论的基本知识和3—6岁幼儿身心发展特点、规律,具备观察、分析与评价幼儿行为的能力。熟悉幼儿园教育的目标、任务、内容、要求和基本原则。

认识融合教育的意义和作用,了解有特殊需要幼儿的身心发展特点及教育策略,掌握随班就读的基本知识及相关政策,基本具备指导随班就读的教育教学能力。

#### 2.1.2 【领域素养】

掌握幼儿健康、语言、社会、科学、艺术等领域教育的基本知识和方法,理解幼儿园各领域教育之间的联系,能在教育实践中综合运用各领域知识,实现各领域教育活动内容相互渗透。

#### 2.1.3 【信息素养】

了解信息时代对人才培养的新要求,掌握一定的现代信息技术知识,具有安全、合法与负责任地使用信息与技术的意识。

### 2.2 开展环境创设

#### 2.2.1 【创设物质环境】

能够创设安全、适宜、全面,有助于促进幼儿成长、学习、游戏的物质环境,合理利用资源,为幼儿提供和制作适合的玩教具和学习材料。

#### 2.2.2 【营造心理环境】

理解教师的态度、情绪、言行在幼儿园及班级心理环境形成中的重要性。能够构建和谐的师幼关系,帮助幼儿建立良好的同伴关系,营造良好的班级氛围,让幼儿感受到安全、舒适。

### 2.3 组织一日生活

能够安排和组织幼儿园一日生活的主要环节,具有将教育渗透一日生活的意识,能够与保育员协同开展班级常规保育和卫生工作。

### 2.4 开展游戏活动

#### 2.4.1 【满足游戏需要】

了解幼儿游戏的类型和主要功能,根据各年龄阶段幼儿的游戏特点,满足幼儿游戏的需要。

#### 2.4.2 【创设游戏环境】

能够合理、有效地规划和利用户内外游戏活动空间,能够根据幼儿的发展和需要创设相应的活动区,提供丰富、适宜的游戏材料,引发和促进幼儿的游戏。

#### 2.4.3 【支持幼儿游戏】

能够提供充足的游戏时间,鼓励幼儿自主选择游戏内容、伙伴和材料,支持幼儿主动地、创造性地开展游戏,充分体验游戏的快乐和满足。

学会观察分析幼儿的游戏,支持幼儿在游戏活动中获得身体、认知、语言和社会性等多方面的发展。

### 2.5 实施教育活动

2.5.1 【设计教育活动方案】

能够根据《幼儿园教育指导纲要(试行)》《3—6岁儿童学习与发展指南》的要求,以及幼儿的兴趣需要和年龄特点,选择教育内容,确定活动目标,设计教育活动方案。

2.5.2 【组织教育活动】

学会运用各种适宜的方式实施教育活动,鼓励幼儿在活动中主动探索、交流合作、积极表达,能够有效观察幼儿在活动中的表现,并根据幼儿的需要给予适宜的指导。

2.5.3 【实施教育评价】

了解幼儿园教育评价的目的与方法,运用观察、谈话、家园联系、作品分析等多种方法,了解和评价幼儿。能够基于幼儿身心特点,利用技术工具分析幼儿学习过程、收集幼儿学习反馈。

能够运用评价结果,分析、改进教育活动开展,促进幼儿发展。

## 三、综合育人能力

### 3.1 育德意识

树立幼儿为本、德育为先理念,了解幼儿社会性-情感发展的规律和个性特征,能有针对性地开展育人工作。

具有教书育人意识。理解活动育人的功能,能够在保教活动中有机融入社会主义核心价值观、中华优秀传统文化、革命文化和社会主义先进文化教育,为培养幼儿适应终身发展和社会发展所需的正确价值观、必备品格和关键能力奠定基础。

### 3.2 育人实践

掌握活动育人的方法和策略,基于幼儿的身心特点合理设计育人目标、活动主题与内容,能够抓住一日生活中的教育契机,开展随机教育,培养幼儿良好的生活习惯和亲社会行为。

### 3.3 班级管理

熟悉校园安全、应急管理相关规定,基本掌握班级空间规划、班级常规管理等工作要点。熟悉幼儿教育及幼儿成长生活等相关法律制度规定,能够合理分析解决幼儿教育与管理实践相关问题。

### 3.4 心理健康

关注幼儿心理健康,了解幼儿身体、情感发展的特性和差异性,掌握幼儿心理健康教育的基本知识,及时发现和赏识每个幼儿的点滴进步,注重激发和保护幼儿的积极性、自信心,能够参与心理健康教育等活动。

### 3.5 家园协同

掌握人际沟通的基本方法,能够运用信息技术拓宽家园沟通交流的渠道和途径,积极主动与家长进行有效交流。

掌握开展幼儿园、家庭和社区各种协同活动的方式方法,能够开展幼儿园与小学教育的衔接工作。

## 四、自主发展能力

### 4.1 注重专业成长

4.1.1 【发展规划】

了解教师专业发展的要求,具有终身学习与自主发展的意识。根据学前教育课程改革的动态和发展情况,制定教师职业生涯发展规划。

**4.1.2 【反思改进】**

具有反思意识和批判性思维素养,初步掌握教育教学反思的基本方法和策略,能够对教育教学实践活动进行有效的自我诊断,提出改进思路。

**4.1.3 【学会研究】**

初步掌握教育研究的基本方法,能用以分析、研究幼儿教育实践问题,并尝试提出解决问题的思路与方法,具有总结和提升实践经验的能力。

掌握专业发展所需的信息技术手段和方法,能在信息技术环境下开展自主学习。

### 4.2 主动交流合作

**4.2.1 【沟通技能】**

具有阅读理解能力、语言与文字表达能力、交流沟通能力、信息获取和处理能力。

掌握基本沟通合作技能与方法,能够在教育实践、社会实践中与同事、同行、专家等进行有效沟通交流。

**4.2.2 【共同学习】**

理解学习共同体的作用,掌握团队协作的基本策略,了解学前教育的团队协作类型和方法,具有小组互助、合作学习能力。

# 附录 C 教育部关于印发《中小学教师违反职业道德行为处理办法(2018 年修订)》的通知

教师〔2018〕18 号

各省、自治区、直辖市教育厅(教委),新疆生产建设兵团教育局:

为深入贯彻习近平新时代中国特色社会主义思想和党的十九大精神,深入贯彻落实全国教育大会精神,扎实推进《中共中央 国务院关于全面深化新时代教师队伍建设改革的意见》的实施,进一步加强师德师风建设,我部对 2014 年印发的《中小学教师违反职业道德行为处理办法》进行了修订,现印发给你们,请遵照执行。

教育部
2018 年 11 月 8 日

## 中小学教师违反职业道德行为处理办法
### (2018 年修订)

**第一条** 为规范教师职业行为,保障教师、学生的合法权益,根据《中华人民共和国教育法》《中华人民共和国未成年人保护法》《中华人民共和国教师法》《教师资格条例》和《新时代中小学教师职业行为十项准则》等法律法规和制度规范,制定本办法。

**第二条** 本办法所称中小学教师是指普通中小学、中等职业学校(含技工学校)、特殊教育机构、少年宫以及地方教研室、电化教育等机构的教师。

前款所称中小学教师包括民办学校教师。

**第三条** 本办法所称处理包括处分和其他处理。处分包括警告、记过、降低岗位等级或撤职、开除。警告期限为6个月,记过期限为12个月,降低岗位等级或撤职期限为24个月。是中共党员的,同时给予党纪处分。

其他处理包括给予批评教育、诫勉谈话、责令检查、通报批评,以及取消在评奖评优、职务晋升、职称评定、岗位聘用、工资晋级、申报人才计划等方面的资格。取消相关资格的处理执行期限不得少于24个月。

教师涉嫌违法犯罪的,及时移送司法机关依法处理。

**第四条** 应予处理的教师违反职业道德行为如下:

(一)在教育教学活动中及其他场合有损害党中央权威、违背党的路线方针政策的言行。

(二)损害国家利益、社会公共利益,或违背社会公序良俗。

(三)通过课堂、论坛、讲座、信息网络及其他渠道发表、转发错误观点,或编造散布虚假信息、不良信息。

(四)违反教学纪律,敷衍教学,或擅自从事影响教育教学本职工作的兼职兼薪行为。

(五)歧视、侮辱学生,虐待、伤害学生。

(六)在教育教学活动中遇突发事件、面临危险时,不顾学生安危,擅离职守,自行逃离。

(七)与学生发生不正当关系,有任何形式的猥亵、性骚扰行为。

(八)在招生、考试、推优、保送及绩效考核、岗位聘用、职称评聘、评优评奖等工作中徇私舞弊、弄虚作假。

(九)索要、收受学生及家长财物或参加由学生及家长付费的宴请、旅游、娱乐休闲等活动,向学生推销图书报刊、教辅材料、社会保险或利用家长资源谋取私利。

(十)组织、参与有偿补课,或为校外培训机构和他人介绍生源、提供相关信息。

(十一)其他违反职业道德的行为。

**第五条** 学校及学校主管教育部门发现教师存在违反第四条列举行为的,应当及时组织调查核实,视情节轻重给予相应处理。作出处理决定前,应当听取教师的陈述和申辩,听取学生、其他教师、家长委员会或者家长代表意见,并告知教师有要求举行听证的权利。对于拟给予降低岗位等级以上的处分,教师要求听证的,拟作出处理决定的部门应当组织听证。

**第六条** 给予教师处理,应当坚持公平公正、教育与惩处相结合的原则;应当与其违反职业道德行为的性质、情节、危害程度相适应;应当事实清楚、证据确凿、定性准确、处理恰当、程序合法、手续完备。

**第七条** 给予教师处理按照以下权限决定:

(一)警告和记过处分,公办学校教师由所在学校提出建议,学校主管教育部门决定。民办学校教师由所在学校决定,报主管教育部门备案。

(二)降低岗位等级或撤职处分,由教师所在学校提出建议,学校主管教育部门决定并报同级人事部门备案。

(三)开除处分,公办学校教师由所在学校提出建议,学校主管教育部门决定并报同级人事部门备案。民办学校教师或者未纳入人事编制管理的教师由所在学校决定并解除其聘任合同,报主管教育部门备案。

（四）给予批评教育、诫勉谈话、责令检查、通报批评，以及取消在评奖评优、职务晋升、职称评定、岗位聘用、工资晋级、申报人才计划等方面资格的其他处理，按照管理权限，由教师所在学校或主管部门视其情节轻重作出决定。

**第八条** 处理决定应当书面通知教师本人并载明认定的事实、理由、依据、期限及申诉途径等内容。

**第九条** 教师不服处理决定的，可以向学校主管教育部门申请复核。对复核结果不服的，可以向学校主管教育部门的上一级行政部门提出申诉。

对教师的处理，在期满后根据悔改表现予以延期或解除，处理决定和处理解除决定都应完整存入人事档案及教师管理信息系统。

**第十条** 教师受到处分的，符合《教师资格条例》第十九条规定的，由县级以上教育行政部门依法撤销其教师资格。

教师受处分期间暂缓教师资格定期注册。依据《中华人民共和国教师法》第十四条规定丧失教师资格的，不能重新取得教师资格。

教师受记过以上处分期间不能参加专业技术职务任职资格评审。

**第十一条** 教师被依法判处刑罚的，依据《事业单位工作人员处分暂行规定》给予降低岗位等级或者撤职以上处分。其中，被依法判处有期徒刑以上刑罚的，给予开除处分。教师受到剥夺政治权利或者故意犯罪受到有期徒刑以上刑事处罚的，丧失教师资格。

**第十二条** 学校及主管教育部门不履行或不正确履行师德师风建设管理职责，有下列情形的，上一级行政部门应当视情节轻重采取约谈、诫勉谈话、通报批评、纪律处分和组织处理等方式严肃追究主要负责人、分管负责人和直接责任人的责任：

（一）师德师风长效机制建设、日常教育督导不到位；

（二）师德失范问题排查发现不及时；

（三）对已发现的师德失范行为处置不力、方式不当或拒不处分、拖延处分、推诿隐瞒的；

（四）已作出的师德失范行为处理决定落实不到位，师德失范行为整改不彻底；

（五）多次出现师德失范问题或因师德失范行为引起不良社会影响；

（六）其他应当问责的失职失责情形。

**第十三条** 省级教育行政部门应当结合当地实际情况制定实施细则，并报国务院教育行政部门备案。

**第十四条** 本办法自发布之日起施行。

# 参 考 文 献

[1] 王枬.教师印记:课堂生活的叙事研究[M].北京:教育科学出版社,2008.
[2] 鲁子问,靖国平.新教师成长中的困惑与解读[M].长春:东北师范大学出版社,2011.
[3] 叶澜,白益民,王楠,等.教师角色与教师发展新探[M].北京:教育科学出版社,2001.
[4] 陈大伟.教师职业道德[M].北京:高等教育出版社,2015.
[5] 教育部教师工作司组.小学教师专业标准(试行)解读[M].北京:北京师范大学出版社,2013.
[6] 李玉华.小学教师专业发展概论[M].北京:人民教育出版社,2015.
[7] 教育部教师工作司组.为了未来:教师职业道德读本(中小学教师分册)[M].北京:高等教育出版社,2013.
[8] 吴玉军,李晓东.为了未来:教师职业道德读本(师范生分册)[M].北京:高等教育出版社,2013.
[9] 赵春影.教师职业道德和教师幸福[J].黑龙江教育学院学报,2016(3):40-41.
[10] 吴庆麟.教育心理学[M].北京:人民教育出版社,1999.
[11] 邵瑞真,皮连生,吴庆麟.教育心理学[M].修订本.上海:上海教育出版社,1997.
[12] 刘良华.校本行动研究[M].成都:四川教育出版社,2002.
[13] 张斌贤.外国教育史[M].北京:教育科学出版社,2008.
[14] 杜静.历史与现实的追问:英国教师在职教育的发展与动因研究[M].北京:中国社会科学出版社,2010.
[15] 顾明远.教育大辞典:增订合编本(下)[M].上海:上海教育出版社,1998.
[16] 何东昌.中华人民共和国主要教育文献:1976—1990[M].海口:海南出版社,1998.
[17] 《当代中国》丛书教育卷编辑室.当代中国高等师范教育资料选[M].上海:华东师范大学出版社,1986.
[18] 苏林,张贵新.中国师范教育十五年[M].长春:东北师范大学出版社,1996.
[19] 姜蕴.美国能力本位教师教育运动研究[D].福州:福建师范大学,2011.
[20] 王传金.教师职业幸福解读[J].教育理论与实践,2008(12):36-40.
[21] 朱旭东.国外教师教育的专业化和认可制度[J].比较教育研究,2001(3):6-12.
[22] 张晓冬.论实践性知识对教师成长的意义——一种从专家与新手型教师的比较研究[J].内蒙古师范大学学报(教育科学版),2005(4):67-69.
[23] 陈大伟.关于教师专业写作的几点自觉[J].教育视界,2017(13):27-29.
[24] 李斌.关于教师能力结构的分析研究[J].江苏教育学院学报(社会科学版),2005(6):54-56.
[25] 侯丽娜.教师专业标准的研究现状与实施建议[J].大连教育学院学报,2015(1):9-11.
[26] 汪莉,王志辉.中小学教师健康状况调查与分析[J].现代中小学教育,2014(11):106-110.

[27] 黄白.IBSTPI教师能力标准与我国中小学教师专业标准研究[J].江苏教育研究,2008(6):20-24.

[28] 邹德刚.美国教师专业标准研究[D].长春:东北师范大学,2010.

[29] 汪凌.法国中小学教师专业能力标准述评[J].全球教育展望,2006(2):18-22.

[30] 陈建."教师专业理念与师德"的定义、内涵与生成——基于《中学教师专业标准(试行)》[J].教学月刊·中学版(教学管理),2014(6):28-31.

[31] 高英彤,李岩,蔡琳.中小学教师法律素质内涵探析[J].白城师范学院学报,2004(2):80-82.

[32] 罗晓路.教学心理学视野中的教师研究[J].心理科学,1997(6):546-550.

[33] F.迈克尔·康内利,D.琼·柯兰迪宁,何敏若,等.专业知识场景中的教师个人实践知识[J].华东师范大学学报(教育科学版),1996(2):5-16.

[34] 徐文彬.教师的学习及其内容与特征[J].湖南第一师范学院学报,2010(1):1-4.

[35] 余慧阳,徐丽华.教师学习的价值分析[J].教育教学论坛,2015(37):37-39.

[36] 王凯.教师学习:专业发展的替代性概念[J].教育发展研究,2011(2):58-61,75.

[37] 孙德芳.教师学习的生态现状及变革走向[J].教育研究,2011(10):69-73.

[38] 孙福海.关于教师学习的理论与调查研究[D].广州:华南师范大学,2005.

[39] 武俊学.基于网络的教师学习共同体研究[D].保定:河北大学,2006.

[40] 刘建新.试论教师学习的问题行为[J].中小学教师培训,2006(6):3-6.

[41] 赵树贤.教师学习的学校管理[J].天津师范大学学报(基础教育版),2006(1):29-33.

[42] 李志厚.论教师学习的基本追求[J].华南师范大学学报(社会科学版),2006(4):99-104,160.

[43] 刘学惠,申继亮.教师学习的分析维度与研究现状[J].全球教育展望,2006(8):54-59.

[44] 周然毅.中国师范教育的历史、现状和未来[J].清华大学教育研究,2000(3):73-82.

[45] 龙宝新.论国外教师专业发展的现状与走向[J].现代基础教育研究,2016(3):25-35.

[46] 朱旭东.论当前我国三轨多级教师教育体系[J].教师教育研究,2015(6):1-7.

[47] 王建磐.中国教师教育:现状、问题与趋势[J].教师教育研究,2004(5):3-7,12.

[48] 黎婉勤.三十多年来我国教师教育发展的特点和趋势——基于政策文本的视角[J].河北师范大学学报(教育科学版),2015(2):98-102.

[49] "全国中小学教师专业发展状况调查"项目组,丁钢,陈莲俊,等.中国中小学教师专业发展状况调查与政策分析报告[J].教育研究,2011(3):3-12.

[50] 国家教育督导团.国家教育督导报告2008(摘要)——关注义务教育教师[J].教育发展研究,2009(1):1-5.

[51] 邰江波.教师专业化:困境与希望[J].当代教育科学,2007(17):32-34,37.

[52] 朱新卓.教师专业化的现代性困境[J].高等教育研究,2005(1):47-52.

[53] 王少非.论我国教师专业发展的多重障碍[J].教育理论与实践,2006(10):31-34.

[54] 李·S.舒尔曼,王幼真,刘捷.理论、实践与教育的专业化[J].比较教育研究,1999(3):37-41.

[55] 黄耀红.周庆元.教师专业发展的问题反思与理念重构[J].中国教育学刊,2007(7):69-72,78.

[56] 张东,李森.论教师专业发展的实然困境与应然向度[J].教师教育研究,2011(5):37-42.

[57] 钟启泉.教师"专业化":理念、制度、课题[J].教育研究,2001(12):12-16.

[58] 于伟,李姗姗.教育理论本土化的三个前提性问题[J].教育研究,2010(4):17-24.

[59] 李森,张东.教学论研究三十年:实然之境与应然之策[J].西南大学学报(社会科学版),2009(6):118-124.

[60] 刘庆昌.论教师的教育情怀[J].教师发展研究,2021(4):73-80.

[61] 肖正德.论生态取向教师学习内容的层级设计[J].教育研究,2011(12):73-76.

[62] 占峰.近十年来教师学习研究综述[J].安庆师范学院学报(社会科学版),2013(3):163-165.

[63] 王珍.中小学教师职业道德建设的现实困境及破解路径[J].教学与管理,2020(15):61-64.

[64] 李海芳,李德显.论教师教育观念的复杂性[J],教学与管理(理论版),2014(3):7-10.

[65] 徐景俊,李海芳,李德显.教师教育观念形成的社会学解读[J].辽宁师范大学学报(社会科学版),2012(4):489-492.

[66] 寇晶.当代教师职业道德失范原因及对策探析[J].新西部(下旬·理论),2014(7):96,88.

[67] 陈秀娟.教师学习的研究综述[J].教育导刊(上半月),2014(7):55-58.

[68] 辛涛,申继亮.论教师的教育观念[J].北京师范大学学报(社会科学版),1999(1):14-19.

[69] 赵海亮.教师教育的本质、特征与发展逻辑[J].教师教育学报,2021(5):28-35.

[70] 张攀.教师学习的研究:价值、进展与趋势[J].教育导刊(上半月),2010(11):65-67.

[71] 程耀忠,饶从满.理念—实践—反思—评价:美国教师教育理论与实践黏合的闭环[J].外国教育研究,2021(5):3-14.

[72] 申继亮,王凯荣.论教师的教学能力[J].北京师范大学学报(社会科学版),2000(1):64-71.

# 版 权 声 明

为了方便学校课堂教学,促进知识传播,便于读者更加直观透彻地理解相关理论,本书选用了一些论文、电影、电视、网络平台上公开发布的优质文字案例、图片和视频资源。为了尊重这些内容所有者的权利,特此声明,凡在本书中涉及的版权、著作权等权益,均属于原作品版权人、著作权人等。

在此向这些作品的版权所有者表示诚挚的谢意! 由于客观原因,我们无法联系到您,如您能与我们取得联系,我们将在第一时间更正任何错误或疏漏。

# 与本书配套的二维码资源使用说明

本书部分课程及与纸质教材配套数字资源以二维码链接的形式呈现。利用手机微信扫码成功后提示微信登陆,授权后进入注册页面,填写注册信息。按照提示输入手机号码,点击获取手机验证码,稍等片刻收到4位数的验证码短信,在提示位置输入验证码成功,再设置密码,选择相应专业,点击"立即注册",注册成功。(若手机已经注册,则在"注册"页面底部选择"已有账号立即注册",进入"账号绑定"页面,直接输入手机号和密码登录。)接着提示输入学习码,需刮开教材封面防伪涂层,输入13位学习码(正版图书拥有的一次性使用学习码),输入正确后提示绑定成功,即可查看二维码数字资源。手机第一次登录查看资源成功以后,再次使用二维码资源时,只需在微信端扫码即可登录进入查看。